Umgangschinesisch effektiv 2.0

Gu Wen und Frank Meinshausen

Umgangschinesisch effektiv 2.0

Ein Crash-Kurs

Schmetterling Verlag

Bibliografische Informationen der *Deutschen Nationalbibliothek*
Die Deutsche Nationalbibliothek verzeichnet diese Publikation in der Deutschen Nationalbibliografie; detaillierte bibliografische Daten sind im Internet über
http: // dnb.d-nb.de abrufbar.

Abbildungsnachweis
Tobias Kegler (S. 58, 66, 98, 124, 126, 146, 148, 153)
Veronika Köppl (S. 34, 75, 88, 94, 105, 113, 127, 196)
BMW Brilliance Automotive Ltd., Department of Communication (Shenyang): S. 71.
Ansonsten Archive Gu Wen, Schmetterling Verlag

Schmetterling Verlag GmbH
Libanonstr. 70a
70184 Stuttgart
www.schmetterling-verlag.de

Titelbild: Zhu Zhongliang

ISBN 3-89657-435-3
1. Auflage 2015 2/2020
Printed in Bulgaria

Satz und Reproduktionen: Schmetterling Verlag
Druck: Multiprint, Kostinbrod

Inhalt

Symbolschlüssel

- wichtige Hinweise, besonders zu beachtende Anmerkungen
- erster Schwierigkeitsgrad
- zweiter Schwierigkeitsgrad
- Querverweis auf eine andere Lektion oder Stelle des Buches
- wird zu / verwandelt sich zu
- Gegensatzwort (Antonym)
- Übung mit Lösung
- Audio-CD

Verzeichnis der Wortfelder

Die Zahlen verweisen auf die Lektionen

Notruf und Hinweisschilder im Alltag

110	报警	bàojǐng *Polizeialarm*	119	火警	huǒjǐng *Feueralarm*
120	救护车	jiùhùchē *Notarzt* Wörtlich: *Krankenwagen*	122	交通事故	jiāotōng shìgù *Verkehrspolizei* Wörtlich: *Verkehrsunfall*

问询处 wènxúnchù
Information

服务台 fúwùtái
Rezeption

洗手间 xǐshǒujiān
Toilette

女厕所 / 女 nǚcèsuǒ / nǚ
Damen-WC

售票处 shòupiàochù
Tickets

付款处 fùkuǎnchù
Kasse

禁止吸烟 jìnzhǐ xīyān
Rauchen verboten

禁止入内 jìnzhǐ rùnèi
Eintritt verboten

安全门 ānquánmén
Notausgang

出口 chūkǒu
Ausgang

3号线 sān hào xiàn
U-BahnLinie 3

危险 wēixiǎn
Gefahr

推 tuī
drücken

咨询台 zīxúntái
Information

前台 qiántái
Rezeption

公共厕所 gōnggòng cèsuǒ
Toilette

男厕所 / 男 náncèsuǒ / nán
Herren-WC

检票处 jiǎnpiàochù
Kartenkontrolle

收银台 shōuyíntái
Kasse

严禁拍照 yánjìn pāizhào
Fotografieren streng verboten

请勿触摸 qǐngwù chùmō
Bitte nicht berühren

此路不通 cǐlù bùtōng
Kein Durchgang

入口 rùkǒu
Eingang

4号口 sì hào kǒu
(U-Bahn-Stadion) *Ausgang Nr. 4*

小心滑倒 xiǎoxīn huádǎo
Vorsicht Rutschgefahr

拉 lā
ziehen

Nützliche Ausdrücke im Alltag

Wenn Sie jemandem begegnen oder Sie sich verabschieden

Nǐ hǎo! / Nín hǎo! / Nǐmen hǎo! *Guten Tag!; Hallo!*
你好！ / 您好！ / 你们好！

Zàijiàn. *Auf Wiedersehen.*
再见。

Wenn Sie sich nach dem Namen von jemandem erkundigen wollen

Nín guì xìng? *Wie ist Ihr werter Name?*
您贵姓？

Nǐ jiào shénme míngzì? *Wie heißt du?*
你叫什么名字？

Wǒ xìng Lǐ, jiào Lǐ Gāng. *Ich heiße Li mit Nachnamen, Li Gang mit ganzem Namen.*
我姓李，叫李刚。

Wǒ xìng Wáng. *Ich heiße Wang.*
我姓王。

Wǒ jiào Lǐ Gāng. *Ich heiße Li Gang.*
我叫李刚。

Wenn Sie einen Gast empfangen

Huānyíng, qǐng jìn. *Willkommen, bitte kommen Sie herein!*
欢迎，请进。

Qǐng zuò. *Bitte nehmen Sie Platz.*
请坐。

Qǐng hē chá. *Bitte nehmen Sie sich Tee.*
请喝茶。

Nǐmen hē shénme? *Was wollt ihr trinken?*
你们喝什么？

Wenn Sie sich bedanken oder sich jemand bei Ihnen bedankt

Xièxie. / Fēicháng gǎnxiè. *Danke. / Vielen Dank.*
谢谢。/ 非常感谢。

Bú kèqi. / Bú xiè. *Keine Ursache. / Nichts zu danken.*
不客气。/ 不谢。

Wenn Sie sich bei jemandem entschuldigen

Duìbuqǐ. *Entschuldigung.*
对不起。

Méi guānxi. *Macht nichts.*
没关系。

Bù hǎo yìsi, (wǒ lái wǎn le。) *Es tut mir sehr leid, (ich habe mich verspätet).*
不好意思，（我来晚了。）

Wenn Sie Taxi fahren

Wǒ yào qù ... Jiǔdiàn / Fàndiàn. *Ich möchte zum ... Hotel.*
我要去 ... 酒店 / 饭店。

Wǎng zuǒ / yòu guǎi. *Nach links / rechts abbiegen.*
往左 / 右拐。

(Qǐng) wǎng qián kāi. *(Bitte) fahren Sie geradeaus.*
（请）往前开。

(Qǐng) tíng xià. *Stop.*
（请）停下。

(Qǐng) tíng zhèr / nàr. *Halten Sie hier / dort an.*
（请）停这儿 / 那儿。

Geleitwort

Chinesisch ist in Deutschland immer noch eine exotische Sprache. Zwar hat sich inzwischen herumgesprochen, dass man nicht nur die klassische chinesische Schriftsprache, sondern auch die moderne Umgangssprache durchaus erlernen kann, doch begegnet man denjenigen, die sich auf dieses Abenteuer einlassen, immer noch mit einer Mischung aus Respekt und Verwunderung. Dabei ist die moderne chinesische Umgangssprache gar nicht so schwierig, wie die meisten denken, ja, es gibt sogar Sprachwissenschaftler in China und Sprachdidaktiker im Westen, die hervorheben, das Chinesische sei an sich so leicht, dass es sich viel eher als Englisch als lingua franca anbiete. Schließlich kennt das Chinesische weder Konjugation noch Deklination, das Pauken von unregelmäßigen Verben und unzähligen Deklinationen, das manch einen in der Schulzeit geplagt hat, entfällt damit. Trotzdem kann man sich im Chinesischen präzise ausdrücken, problemlos Neologismen in die Sprache integrieren, ohne ihr den besonderen Charakter zu nehmen. Radio heißt da nicht wie in vielen anderen Sprachen radio, sondern Maschine zum Tonempfang, shouyinji, Fahrrad nicht bicyclette oder bicycle, sondern Selbstbewegungsmaschine. Wem sollte es da schwerfallen, ad hoc ein Wort für Computer zu erfinden, ganz einfach: diannao oder elektronisches Gehirn.

Und dennoch, das Argument von der leichten Erlernbarkeit des Chinesischen scheint nicht zu überzeugen. Denn an erster Stelle steht ihm die Komplexität der chinesischen Schrift entgegen, schließlich, so wird zu Recht entgegnet, braucht der Sprachlerner des Chinesischen mindestens genauso viel Zeit, um seinem Hirn die chinesischen Zeichen nahezubringen, wie im Falle der anderen Sprachen für die Deklinationen und Konjugationen. Auch, so entgegnen die Kenner der Materie, ist es vielleicht gar nicht so leicht, eine Sprache zu erlernen, deren grammatikalisches Regelwerk sich auf ein Minimum reduziert, die dafür aber mit allzu vielen Idiomen und Pragmatismen aufwartet. Chinesisch ist ein Fass ohne Boden, kaum einer wagt zu behaupten, sich in dieser Sprache wirklich zu Hause zu fühlen.

Aus sprachdidaktischer Sicht sind beide Argumente als richtig zu bezeichnen: Das Chinesische ist zugleich leicht und schwer. Der entscheidende Schritt zur Lösung des Problems liegt in der Auswahl einer adäquaten Didaktik zur Vermittlung des Sprachausschnittes, der von den Lernenden gewünscht und gebraucht wird. Das Chinesische ist nämlich nicht exotisch und schwer erlernbar, weil es besonders kompliziert und schwer verdaulich wäre, es steht vielmehr in schlechtem Rufe, weil wir erst langsam lernen, eine dieser Sprache und ihren Besonderheiten entsprechende Didaktik zu entwickeln.

Zunächst hieß es, Chinesisch sei so seltsam, dass nur Chinesen es nicht-chinesischen Sprachlernern beibringen könnten. Doch unsere chinesischen Lehrer lebten so sehr in ihrer Welt, dass sie sich gar nicht vorstellen konnten, wie viel uns ihre Methoden an kulturellem Einfühlungsvermögen, Geduld und Duldsamkeit abverlangten. Dieser Sprachunterricht war eher eine Form von Akkulturation denn ein effektives Unternehmen in Hinblick auf das Lernziel Chinesisch. Und da die meisten Lehrer so lehren, wie sie selbst einmal gelernt haben, waren die ersten westlichen Dozenten auch eher ein Abbild der Welt des konfuzianisch geprägten Lernens denn Vorreiter der modernen westlichen Sprachdidaktik.

Die beiden Autoren des vorliegenden Sprachbuches sind diesen Niederungen weit entflohen: Sie haben begriffen, dass die Lösung des Problems nicht nur in der Zusammenarbeit von Lehrendem und Lernendem, von Chinese und Deutschem liegt, sondern auch in der Kombination von Sprachpraxis und Theorie, von Didaktik und Pragmatik und letztlich im Mut zur strengen Selektion. Der eine ist Chinese, hat in China und außerhalb Ausländern das Chinesische beigebracht, selbst aber auch Sprachlernerfahrung; der andere hat Chinesisch in Deutschland und China gelernt, um nun, am Ende eines langen und mühsamen Weges, nach anderen Möglichkeiten Ausschau zu halten. Wichtig ist dabei auch, dass beide mit den Wünschen und Bedürfnissen der diesem Sprachlernbuch zugeordneten Zielgruppe auf das beste vertraut sind. Denn Chinesisch an der Universität zu lernen oder es sich, oft neben einem anstrengenden Beruf, lange nachdem man die letzten hoffentlich positiven Sprachlernerfahrungen bereits hinter sich hatte, nachträglich anzueignen, das stellt Lernende und Lehrende vor Probleme, die sich nicht auf die oben beschriebene Besonderheit des Chinesischen beschränken. Hier müssen in der Praxis des Unterrichts Lösungen ausprobiert und Entscheidungen gefällt werden, die nach mehrfacher Erprobung erst den Anspruch erheben können, allgemeingültig zu sein.

Das so entstandene Sprachbuch ist, wen wundert's, meilenweit von dem entfernt, was ich einst in den Händen hielt, als ich mich mit den Anfängen des Chinesischen beschäftigte. Und damit wird es nicht nur hoffentlich die Bedürfnisse der wachsenden Gruppe von Sprachlernern erfüllen, die beruflich heute schon das Chinesische so dringend brauchen wie andere das Englische oder Französische, sondern es wird seine Funktion auch dort erfüllen, wo es dazu beiträgt, dem Chinesischen die Aura des Exotischen und Unerlernbaren zu nehmen. Nur wenn immer mehr Pioniere mit der Hilfe didaktisch gut konzipierter Sprachlehrbücher merken, wie leicht das Chinesische ist, werden sie immer mehr Menschen davon überzeugen können, dass sie den sich täglich vermehrenden Kontakten zur chinesischen Welt entsprechend diese – im Übrigen, wie ich meine, wunderschöne – Sprache lernen müssen und können: wie alle anderen weltweit verbreiteten Sprachen auch.

Susanne Weigelin-Schwiedrzik
Professorin der Modernen Sinologie, Universität Wien

Vorwort der Autoren

Umgangschinesisch effektiv ist ein Intensivkurs der chinesischen Umgangssprache. Er richtet sich in erster Linie an Fachkräfte aus Wirtschaft und Industrie, die kurzfristig beruflich nach China reisen müssen oder bereits dort leben und arbeiten. Das Buch eignet sich aber ebenso für jeden, der sich mit Hilfe eines Lehrers oder im Selbststudium Grundkenntnisse des Chinesischen aneignen will. Lernende, die bereits Vorkenntnisse besitzen, können mit dem Kurs ihre Sprachfähigkeit weiter ausbauen. Die Gesamtlerndauer beträgt bei einer gründlichen Durcharbeitung sämtlicher Lektionen 100–120 Stunden. Ein Übungsheft mit 2000 unterschiedlichen Übungen steht zur Verfügung.

Der Kurs beruht auf langjährigen Unterrichtserfahrungen der Verfasser. Sein Hauptziel ist es, jedem Benutzer soviel der chinesischen Umgangssprache zu vermitteln, dass er oder sie – mit Hilfe von etwa 1400 erworbenen Wörtern und Wendungen – in allen wichtigen Alltagssituationen in China «sprachlich überleben» kann. Dieses Ziel wird durch die starke kommunikative Ausrichtung des Kurses und Vergleiche zwischen Muttersprache und Fremdsprache gewährleistet. Ein großer Teil der szenischen Dialoge wurde im Hinblick auf die Hauptzielgruppe in ein vorwiegend betriebliches Umfeld gesetzt.

Um den Einstieg in die Sprache zu erleichtern, brauchen keine Schriftzeichen gelernt zu werden, denn sämtliche Lektionen basieren auf der Umschrift Hanyu Pinyin, die sowohl im Text- als auch im Übungsteil verwendet wird. Für alle diejenigen Benutzer jedoch, die sich entweder einige häufig benutzte Zeichen aneignen oder bereits bestehende Chinesisch-Lesekenntnisse ausbauen wollen, ergänzt Umgangschinesisch effektiv 2.0 erstmals alle Zielsätze, Dialoge, Vokabeln und Wortfelder mit den entsprechenden Schriftzeichen.

Der Benutzerfreundlichkeit halber wurden für die Anordnung, die Schreibweise der Umschrift sowie die Erklärungen in manchen Punkten besondere Regelungen getroffen. So stehen etwa elementare, aber etwas schwierigere Ausdrücke als Redewendungen ohne weitere grammatische Erklärung bei den Vokabeln, oder es wurden für einige ursprünglich neutrale Töne bestimmte feste Töne gesetzt. Zu allen Zielsätzen und Dialogen gibt es eine deutsche Übersetzung. Am Schluss des Buches finden sich ein chinesisches und ein deutsches Wortverzeichnis.

Dieser Sprachkurs orientiert sich an der vom Europarat entwickelten Waystage-Liste der Sprachfunktionen.
Heidelberg / München, März 2015

编者前言

《汉语口语强化教程》是一套初级教材，由一本课本、一本练习册和语音光盘组成，供短期内前往中国的德语国家人员、以及希望在初学阶段先提高口语能力的学习者使用，也可以作为非专业汉语课（如大学公共汉语课、Volkshochschule等）教学用书，学习时间为100－120小时。

本书共有17课，每课分课文和练习两部分，其中课文部分包括基本句型、对话 A 和 B、生词和词组、注释、扩充词语；练习部分有多种结构性与交际性练习，部分练习附有答案。在课文教学前有语音练习，重点训练对德语背景学习者较难的发音。语音练习和课文配有语音光盘。语言学习需要大量操练，为此除课本中的练习外，本书还专配一本练习册，有各种练习、阶段复习和总测验共2000题，以巩固复习所学的知识，同时也为教师备课提供更多的选择。

为帮助学习者在到中国后的最初阶段能"生存下去"，本书教学以口语表达为主，从简出发，从实用出发，讲授的都是最需要的口语。本书主要借助拼音教学，汉字仅出现在课文和生词部分，供参考学习。语音练习侧重德语母语学习者发音较难的声母和四声训练；部分初级阶段较难掌握的轻声仍标上原有声调；课文内容围绕日常生活话题，所有课文都是情景对话，个别场景有企业的特点；课文与译文并列，便于学习者随时对照；对一些日常套语不作语法分析，只在生词和词组中列出；语法和句型讲解去繁就简，侧重汉德两种语言结构的对比；每课均附有与课文内容有关的"词汇场"(扩充词语)，学习者可以"顺便"熟悉更多的词汇；各种练习旨在加强训练，以达到能进行简单交际的目的。学完本教程，学习者可以初步掌握1400个左右的日常生活口语所需的基本词汇和用语。

为了使教与学更有成效，在使用本书前最好先了解一下教材的结构安排，认真阅读德文的"教学建议" (Hinweise für Lernende und Lehrende)。在此，还有几点教学上的建议：一）语音操练可以在开始阶段集中进行，也可以与前面几课的讲授并行，即每次讲课文时花一部分时间作语音练习，本教材编者在教学时采用的是后一种方法。二）尽管本教材讲授的是口语，教师仍可以酌情介绍一些最常用的汉字，为学习者以后在实际环境中可能的需要或进一步的学习打下基础。

本教材是编者在德国 BASF 公司语言中心和曼海姆大学公共汉语课长期授课的基础上编写的，在编写过程中曾得到海德堡大学汉学系和上海外国语大学对外汉语系部分教师及各方面人士的热情指导和帮助，BASF 公司和曼海姆大学的学员也从学习角度提了不少建设性意见，德国 BASF 公司 和 BMW 公司还提供了一些照片，使本书增色不少。本书自1998年初版以来，根据不少使用者的反馈和建设性意见，曾多次更新内容，这次又作了较大程度的改版。编者欢迎使用者继续提出批评、建议和要求。

为了帮助老师们更好地备课，本书编者还撰写了中文版的教师参考材料，对每课课文的教学要点、课文与课文之间的呼应和联系等，做了详尽的介绍。这份材料可以在本书出版社网页上免费下载、打印。www.schmetterling-verlag.de

1998-2015 年于海德堡 / 慕尼黑

为了帮助老师们更好地备课和组织教学，老师们可以在 Schmetterling 出版社网页免费下载打印《教学参考材料》(teacher´s book)，该材料主要介绍每课课文的语法和词汇要点，以及一些语法和词语在前后课文中的联系，并针对德语母语者经常出现的错误提出教学建议。本文件是用中文写的，地址如下：
www.schmetterling-verlag.de → 在上面横栏中点击 Sprachen → 在中间 Themenbereiche 点击 Chinesisch → 在中间 Themenbereiche 点击 Umgangsschnesisch effektiv → 点击 Umgangsschnesisch effektiv 2.0 → 点击右边 Weitere Downloads

Danksagung

Im Verlauf der Entstehung dieses Buches haben wir von verschiedensten Seiten Ermunterung und tatkräftige Unterstützung erhalten. Unser aufrichtiger Dank gilt daher im Besonderen:

Frau Professor Weigelin-Schwiedrzik vom Sinologischen Seminar der Universität Wien, vormals Universität Heidelberg. Sie hat das Manuskript durchgesehen, wertvolle Vorschläge zur Verbesserung gemacht und hat, was uns besonders freut, ein Vorwort für das Buch geschrieben.

Frau Brexendorff vom Sinologischen Seminar für die Manuskriptdurchsicht und viele kritische Einwände.

Herrn Professor Huang Jincheng vom Seminar für Chinesisch als Fremdsprache an der International Studies University in Shanghai. Er hat das Buch von Anfang an betreut. Wir verdanken ihm viele weiterführende Anregungen.

Den Professoren Li Wenqi, Zhou Shangzhi, Frau Ben Aijun und Herrn Ge Zhonghua vom gleichen Seminar. Während ihrer Zeit als Gastdozenten in Heidelberg haben sie ebenfalls viele wichtige Verbesserungsvorschläge gemacht.

Wan Jinglei, Zhou Fan und Zhu Fuhua, die nicht wenig Energie in das Buch gesteckt haben.

Herrn Professor Dou Hui, Herrn Dr. Andreas Felske und Herrn Liu Jian für viele Fotos, die sie eigens für das Buch in China gemacht haben.

Den Presse- bzw. Kommunikationszentren der BASF AG und der BMW Brilliance Automotive Ltd. für die Erlaubnis zum Abdruck von chinabezogenem Bildmaterial. Dem Verlag La Compagnie für die Genehmigung zum Abdruck des chinesischen Horoskops.

Herrn Tobias Kegler (www.tobiaskegler.com) und Frau Veronika Köppl für ihre wunderbaren Bilder aus dem chinesischen Alltag.

Frau Utili vom Studium Generale der Universität Mannheim sowie Frau George und Frau Vukic vom BASF Sprachzentrum für ihre Ermunterung, das Manuskript als Lehrmaterial an den beiden Sprachzentren zu verwenden.

Werner Armbruster, Dr. Ruth Büllesbach, Andrea und Michael Dries, Anke End, Luc Guns, Andreas Huber, Frieder Kurz, Thomas Lanzerath, Johanna Meyer-Alber, Tomke Prey, Prof. Dr. Bernd Sachweh, Yvonne Simonis, Rainer Thoma, Susanne Vollrath, Dr. Klaus Welsch und Christoph Werwie von der BASF sowie Matthias Pitz, Susanne Wagner, Cindy Waluja, Gabriele Wang und Simone Wunderle von der Universität Mannheim. Sie haben als erste Benutzer des Lehrmaterials vom Standpunkt der Lernenden aus gute Vorschläge gemacht.

Wir bedanken uns beim Konfuzius-Institut an der Universität Heidelberg für didaktische Hinweise und die Empfehlung unseres Buches.

Zudem bedanken wir uns noch bei Frau Professorin Barbara Mittler vom Heidelberger Sinologischen Institut.

Die Verfasser

Hinweise für Lernende und Lehrende

Um Leitgedanken und Struktur des Lehrbuches besser erfassen zu können, empfiehlt es sich, vor seiner Benutzung die folgenden Hinweise aufmerksam durchzulesen.

Auf der Homepage des Verlages steht eine Datei mit didaktischen Hinweisen für Lehrende in chinesischen Kurzzeichen zum kostenlosen Download zur Verfügung: Begeben Sie sich dazu auf www.schmetterling-verlag.de, klicken sie auf die Registerkarte SPRACHEN, dann auf CHINESISCH, dann auf UMGANGSCHINESISCH, rufen Sie die Seite des Buches auf: UMGANGSCHINESISCH EFFEKTIV 2.0 und klicken Sie rechts oben auf «Weitere Downloads».

Zur Umschrift «Hanyu Pinyin» und den phonetischen Übungen

Die Phonetik des Chinesischen stellt Lernende mit der Muttersprache Deutsch vor allem vor zwei grundlegende Schwierigkeiten: Die Aussprache der vier Töne und die Beherrschung von Anlauten wie «j, q, x, z, c, s, zh, ch, sh, r», die es im Deutschen nicht oder nur in (sehr) abweichender Form gibt. Der phonetische Teil bietet daher besonders zu diesen beiden Punkten intensive Übungen an. Auf die Phonetik sollte in der Anfangsphase des Kurses die Hälfte jeder (ca. zweistündigen) Unterrichtssitzung verwendet werden. Auch danach sollte während des ersten Drittels der gesamten Kursdauer in jeder Sitzung noch ungefähr eine halbe Stunde für phonetische Übungen reserviert bleiben.

Die Lektionen

Das Lehrbuch hat insgesamt 17 Lektionen, welche jeweils eine Lern- bzw. Unterrichtszeit von etwa 5-6 Stunden erfordern. (Für die ersten beiden Lektionen muss allerdings wegen der erst einzuübenden Umschrift und Phonetik mit mehr Zeitaufwand gerechnet werden). Jede Lektion gliedert sich in Textteil und Übungsteil. Die beiden Teile sind auf folgende Weise strukturiert:

Textteil

1. Die *Zielsätze* bestehen aus 5–7 wichtigen Satztypen, deren Beherrschung das unbedingte Lernziel jeder Lektion ist.

2. Die beiden *Dialoge* (A und B) bilden eine Einheit. Sie können inhaltlich in Charakter und Gewichtung verschieden sein (etwa wenn ein Dialog eine eher formelle Situation gestaltet, der andere eine eher informelle), immer umkreisen sie aber das gleiche Thema.

3. Unter *Neue Wörter und Ausdrücke* finden sich alle zu lernenden neuen Vokabeln und Redewendungen. Manchen Wörtern sind aus praktischen Erwägungen hinter dem ☯-Symbol ihre Antonyme (Gegensatzwörter) beigefügt.

4. Die *Anmerkungen und grammatischen Erklärungen* vermitteln über den Vergleich zwischen Ausgangssprache (Muttersprache) und Zielsprache (Fremdsprache) grammatische Grundlagen.

5. Die *Wortfelder* stellen eine Auswahl von nützlichen Wörtern zusammen, die in den thematischen Kontext einer Lektion gehören. Alle Wörter mit nachfolgender Übersetzung kommen im Textteil selbst nicht vor. Weil sie meist in gleichen Satzstrukturen mit Wörtern des Vokabelteils austauschbar sind, tauchen sie jedoch im Übungsteil häufig auf. Sie können zusammen mit den manchmal beigefügten, passenden Verben als zusätzlicher Wortschatz gelernt werden.

Übungsteil

Der Übungsteil umfasst zwei Gruppen von Übungen: eine *strukturelle* (bestehend aus Basisübung, Austauschübung, den Satzumwandlungen), die sich auf den Aufbau einzelner Satzteile und Sätze konzentriert, sowie eine *kommunikative* (Frage-Antwort-Übung, Wie sagt man's auf Chinesisch?, Gelenkter Dialog und Frage, Antwort und Nacherzählung), in der die Kommunikationsfähigkeit trainiert wird. Die Übungen selbst haben folgende Besonderheiten:

a) Sie wollen den Lernanfängern zunächst einen sicheren Umgang mit einzelnen Satzteilen vermitteln, denn die Fähigkeit, einen Satz fließend zu sprechen, ist nur auf der Grundlage der Beherrschung seiner Teile möglich. Dieses Ziel verfolgen die jeweiligen Basisübungen. Die Lernenden sollten zu weiteren Übungen daher erst dann übergehen, wenn sie mit der Übung 1 keine Schwierigkeiten mehr haben.

b) Sie betonen Fragesätze und Verneinungssätze, da die Beherrschung dieser beiden Satztypen rasch auch zu Aussagesätzen befähigt. Lehrende und Lernende sollten daher die Satzumwandlungen nie vernachlässigen.

c) Sie wollen eine Wiederholung der neuen sowie der bereits gelernten Satztypen und Ausdrucksweisen ermöglichen. Die Gelenkten Dialoge stellen den Lernenden fest umrissene Kommunikationsaufgaben, die sie mit mehr oder minder variabel formulierbaren Antwortsätzen lösen können. In Frage, Antwort und Nacherzählung (von Lektion 2 bis Lektion 9) lernt man Fragen zu formulieren, um Informationen zu erhalten, sowie den Inhalt einzelner Antworten in mehreren Sätzen wiederzugeben. In den ab Lektion 10 hinzukommenden Freien Dialogen können die Lernenden ihre erworbenen Sprachkenntnisse frei verwenden, indem sie das Thema der Lektion erweitern oder variieren.

d) Die Übungen unterteilen sich in zwei Schwierigkeitsgrade. Die Teilübungen 1 und 2 sowie alle mit dem ☝-Symbol gekennzeichneten gehören dem ersten Grad an, die Teilübungen mit dem ✌-Symbol dem zweiten. Diese Einteilung besagt nicht, dass (von einigen wenigen Ausnahmen abgesehen) der zweite Grad das in diesem Buch vermittelte Grundstufen-Niveau übersteigt. Vielmehr ist der Inhalt der ersten Übungsgruppe eng an die Zielinhalte jeder Lektion geknüpft. Der Inhalt der zweiten kann dagegen als eine nicht zu schwer fassliche Erweiterung betrachtet werden, die für das Verständnis des Textteils keine Rolle spielt. Diejenigen Lernenden, die über ausreichend Zeit verfügen, sollten versuchen, auch diese zweite Gruppe zu bewältigen.

Zu einigen Übungen sind im Buchanhang Lösungen angegeben. Vor allem diejenigen zu den Gelenkten Dialogen sind nicht als Musterlösung zu betrachten, sondern sie geben meist nur eine von mehreren Antwortmöglichkeiten wieder.

Zur Festigung und Erweiterung der Ausdrucksfähigkeit der Lernenden steht diesem Lehrbuch ein *Übungsheft* beiseite. Darin enthalten sind u.a. Lückentexte, Multiple-Choice-Aufgaben, Übersetzungen und Korrekturübungen. Die Lösungen dazu sind überwiegend angegeben.

Zur Sprache und Umschrift

Die chinesische Sprechergemeinschaft ist die größte der Welt. Rund 1,3 Milliarden Menschen (in der VR China, Taiwan und in anderen Ländern Südostasiens zusammengenommen) sprechen als Muttersprache Chinesisch bzw. *Hanyu*, die «Sprache des *Han*-Volkes», wie sich die Chinesen selbst nennen. Hanyu untergliedert sich in mehrere Dialektfamilien, die sich voneinander zum Teil so stark unterscheiden wie zwei europäische Sprachen ein und derselben Sprachgruppe (z.B. Italienisch und Portugiesisch). Die wiederum größte Gruppe unter diesen Familien ist das sogenannte *Mandarin*. Die nordchinesische Ausprägung des Mandarin – gesprochen in einer Gegend in der Nähe von Peking – ist heute offizielle Hochsprache der Volksrepublik China wie auch Taiwans. Das Hochchinesische wird in der Volksrepublik auch als «Allgemeinsprache» (*Putonghua*) bezeichnet.

Weitere Dialektfamilien sind etwa die *Wu*-Dialekte der südöstlichen Küstenprovinzen der VR China oder die *Yue*-Dialekte im Süden, das sogenannte *Kantonesische*. Grundsätzlich wird auch in den Landesteilen mit diesen Dialekten Hochchinesisch verstanden.

Chinesisch gehört zu den sogenannten *isolierenden Sprachen*. Darunter versteht man, dass seine Wörter weitgehend unveränderliche Einheiten sind, die zum Beispiel nicht gebeugt (flektiert) werden können, wie etwa die Wörter der deutschen Sprache. Anders ausgedrückt: Die Form eines chinesischen Wortes allein sagt noch nichts darüber aus, ob es sich um ein Verb (Tätigkeit), ein Adjektiv (Eigenschaft), oder ein Nomen (Ding oder Person) handelt. Bei Nomen werden weder Singular (Einzahl) noch Plural (Mehrzahl), weder grammatische Geschlechter noch Fälle voneinander unterschieden. So kann das Wort «jīnglǐ», je nach Zusammenhang, sowohl «der Manager», «die Manager» als auch «die Managerin» bzw. «die Managerinnen» bedeuten. Mit dem (gesprochenen) Wort «tā» kann «er, ihn, ihm»; «sie, ihr» oder «es» gemeint sein (in der Schrift allerdings werden «er», «sie» und «es» differenziert). Auch Verben können keine Formen für Person, Zeit, Aktiv oder Passiv bilden.

Die obengenannten fehlenden Kennzeichnungsmöglichkeiten mittels der Form eines Wortes ersetzt das Chinesische vor allem durch eine Reihe von Satzpartikel (Ergänzungswörter) oder durch die jeweilige Stellung des Wortes im Satz. Während Partikel etwa die Zeitform eines Verbs anzeigen können, entscheidet in einem einfachen Aussagesatz die *feste Reihenfolge von Subjekt-Prädikat-Objekt* darüber, welches Nomen oder Pronomen (Fürwort) das Subjekt bzw. das Objekt des Satzes ist. Zum Beispiel ist im Satz «Wǒ (ich) jiào (rufen) tā (er, sie)» das Wort «wǒ» durch seine Stellung notwendigerweise das Subjekt und «tā» das Objekt, so dass der Satz «Ich rufe ihn / sie» bedeutet. Im Satz «Tā jiào wǒ» steht dagegen «tā» an erster (d. h. Subjekt-)Stelle, so dass die Bedeutung nur «Er / sie ruft mich» sein kann.

Das Hochchinesische kennt insgesamt nur etwas über 400 verschiedene Silben. Eine Silbe entspricht in der chinesischen Schrift einem Schriftzeichen. Als Sprecheinheit besteht jede Silbe in der Regel aus einem *Anlaut*, einem *Auslaut* und einem *Silbenton*. Der *Anlaut* ist entweder ein einfacher oder ein doppelter Konsonant. (Nur einige wenige Silben besitzen keinen Anlaut). Der *Auslaut* besteht dagegen entweder aus einem einfachen Vokal, einem zusammengesetzten Vokal oder einem Nasalvokal (Vokal + n / ng). Einige Auslaute können auch als eigenständige Silben auftreten (z. B. «āng»).

Die diesem Lehrbuch zugrundeliegende Lautumschrift *Hanyu Pinyin* (wörtlich: Chinesisch-Lautschrift) wird in der VR China verwendet und basiert auf den 26 Buchstaben des lateinischen Alphabets.

Zur Aussprache des Chinesischen

Konsonantische Anlaute

b (bo)	g (ge)	z (zi)
p (po)	k (ke)	c (ci)
m (mo)	h (he)	s (si)
f (fo)		
d (de)	j (ji)	zh (zhi)
t (te)	q (qi)	ch (chi)
n (ne)	x (xi)	sh (shi)
l (le)		r (ri)

Einfache und zusammengesetzte Auslaute

	i (yi)	**u** (wu)	**ü** (yu)
a	ia (ya)	ua (wa)	
o		uo (wo)	
e			
ě	ie (ye)		üe (yue)
er			
ai		uai (wai)	
ei		uei (wei)	
ao	iao (yao)		
ou	iou (you)		
an	ian (yan)	uan (wan)	üan (yuan)
en	in (yin)	uen (wen)	ün (yun)
ang	iang (yang)	uang (wang)	
eng	ing (ying)	ueng (weng)	
ong	iong (yong)		

Erläuterung zur obigen Tabelle:
Die links stehenden Einträge der mit «i», «u» und «ü» überschriebenen Spalten bezeichnen jeweils die Vokale (bzw. die Vokale mit den Auslaut-Konsonanten «n»/«ng»). In den Klammern rechts steht die Pinyin-Schreibung der Vokale als Silben.
Für die mit «i» beginnenden Silben gilt:

1) Bei den Silben «i», «in» oder «ing» wird vor dem «i» ein «y» hinzugefügt: «yi», «yin», «ying»
2) Bildet das «i» zusammen mit anderen Vokalen (und Konsonanten) eine Silbe, so wird das «i» mit einem «y» ersetzt: «ya», «yao», «yong» ...

Für die mit «ü» beginnenden Silben gilt: Den Vokalen wird ein «y» vorangestellt, während die ü-Pünktchen wegfallen: «yu», «yun» ...
Für die mit «u» beginnenden Silben gilt:

1) Ist «u» der einzige Vokal, muss vor dem «u» ein «w» stehen: «wu» (einziges Beispiel)
2) Bildet das «u» zusammen mit anderen Vokalen (und Konsonanten) eine komplexe Silbe, so wird das «u» mit einem «w» ersetzt: «wang», «wei», «wo» ...

Konsonanten

b:	nicht stimmhaft. Beispiele: bao, bang.
c:	«ts»-Laut wie in «***Z***eh». Beispiele: ceng, cao.
d:	nicht stimmhaft. Beispiele: dao, dang.
f:	wie im Deutschen. Beispiele: fang, fo.
g:	nicht stimmhaft. Beispiele: gao, gang.
h:	wie «ch» in «Kra***ch***». Beispiele: hen, hao.
j:	wie im englischen «***J***eep». Beispiele: ji, jing.
k:	stärker behaucht als im Deutschen. Beispiele: kang, kuo.
l, m, n:	wie im Deutschen. Beispiele: lang, mang, nang.
p:	stärker behaucht als im Deutschen. Beispiele: pao, peng.
q:	wie in «***tj***a», stark behaucht ausgesprochen wie «t-ch». Beispiele: qiao, qiong.
r:	Laut, der etwa zwischen dem englischen «r» (***r***ight) und dem französischen «j» (z. B in «***j***our») liegt. Beispiele: reng, rao.
s:	scharfer «ß»-Laut wie in «Ra***s***t». Beispiele: sao, si.
t:	stärker behaucht als im Deutschen. Beispiele: tao, teng.
x:	«ch»-Laut wie in «di***ch***». Beispiele: xing, xi.
z:	wie im englischen «rea***ds***». Beispiele: zeng, zao.
ch:	stark behaucht, wie im englischen «***ch***urch». Beispiele: chi, cheng.
sh:	wie im englischen «***sh***ip». Beispiele: shao, sheng.
zh:	stimmloses «dsch» wie in «***Dsch***ungel». Beispiele: zhi, zhe.

Vokale

a:	lang wie in «W***a***gen». Beispiele: lang, ma.
e:	Murmelvokal wie in «Lag***e***». Beispiele: he, le.
i:	lang wie in «Kr***i***se». Beispiele: mi, qi. Nach den Konsonanten z, c, s sowie zh, ch, sh, r wird das «i» ähnlich wie das englische «i» in «***is***» gesprochen. Beispiele: shi, si.
o:	kurz wie in «P***o***st», wobei ein leichtes «u» vorangehend mitklingt. Beispiele: bo, fo, mo.
u:	lang wie in «d***u***». Beispiele: gu, du.
ü:	lang wie in «G***ü***te». Beispiele: lü, nü.
ai:	wie in «H***ai***». Beispiele: kai, lai.
ao:	wie in «H***au***s», wobei das «u» nur leicht anklingt. Beispiele: lao, nao.
ei:	wie im englischen «l***ay***». Beispiele: mei, gei.

er:	ähnlich wie im englischen «mir***ror***». Beispiele: érzi, nǚ'ér.
ia:	wie das deutsche «***ja***». Beispiele: qia, lia.
iao:	ähnlich wie in «***jau***chzen», nur mit mehr «o» als «u». Beispiele: liao, niao.
ie:	ähnlich wie in «L***iai***son», nur ohne Betonung des «i». Beispiele: xie, die.
iou:	kurz anklingendes «i» und Betonung auf dem «ou» (vgl. «ou»). Beispiele: liu, niu
ou:	wie im englischen «kn***ow***». Beispiele: lou, hou.
ua:	wie im englischen «***wa***ft», wobei das «a» die Betonung trägt. Beispiele: gua, hua.
uai:	wie im englischen «***wi***fe». Beispiele: guai, huai.
uei:	kurz anklingendes «u» und Betonung auf dem zweiten Vokal. Wie das englische «***way***». Beispiele: gui, hui.
uo:	wie im englischen «***wo***rn». Beispiele: guo, huo.
üe:	wie in «K***ü***h***e***» ohne «h». Betonung auf dem «ü», nicht auf dem «e». Beispiele: lüe, nüe.

Vokale + n oder ng

an, en, in, ün:	wie im Deutschen. Beispiele: gan, gen, bin, yun.
uan, uen:	kurz anklingender erster Vokal, Betonung auf dem zweiten Vokal. Beispiele: duan, lun.
ian, üan:	gesprochen «i-en» bzw. «ü-en». Betont wird der zweite Vokal.Beispiele: qian, yuan.
ang, ing:	wie im Deutschen. Beispiele: lang, ling.
eng:	Murmelvokal (vergleiche «e») und «ng». Beispiele: leng, keng.
ong:	wie im deutschen «Zeit***ung***». Beispiele: hong, long.
iang, uang, ueng:	Betonung auf dem zweiten Vokal. Beispiele: liang, wang, weng.
iong:	wie «***jung***» gesprochen. Betont wird der zweite Vokal. Beispiele: qiong, xiong.

Anmerkungen

1. Verwendung der Buchstaben «y» und «w»: Beginnt eine Silbe im Anlaut mit «i» oder mit «u» (hat sie also keinen konsonantischen Anlaut) oder besteht die Silbe nur aus dem Laut «i» oder «u», so wird vor «i» ein nicht mitgesprochenes «y» und vor «u» ein nicht mitgesprochenes «w» geschrieben. Beispiele: yi, yin, wu.
Folgen außerdem hinter «i» oder «u» noch weitere Vokale, fallen in der Schreibung «i» und «u» weg. Beispiele: ya, yao, yan, wa, wai, wan.

2. Nach j, q, x, y wird das «ü» wie «u» geschrieben. Beispiele: xu, que, yun.

3. Stehen vor «iou», «uei» und «uen» konsonantische Anlaute, wird in der Schreibung der jeweils zweite Vokal weggelassen. Beispiele: jiu, hui, lun.

4. Folgt eine Silbe mit dem vokalischen Anlaut «a», «o» oder «e» auf eine Silbe (des gleichen Wortes) mit vokalischem Auslaut, so wird zwischen beiden Silben das Trennungszeichen (') gesetzt, um Unklarheiten bei den Silbengrenzen zu vermeiden. Beispiele: Xī'ān; nǚ'ér.

Die vier Töne

Unter einem Ton versteht man den bestimmten Stimmverlauf, mit dem eine Silbe (bzw. ein Wort) ausgesprochen wird, also gewissermaßen die «Melodie» der Silbe (des Wortes). Das Hochchinesische kennt insgesamt vier Töne. Von wenigen Ausnahmen abgesehen («Übungen zu den Tönen») trägt jede Silbe einen Ton. Welche Kombination aus Silben und Tönen ein Wort besitzt, entscheidet seine Bedeutung. Verwechselt man Töne, spricht man daher entweder ein falsches oder ein gar nicht existentes Wort. Ein berüchtigtes Beispiel ist die Verwechslung des vierten Tons mit dem dritten Ton bei der Silbe «wen». Aus dem Satz «Ich habe einen Polizisten *gefragt*» (Wǒ wèn le yī ge jǐngchá) wird so die Aussage «Ich habe einen Polizisten *geküsst*» (Wǒ wěn le yī ge jǐngchá). Man sieht: Der Ton macht die «Musik»!
In einem Diagramm nehmen die vier Töne etwa folgenden Platz ein:

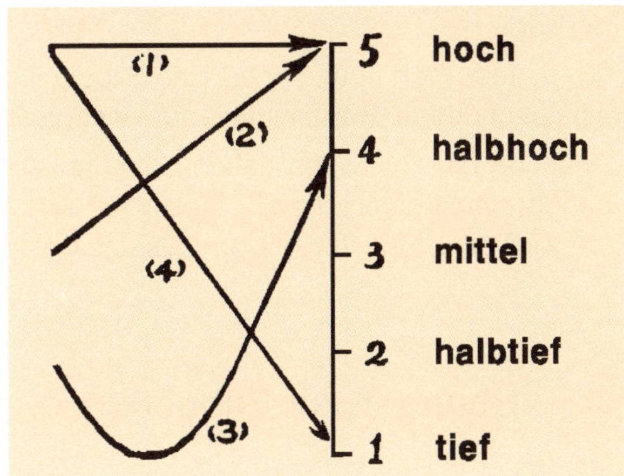

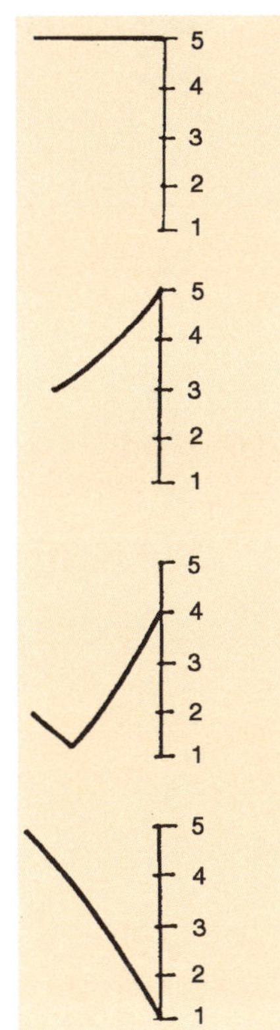

Der **1. Ton** mit dem Tonzeichen « – » über einer Silbe ist ein relativ hoch gesprochener, gleichbleibender Ton.

Beispiel: mā (Mama)

Der **2. Ton** beginnt auf normaler mittlerer Sprechhöhe und steigt dann leicht nach oben, ähnlich der fragenden Intonation im Deutschen. Er hat das Tonzeichen « ».

Beispiel: má (Hanf)

Der **3. Ton** setzt unter der mittleren Sprechhöhe an, fällt dann tief herab und steigt gedehnt wieder nach oben. Sein Tonzeichen ist « V ».

Beispiel: mǎ (Pferd)

Der **4. Ton** setzt relativ hoch an und fällt dann herab, ähnlich der Intonation der Erleichterung im Deutschen. Er hat das Tonzeichen « \ ».

Beispiel: mà (schimpfen)

Māma mà mǎ. (Die Mutter beschimpft das Pferd.)
妈妈 骂 马。

Lesen Sie die folgenden Silben in den vier Tönen

ā	á	ǎ	à	wō	wó	wǒ	wò	āi	ái	ǎi	ài	dī	dí	dǐ	dì
tā	tá	tǎ	tà	gāo	gáo	gǎo	gào	mō	mó	mǒ	mò	kē	ké	kě	kè
nī	ní	nǐ	nì	sū	sú	sǔ	sù	līng	líng	lǐng	lìng	huī	huí	huǐ	huì

Anmerkungen

1. Die Tonzeichen werden immer über den Vokal einer Silbe gesetzt. Bei zusammengesetzten Vokalen über denjenigen, der lauter gesprochen wird. Beispiele: kāo, gǒu, huì.

2. Folgen zwei dritte Töne hintereinander, so muss der erste von beiden im zweiten Ton gesprochen werden, wenn er auch im dritten Ton geschrieben bleibt. (Aussprache-)Beispiel: «hěn hǎo» wird zu «hén hǎo».

3. Folgt dem Wort «bù» (nicht) eine Silbe mit dem vierten Ton, wird «bú» im zweiten Ton gelesen und auch geschrieben. Beispiel: «bù duì» wird zu «bú duì».

4. Manche (kurze) Silben haben ursprünglich einen Ton, der aber nur schwach ausgeprägt ist oder beim Sprechen ganz wegfällt. Dieser Ton wird auch «Neutraler Ton» genannt. Über die entsprechende Silbe wird dann kein Tonzeichen gesetzt. Beispiele: māma, tàitai.

Übungen zur Phonetik

Konsonantenübungen

a) Die Konsonanten j, q und x

j	ji	jia	jiao	jie	jiu	jian	jin	jiang	jing	jiong	ju	jue	juan	jun
q	qi	qia	qiao	qie	qiu	qian	qin	qiang	qing	qiong	qu	que	quan	qun
x	xi	xia	xiao	xie	xiu	xian	xin	xiang	xing	xiong	xu	xue	xuan	xun

ji / qi	jue / que	xiong / qiong	xuan / qian	qun / jun
xia / jia	jun / xun	ju / qu	xue / jie	jiang / quan
qing / jing	jie / qie	qian / xian	qia / jian	xiu / juan

b) Die Konsonanten z, c und s

z	za	ze	zi	zai	zei	zao	zou	zan	zen	zang	zeng	zong	zu	zuo	zui	zuan	zun
c	ca	ce	ci	cai		cao	cou	can	cen	cang	ceng	cong	cu	cuo	cui	cuan	cun
s	sa	se	si	sai		sao	sou	san	sen	sang	seng	song	su	suo	sui	suan	sun

zi / si	cuo / zuo	cui / zui	cuo / zou	qi / zi
san / zan	zang / cang	zou / cou	sun / cen	can / jian
cong / zong	suan / cuan	cuan / suan	ci / ze	xiu / cui

c) Die Konsonanten zh, ch, sh und r

zh	zha	zhe	zhi	zhai	zhei	zhao	zhou	zhan	zhen
ch	cha	che	chi	chai		chao	chou	chan	chen
sh	sha	she	shi	shai	shei	shao	shou	shan	shen
r		re	ri			rao	rou	ran	ren

zhang	zheng	zhong	zhu	zhua	zhuo	zhuai	zhui	zhuan	zhun	zhuang
chang	cheng	chong	chu	chua	chuo	chuai	chui	chuan	chun	chuang
shang	sheng		shu	shua	shuo	shuai	shui	shuan	shun	shuang
rang	reng	rong	ru	rua	ruo		rui	ruan	run	

shuai / zhuai	run / zhun	chi / shi	zha / jia	xiu / shou
zhou / shou	zhong / chong	chan / zhan	chao / qiao	jiang / zhang
zhen / shen	shuo / chuo	shun / chun	shan / xian	chuan / quan

d) Konsonantenübung mit chinesischen Vokabeln

(Diese Übung kann auch als Diktatvorgabe verwendet werden.)

qìchē *(Bus)*
zázhì *(Magazin)*
shísì *(vierzehn)*
xuéxiào *(Schule)*
jiàoshòu *(Professor)*

jīngjì *(Wirtschaft)*
xīngqī *(Woche)*
shíjiān *(Zeit)*
xiāngjiāo *(Banane)*
jùzi *(Satz)*

chūqù *(hinausgehen)*
wǎngqiú *(Tennis)*
nǚ'ér *(Tochter)*
cānjiā *(teilnehmen)*
qǐyè *(Betrieb)*

chēzhàn *(Bahnhof)*
róngyì *(einfach)*
huìyì *(Sitzung)*
xuéxí *(lernen)*
rènshi *(kennen)*

jīngcháng *(oft)*
sùcài *(Vegetarisches)*
zǎoshàng *(Morgen)*
juéde *(meinen)*
jièshào *(vorstellen)*

huòzhě *(oder)*
jiǔshí *(neunzig)*
zhèyàng *(so)*
chūchāi *(Dienstreise)*
yuēhuì *(Verabredung)*

shuìjiào *(schlafen)*
chuánzhēn *(Fax)*
xiǎojiě *(junge Frau)*
Yīngwén *(Englisch)*
chējiān *(Werkhalle)*

yīshēng *(Arzt)*
shēnghuó *(leben)*
shìqing *(Sache)*
yīnyuè *(Musik)*
xiūxi (*sich ausruhen*)

Sìchuān (Provinzname)
zhèngzài *(gerade)*
jiéshù *(aufhören)*
jiāojuǎn *(Film)*
sīchóu *(Seide)*

Übungen zu den vier Tönen

Lesen Sie die Einträge der Tabellen 1 und 2 laut Zeile für Zeile, zunächst horizontal und anschließend von oben nach unten. Beginnen Sie mit Tabelle 1 und gehen Sie erst, wenn Sie diese beherrschen, zur zweiten, schwierigeren, über. Hier verändert sich, horizontal gelesen, mit jeder neuen Spalte der Ton der ersten Silbe (vom ersten bis zum vierten Ton) und vertikal gelesen, der Ton der zweiten Silbe (vom ersten Ton bis zum «neutralenTon»).

Tabelle 1

1 + 1	fēijī	xīngqī	jīntiān	pīnyīn
	Flugzeug	*Woche*	*heute*	*Lautschrift*
1 + 2	fēicháng	Zhōngguó	Zhōngwén	jīnnián
	äußerst	*China*	*Chinesisch*	*dieses Jahr*
1 + 3	jīnglǐ	zhōngwǔ	gōnglǐ	Xiānggǎng
	Manager	*Mittag*	*Kilometer*	*Hongkong*
1 + 4	tā shì	gāoxìng	gōngzuò	zhīdào
	sie / er ist	*sich freuen*	*Arbeit*	*wissen*
1 + 0	xiānsheng	gēge	māma	zhuōzi
	Herr	*ält. Bruder*	*Mama*	*Tisch*
2 + 1	shíyī	shíjiān	zuótiān	míngtiān
	elf	*Zeit*	*gestern*	*morgen*
2 + 2	Déwén	míngnián	tóngxué	yóujú
	Deutsch	*nächstes Jahr*	*Kommilitone*	*Postamt*
2 + 3	péngyǒu	hái yǒu	shíwǔ	píngguǒ
	Freund	*noch haben*	*fünfzehn*	*Apfel*
2 + 4	bú duì	shí'èr	shí yuè	tóngshì
	falsch	*zwölf*	*Oktober*	*Kollege*
2 + 0	shénme	shéi de	juéde	biéde
	was	*wessen*	*meinen*	*andere*
3 + 1	Běijīng	nǎxiē	lǎoshī	xǐhuān
	Peking	*welche*	*Lehrer*	*mögen*
3 + 2	hěn máng	Měiguó	yǐqián	kěnéng
	beschäftigt	*USA*	*früher*	*wahrscheinlich*
3 + 3	hěn hǎo	Fǎyǔ	zhǐ yǒu	jǐ diǎn
	sehr gut	*Französisch*	*es gibt nur*	*wieviel Uhr*
3 + 4	lǐngdài	nǐ kàn	wǒ jiào	nǚshì
	Krawatte	*schau mal*	*ich heiße*	*Dame*
3 + 0	nǐ ne?	jiějie	hǎo ma?	hǎo de
	und du?	*ält. Schwester*	*gut?*	*gut!*
4 + 1	zhèxiē	nàxiē	Yàzhōu	shàngbiān
	diese	*jene*	*Asien*	*oben*
4 + 2	qùnián	dàxué	dìtú	èrshí
	letztes Jahr	*Universität*	*Stadtplan*	*zwanzig*
4 + 3	Rìběn	hàomǎ	dìzhǐ	xiàwǔ
	Japan	*Nummer*	*Adresse*	*Nachmittag*
4 + 4	zuìjìn	xiànzài	diànhuà	dàgài
	zur Zeit	*jetzt*	*Telefon*	*etwa*
4 + 0	tàitai	mèimei	rènshi	kèqi
	Frau	*jüng. Schwester*	*kennen*	*bescheiden*

Übersicht über die An- und Auslautkombinationen im Hochchinesischen

普通话声母韵母拼合总表

韵母 / 声母	a	o	e	-i [ɿ]	-i [ʅ]	er	ai	ei	ao	ou	an	en	ang	eng	ong	i	ia	iao	ie	iu	ian	in	iang	ing	iong	u	ua	uo	uai	ui	uan	un	uang	ueng	ü	üe	üan	ün
	a	o	e			er	ai	ei	ao	ou	an	en	ang	eng		yi	ya	yao	ye	you	yan	yin	yang	ying	yong	wu	wa	wo	wai	wei	wan	wen	wang	weng	yu	yue	yuan	yun
b	ba	bo					bai	bei	bao		ban	ben	bang	beng		bi		biao	bie		bian	bin		bing		bu												
p	pa	po					pai	pei	pao	pou	pan	pen	pang	peng		pi		piao	pie		pian	pin		ping		pu												
m	ma	mo	me				mai	mei	mao	mou	man	men	mang	meng		mi		miao	mie	miu	mian	min		ming		mu												
f	fa	fo						fei		fou	fan	fen	fang	feng												fu												
d	da		de				dai	dei	dao	dou	dan	den	dang	deng	dong	di		diao	die	diu	dian			ding		du		duo		dui	duan	dun						
t	ta		te				tai		tao	tou	tan		tang	teng	tong	ti		tiao	tie		tian			ting		tu		tuo		tui	tuan	tun						
n	na		ne				nai	nei	nao	nou	nan	nen	nang	neng	nong	ni		niao	nie	niu	nian	nin	niang	ning		nu		nuo			nuan				nü	nüe		
l	la		le				lai	lei	lao	lou	lan		lang	leng	long	li	lia	liao	lie	liu	lian	lin	liang	ling		lu		luo			luan	lun			lü	lüe		
z	za		ze	zi			zai	zei	zao	zou	zan	zen	zang	zeng	zong											zu		zuo		zui	zuan	zun						
c	ca		ce	ci			cai		cao	cou	can	cen	cang	ceng	cong											cu		cuo		cui	cuan	cun						
s	sa		se	si			sai		sao	sou	san	sen	sang	seng	song											su		suo		sui	suan	sun						
zh	zha		zhe		zhi		zhai	zhei	zhao	zhou	zhan	zhen	zhang	zheng	zhong											zhu	zhua	zhuo	zhuai	zhui	zhuan	zhun	zhuang					
ch	cha		che		chi		chai		chao	chou	chan	chen	chang	cheng	chong											chu	chua	chuo	chuai	chui	chuan	chun	chuang					
sh	sha		she		shi		shai	shei	shao	shou	shan	shen	shang	sheng												shu	shua	shuo	shuai	shui	shuan	shun	shuang					
r			re		ri				rao	rou	ran	ren	rang	reng	rong											ru	rua	ruo		rui	ruan	run						
j																ji	jia	jiao	jie	jiu	jian	jin	jiang	jing	jiong										ju	jue	juan	jun
q																qi	qia	qiao	qie	qiu	qian	qin	qiang	qing	qiong										qu	que	quan	qun
x																xi	xia	xiao	xie	xiu	xian	xin	xiang	xing	xiong										xu	xue	xuan	xun
g	ga		ge				gai	gei	gao	gou	gan	gen	gang	geng	gong											gu	gua	guo	guai	gui	guan	gun	guang					
k	ka		ke				kai	kei	kao	kou	kan	ken	kang	keng	kong											ku	kua	kuo	kuai	kui	kuan	kun	kuang					
h	ha		he				hai	hei	hao	hou	han	hen	hang	heng	hong											hu	hua	huo	huai	hui	huan	hun	huang					

Die zwanzig Wörter / Wortgruppen der Tabelle 2 vereinen alle Tonkombinationen zweisilbiger Wörter im modernen Hochchinesisch (ein großer Teil der chinesischen Wörter besteht aus zwei Silben). Gleichzeitig gehören sie zu den am häufigsten gebrauchten Wörtern bzw. Wortgruppen der Lektionen 1–3. Der / die Lernende sollte versuchen, sich die korrekte Aussprache aller Einträge während der Durcharbeitung der Lektionen 1–3 einzuprägen, um beim Lernen aller weiteren Vokabeln einen Vergleichsmaßstab zu besitzen, an dem sich eigene Fehler korrigieren lassen. Gibt es zum Beispiel mit der Tonfolge des Wortes «yóujú» Schwierigkeiten, kann man sich an der Tonfolge des Wortes «Déguó» orientieren. Voraussetzung ist natürlich, dass man diese bereits mühelos sprechen kann.

Tabelle 2

	1. Ton	**2. Ton**	**3. Ton**	**4. Ton**	**Neutraler Ton**
1. Ton	gōngsī	huānyíng	Yīngyǔ	fānyì	tāmen
2. Ton	chuánzhēn	Déguó	méiyǒu	míngpiàn	máng ma?
3. Ton	wǒ jiā	wǔshí	nǐ hǎo	wǒ shì	wǒ de
4. Ton	mìshū	bù máng	Hànyǔ	zàijiàn	xièxie

Lektion 1: Begrüßung

Zielsätze

1. Qǐngwèn, nín shì Wáng jīnglǐ ma?
   请问， 您 是 王 经理 吗？
   Eine Frage bitte, sind Sie Geschäftsführer Wang?
2. Wǒ shì Wáng Lù.
   我 是 王 路。
   Ich bin Wang Lu.
3. Tā bú shì Wáng Lù.
   他 不 是 王 路。
   Er ist nicht Wang Lu.
4. Wǒ hěn hǎo, nǐ ne?
   我 很 好， 你呢？
   Es geht mir gut. Und dir?
5. Tāmen dōu hěn hǎo.
   他们 都 很 好。
   Es geht ihnen allen gut.
6. Nǐ yě (hěn) máng ma?
   你 也 (很) 忙 吗？
   Hast du auch viel zu tun?

Dialog 1

Herr Schumann (A) wartet im Empfangsraum eines Betriebes auf Herrn Wang (B), mit dem er einen Gesprächstermin hat. Als dieser eintritt, steht Schumann auf und grüßt ihn:

A: Nín hǎo!
您 好！
Guten Tag!

B: Nín hǎo!
您 好！
Guten Tag!

A: Qǐngwèn, nín shì Wáng jīnglǐ ma?
请问， 您 是 王 经理 吗？
Eine Frage bitte, sind Sie Geschäftsführer Wang?

B: Shì, wǒ shì Wáng Lù. Nín shì …?
是， 我 是 王 路， 您 是 …？
Ja, ich bin Wang Lu. Und Sie sind...?

A: Wǒ shì Shūmàn.
我 是 舒曼。
Ich bin der Herr Schumann.

B: Ò, nín shì Shūmàn xiānsheng.
哦， 您 是 舒曼 先生。
Ach, Sie sind Herr Schumann.
Huānyíng, qǐng jìn.
欢迎， 请 进。
Willkommen! Bitte kommen Sie herein.

A: Xièxie.
谢谢。
Danke.

Dialog 2

Frau Sand (A) trifft auf der Straße ihren Bekannten Li Gang (B):

A: Nǐ hǎo ma? 你 好 吗?	*Wie geht es dir?*
B: Wǒ hěn hǎo, nǐ ne? 我 很 好, 你 呢?	*Gut. Und dir?*
A: Wǒ yě hěn hǎo, xièxie. Liú nǚshì 我 也 很 好, 谢谢。刘 女士	*Mir geht es auch gut, danke.*
hé Hú xiānsheng hǎo ma? 和 胡 先生 好 吗?	*Wie geht es Frau Liu und Herrn Hu?*
B: Tāmen dōu hěn hǎo. Hú xiānsheng xiànzài shì 他们 都 很 好, 胡 先生 现在 是	*Es geht beiden sehr gut. Herr Hu ist jetzt*
zǒngjīnglǐ. 总经理。	*Generalmanager.*
A: Tā xiànzài hěn máng ma? 他 现在 很 忙 吗?	*Hat er gerade viel zu tun?*
B: Tā zuìjìn hěn máng. Nǐ ne? 他 最近 很 忙, 你呢?	*Er hat in der letzten Zeit viel zu tun. Und du?*
Nǐ yě hěn máng ma? 你 也 很 忙 吗?	*Bist du auch sehr beschäftigt?*
A: Wǒ? Wǒ bú tài máng. 我? 我 不 太 忙。	*Ich? Ich habe nicht besonders viel zu tun.*

Neue Wörter und Ausdrücke

Nín hǎo!	您好！	*Guten Tag!*
nín	您	*Sie* (höfliche Anredeform)
hǎo	好	*gut* (☞ Lektion 12)
qǐngwèn	请问	*Könnten Sie mir sagen ...; eine Frage bitte*
shì	是	*sein* ☯ **bú shì** *nicht sein*
jīnglǐ	经理	*Geschäftsführer, -in; Manager,-in*
ma	吗	Fragepartikel
wǒ	我	*ich; mich*
Wáng Lù	王路	Eigenname
Shūmàn	舒曼	Eigenname: *Schumann*
ò	哦	*ah! oh!* (Ausdruck des Erkennens, plötzlichen Verstehens)
xiānsheng	先生	*Herr*
huānyíng	欢迎	*willkommen!* (☞ Lektion 17)
qǐng jìn	请进	*Bitte kommen Sie herein!*
qǐng	请	*bitte*
xièxie	谢谢	*danke*

---

nǐ	你	*du; dich*
hěn	很	*sehr, ziemlich*
ne	呢	Fragepartikel (☞ Lektion 12)
yě	也	*auch, ebenso*
Liú	刘	Familienname
nǚshì	女士	*Frau, Dame* (in formellen Situationen)
hé	和	*und*
Hú	胡	Familienname
tāmen	他们 / 她们	Plural: *sie*
dōu	都	*alle, -s*
xiànzài	现在	*jetzt, nun, gegenwärtig*
zǒngjīnglǐ	总经理	*Chefmanager, -in; Hauptgeschäftsführer, -in*
zǒng	总	*Chef-, Haupt-, General-*
tā	他 / 她 / 它	*er / sie / es, ihn / sie / es*
máng	忙	*beschäftigt sein, viel zu tun haben*
zuìjìn	最近	*in letzter Zeit*
bù	不	*nicht (sein); nein*
bú tài	不太	*nicht sehr, nicht besonders* (Folgt «bù» eine Silbe mit dem vierten Ton, wird «bú» im zweiten Ton gesprochen und hier auch so geschrieben.)

Anmerkungen und grammatische Erklärungen

1. Die Personalpronomina heißen im Singular:

wǒ: *ich / mich* **nǐ**: *du / dich* **tā**: *er, sie, es / ihn, sie, es*

Durch Anhängen der Nachsilbe «**men**» werden die Pluralformen gebildet:

wǒmen: *wir / uns* **nǐmen**: *ihr / euch* **tāmen**: *sie*

«Tā» wird, je nach Geschlecht, im Chinesischen durch ein anderes Schriftzeichen ausgedrückt. Die Silbe «men» kann auch an Personenbezeichnungen gehängt werden, um den Plural auszudrücken. Sie wird allerdings selten benutzt.

jīnglǐmen: *die Manager* xuéshēngmen: *die Schüler*

2. «**Nín hǎo**», «**nǐ hǎo**» und «**nǐmen hǎo**» (Guten Tag) sind zu jeder Tageszeit anwendbare Grußformeln. «Nín hǎo» ist eine besonders höfliche Anrede. «Nǐmen hǎo» wird dagegen benutzt, wenn mehrere Personen gegrüßt werden sollen. Die Anrede mit «nín» (Sie) wird in China im Allgemeinen viel seltener verwendet als bei uns das Wort «Sie».

3. Namen und Anredeformen

Der (meist einsilbige, selten zweisilbige) chinesische Familienname steht bei Nennung des Gesamtnamens immer vor dem (ein- oder zweisilbigen) Vornamen. Namen werden allen Anredeformen (Titel, Berufsbezeichnungen etc.), anders als im Deutschen, immer vorangestellt.

Wáng jīnglǐ: *Geschäftsführer Wang* Lǐ nǚshì: *Frau Li*

4. Satzaussage mit «**shì**»

Die einfache Satzaussage wird mit dem Prädikat «shì» (sein) gebildet.

Ihre Verneinung wird durch das Adverb «bù» ausgedrückt, das immer vor «shì» steht.

Tā **shì** Hú nǚshì.	*Sie* ***ist*** *Frau Hu.*
Tā **bú shì** Hú nǚshì.	*Sie* ***ist nicht*** *Frau Hu.*

5. Fragesatz mit «**ma**»

Eine der Möglichkeiten, im Chinesischen Fragesätze zu konstruieren, besteht im Anhängen des Fragepartikels «ma» an einen Aussagesatz. Der dadurch entstehende Fragesatz behält die Wortstellung «Subjekt-Prädikat-[Objekt]» des Aussagesatzes bei. Es gibt also keine Umstellung von Subjekt und Prädikat wie im Deutschen (Er ist ... ⇨ Ist er ...?).

Nín shì Wáng Lù xiānsheng ma?	*Sind Sie Herr Wang Lu?*
Shì, wǒ **shì** Wáng Lù.	***Ja***. *Ich* ***bin*** *Wang Lu.*
Bú shì, wǒ **bú shì** Wáng Lù.	***Nein***. *Ich* ***bin nicht*** *Wang Lu.*

Bei Antworten gibt es im Chinesischen keine gesonderten Wörter für «ja» oder «nein». Stattdessen wird für «ja» entweder das Prädikat des Fragesatzes wiederholt oder mit einem vollständigen Aussagesatz geantwortet. Bei «nein» antwortet man entweder mit «bù»-Prädikat oder ebenfalls mit einem (verneinten) Aussagesatz.

6. «**Wǒ shì Wáng Lù.**» (Ich bin Wang Lu.)

Im Chinesischen stellt man sich nicht als «Herr X» oder «Frau X» vor, sondern nennt nur den eigenen Namen. Ist der chinesische Familienname einsilbig, muss unbedingt der Vorname mitgenannt werden.

7. Die Fragen «**nín hǎo ma?**», «**nǐ hǎo ma?**» und «**nǐmen hǎo ma?**» erkundigen sich nach dem Befinden anderer Personen: Wie geht es Ihnen / dir / euch?

8. Die Konjunktion «**hé**» (und) verbindet in der Regel Nomen oder Pronomen.

Sie kann jedoch keine Verben oder (Teil)sätze miteinander verbinden.

9. Das Adverb «**hěn**»

Ist ein Adjektiv das Prädikat des Satzes, wird nicht das Verb «shì» verwendet, sondern dem jeweiligen Adjektiv wird das Adverb «hěn» vorangestellt. «Hěn» wird dann mit «sein» übersetzt. Seine volle Bedeutung «sehr, ziemlich» erhält das Adverb nur, wenn man es beim Sprechen besonders betont. Nur dann wird «hěn» auch in verneinten Sätzen und Fragesätzen verwendet.

Tā máng ma?	*Ist sie beschäftigt?*
Tā **hěn** máng.	*Sie* ***ist*** *beschäftigt.*
Tā **bù** máng.	*Sie* ***ist nicht*** *beschäftigt.*

10. Der Fragepartikel «**ne**» steht hier am Satzende und kann im Deutschen mit «und was ist mit ..., und wie steht's mit ...» oder ganz einfach mit dem Wort «und» wiedergegeben werden.

Nǐ ne? — *Und wie steht's mit dir? / Und du?*

11. Das Adverb «**dōu**» (alle) drückt meist die Gesamtheit bereits genannter Dinge oder Personen aus. Es steht immer vor dem Prädikat. «Dōu» kann, anders als das Wort «alle» im Deutschen, in der Regel nicht am Satzanfang oder ohne ein vorangehendes Nomen oder Pronomen benutzt werden. Man kann also (auf Chinesisch) nicht sagen: «Alle sind Geschäftsführer», sondern muss das Wort «sie» (tāmen) oder ein Nomen davor ergänzen.

Tāmen dōu shì jīnglǐ	*(**Sie**) alle sind Manager.*
Mìshū dōu hěn máng.	***Die Sekretärinnen*** *haben alle viel zu tun.*

Bei seiner Verneinung hat «dōu» die gleiche Wortstellung wie «alle» im Deutschen.
dōu bù — *alle nicht;* bù dōu — *nicht alle*

Wortfelder

Personalpronomen

wǒ	nǐ	tā
我	你	他 / 她 / 它
wǒmen *(wir / uns)*	nǐmen *(ihr / euch)*	tāmen
我们	你们	他们 / 她们

Anredeformen

xiānsheng	nǚshì	xiǎojiě *(junge Frau)*
先生	女士	小姐

Chinesische Namen

Wáng Lù	Hú Yīpíng	Lǐ Gāng
王路	胡一平	李刚
Zhāng Lìjiā	Wàn Jīngléi	Liú Jiàn
张丽佳	万惊雷	刘建

Deutsche Namen

Shūmàn *(Schumann)*	Sāngdé *(Sand)*	Luódé *(Rohde)*
舒曼	桑德	罗德
Bào'ěr *(Bauer)*	Kèlè *(Klee)*	Shīmìtè *(Schmitt)*
鲍尔	克勒	施密特

Positionen in einer Firma

jīnglǐ
经理

zǒngjīnglǐ
总经理

fùzǒngjīnglǐ *(stellvertretende(r) Hauptgeschäftsführer, -in)*
副总经理

chǎngzhǎng *(Betriebsleiter, -in)*
厂长

zhǔrèn *(Direktor, -in)*
主任

fùzhǔrèn *(Vizedirektor, -in)*
副主任

zhíyuán *(Angestellte, -r)*
职员

mìshū *(Sekretär, -in; Assistent, -in)*
秘书

dàibiǎo *(Vertreter, -in)*
代表

zhuānjiā *(Experte, Expertin)*
专家

Übungen

1. Basisübung

Wechseln Sie sich innerhalb der Basisübung dieser und aller weiteren Lektionen möglichst mit einem Partner / einer Partnerin bei jedem neuen Wort / jeder neuen Wortkombination mit dem Fragen bzw. dem Antworten ab.

Üben Sie die chinesischen Personalpronomina (PP).

a) Lassen Sie sich verschiedene PP auf Deutsch nennen, für die Sie das chinesische Äquivalent angeben müssen.

b) Bilden Sie deutsche PP mit dem Zusatz «nicht sein» und lassen Sie ins Chinesische übersetzen:

Beispiel: A: Sie sind nicht / kein ... — B: Tāmen bú shì ...

c) Lassen Sie sich von einem Partner oder einer Partnerin eine Frage mit einem der drei Wörter «hǎo / máng / lèi (müde)» stellen und geben Sie eine beliebige Antwort. (Auf die Frage «nǐ hǎo ma?» antwortet man normalerweise positiv.) Sie können auch versuchen, Wörter wie «auch / alle / zur Zeit / in letzter Zeit» in den Satz zu bringen.

Beispiel: A: Nǐmen lèi ma? — B: Wǒmen bú lèi.

Hú xiānsheng — nǐ — Lǐ nǚshì — Wáng mìshū — tāmen — Wú lǎoshī hé Wáng lǎoshī — nǐmen — Gù xiǎojiě hé Mǎ xiǎojiě — Fàn nǚshì hé Fāng xiānsheng — Luó zǒngjīnglǐ — Liú jīnglǐ hé Huáng mìshū

2. Austauschübung

a) Nín shì Wáng jīnglǐ ma?
Shì, wǒ shì Wáng Lù.

Shūmàn xiānsheng	Shūmàn
Zhāng nǚshì	Zhāng Lìjiā
Kèlè jīnglǐ	Kèlè

b) Tā shì Wáng jīnglǐ ma?
Bú shì, tā bú shì Wáng jīnglǐ.

Hú nǚshì	Bào'ěr jīnglǐ
Luódé xiānsheng	Wàn jīnglǐ
Zhāng nǚshì	Hú zǒngjīnglǐ

c) Tā yě shì jīnglǐ ma?
Bú shì, tā bú shì jīnglǐ, tā shì mìshū.

tāmen	mìshū	jīnglǐ
nǐ	mìshū	fùzǒngjīnglǐ
tā	fùzǒngjīnglǐ	zǒngjīnglǐ

d) Wáng nǚshì hé Wú xiānsheng hǎo ma?
Tāmen dōu hěn hǎo.

Luódé nǚshì hé Bào'ěr xiānsheng
Lǐ xiānsheng hé Zhāng xiǎojiě
Hú zǒngjīnglǐ hé Kèlè fùzǒngjīnglǐ

e) Nǐ zuìjìn máng ma?
Wǒ zuìjìn bú tài máng.

Shūmàn zǒngjīnglǐ
Wáng jīnglǐ hé Zhāng jīnglǐ

3. Frage-Antwort-Übung

Ergänzen Sie die entsprechende Frage zur gegebenen Antwort bzw. die entsprechende Antwort zur gegebenen Frage.

A: Qǐngwèn, nín shì Luódé nǚshì ma? B: ....
A: Huānyíng, huānyíng. Qǐng jìn. B: ....

C: Nǐ hǎo ma? D: .... Nǐ ne?
C: ....

E: Nín shì Shūmàn xiānsheng ma? F: .... (nein)
E: Nǐ yě shì mìshū ma? F: .... (ja / nein)

Formulieren Sie nun die Fragen von A zu den vorgegebenen Antworten von B.

A: ....? B: Wǒmen dōu bú tài máng.
A: ....? B: Tā zuìjìn hěn hǎo.

4. Satzumwandlungen

Verwandeln Sie die folgenden Aussagesätze durch Anhängen von «ma» in Fragesätze. Geben Sie außerdem verneinende Antworten auf alle Fragesätze.

a) Tā shì mìshū.
b) Tā yě shì mìshū.
c) Tāmen dōu shì mìshū.
d) Wǒ hé tā shì jīnglǐ.
e) Wǒ shì mìshū.
f) Luódé nǚshì hé Shūmàn xiānsheng zuìjìn dōu hěn máng.
g) Tāmen dōu shì jīnglǐ.
h) Tāmen hěn máng.
i) Tāmen zuìjìn hěn máng.
j) Tāmen zuìjìn dōu hěn máng.

5. Wie sagt man's auf Chinesisch?

a) Ich bin auch Manager.
b) Er ist nicht Herr Wan, er ist Herr Zhang.
c) Er ist kein Sekretär, er ist Manager.
d) Er ist kein Manager und er ist auch kein Sekretär.
e) Ihnen geht es allen sehr gut.
f) Sind Sie jetzt auch beschäftigt?
g) Hat sie in der letzten Zeit auch viel zu tun?
h) Frau Rohde hat gerade viel zu tun, Herr Schumann nicht.
i) Die Assistenten sind alle nicht sehr beschäftigt.
j) Die Sekretärinnen sind nicht alle sehr beschäftigt.
k) Frau Rohde ist stellvertretende Hauptgeschäftsführerin, Herr Schumann ist Sekretär.
l) Ich habe in letzter Zeit nicht besonders viel zu tun. Frau Li und Herr Hu sind beide sehr beschäftigt. Herr Hu ist jetzt Hauptgeschäftsführer.

Die Inhaber einer Werkstatt für Neujahresholzschnitte am Eingang zu ihrem Atelier

6. Gelenkter Dialog

Übernehmen Sie die Rolle von A oder B (oder C) und führen Sie anhand der nachfolgenden Vorgaben einen Dialog mit einem Partner oder einer Partnerin.

Beachten Sie bei diesem und allen folgenden gelenkten Dialogen: Die vorgegebenen Sätze sind als bloße Inhaltsangabe der Lösungssätze zu verstehen. Sie dürfen daher *nie* direkt übersetzt werden, sondern müssen immer zu wörtlicher Rede umformuliert werden.

Beispiel: A fragt B, ob er Herr Wang ist.

Lösung: Qǐngwèn, nín shì Wáng xiānsheng ma?

a) **A** grüßt B. — **B** grüßt zurück. — **A** möchte wissen, ob B Manager ist. — **B** verneint und antwortet, dass er Assistent ist. — **A** stellt sich selbst als (Herr) X vor. — **B** heißt A willkommen und bittet ihn, in sein Büro zu kommen. — **A** dankt B.

b) **A** fragt B, wie es ihm geht. — **B** antwortet, dass es ihm gut geht. Dann möchte er wissen, wie es A geht. — **A** sagt, dass es ihm auch gut gehe und erkundigt sich dann nach dem Befinden von Manager Hu und Herrn Liu. — **B** teilt ihm mit, dass es beiden gut gehe. — **A** fragt weiter, ob beide jetzt viel zu tun haben. — **B** bestätigt dies.

Lektion 2: Nationalität und Sprache

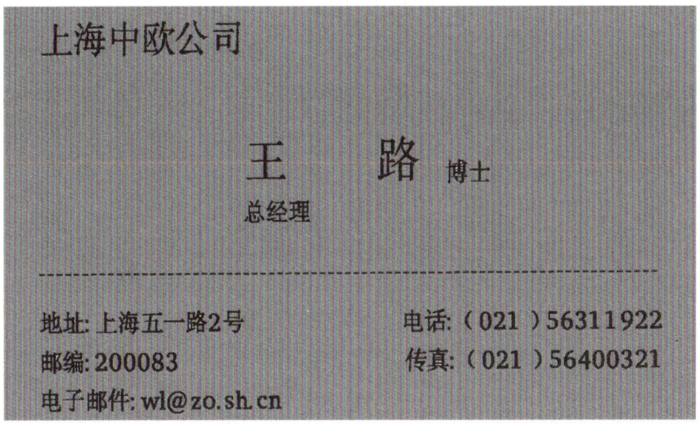

Zielsätze

1. Zhè shì wǒ péngyǒu.
   这 是 我 朋友。
   Das ist mein Freund.
2. Wǒ shì Bǎomǎ gōngsī de Shūmàn.
   我 是 宝马 公司 的 舒曼。
   Ich bin Herr Schumann von der Firma BMW.
3. Tā jiào Lǐ Gāng.
   他 叫 李刚。
   Er heißt Li Gang.
4. Tā jiào shénme míngzi?
   她 叫 什么 名字?
   Wie heißt sie?
5. Tā shuō Hànyǔ hé Yīngyǔ.
   她 说 汉语 和 英语。
   Sie spricht Chinesisch und Englisch.
6. Nǐ shì nǎ guó rén?
   你 是 哪 国 人?
   Aus welchem Land kommst du?
7. Nín shì Zhōngguó rén háishì Rìběn rén?
   您 是 中国 人 还是 日本 人?
   Sind Sie Chinese oder Japaner?

Dialog 1

Auf einer Party macht Frau Zhang (A) Herrn Li (B) und Herrn Klee (C) miteinander bekannt:

A: Wǒ jièshào yīxià, zhè shì wǒ péngyǒu
我 介绍 一下, 这 是 我 朋友
Lǐ xiānsheng, zhè shì Bǎomǎ gōngsī
李 先生, 这 是 宝马 公司
de Kèlè xiānsheng.
的 克勒 先生。

Darf ich vorstellen: Das ist mein Freund Herr Li, und das ist Herr Klee von der Firma BMW.

B: Nín hǎo! Wǒ xìng Lǐ, jiào Lǐ Gāng.
您好! 我 姓 李, 叫 李 刚。

Guten Tag! Mein Name ist Li, Li Gang.

Rènshi nín hěn gāoxìng.
认识 您 很 高兴。

Es freut mich, Sie kennenzulernen.

C: Wǒ yě hěn gāoxìng.
我 也 很 高兴。

Es freut mich ebenfalls.

B: Zhè shì wǒ de míngpiàn.
这 是 我 的 名片。

Hier ist meine Visitenkarte.

C: Xièxie. "Gang Edward Li" ..., qǐngwèn
谢谢。"Gang Edward Li", 请问

Danke.«Gang Edward Li» ...,
Herr Li, eine Frage bitte:

Lǐ xiānsheng, nín shì nǎ guó rén?
李 先生, 您 是 哪 国 人?

Aus welchem Land kommen Sie?

A: Lǐ xiānsheng shì Tàiguó rén.
李 先生 是 泰国 人。

Herr Li ist Thailänder.

Dialog 2

Bei einer Führung durch einen deutsch-chinesischen Joint-Venture-Betrieb wird Herr Bauer (A) auf das gute Englisch einer jungen Chinesin aufmerksam und nimmt den chinesischen Manager des Betriebes (B) beiseite:

A: Tā de Yīngyǔ fēicháng hǎo, tā jiào shénme míngzì?
她 的 英语 非常 好, 她 叫 什么 名字?

Ihr Englisch ist hervorragend. Wie heißt sie?

B: Tā jiào Zuǒténg Yànlíng, shì wǒmen gōngsī
她 叫 佐藤 燕玲, 是 我们 公司
de fānyì.
的 翻译。

Sie heißt Zuoteng Yanling und ist die Dolmet-
scherin unserer Firma.

A: Zuǒténg Yànlíng…, Tā shì Zhōngguó rén
佐藤 燕玲..., 她 是 中国 人
háishì Rìběn rén?
还是 日本 人?

Zuoteng Yanling... Ist sie Chinesin oder
Japanerin?

B: Tā shì Zhōngguó rén, tā shuō Hànyǔ、
她 是 中国 人, 她 说 汉语、
Yīngyǔ hé Rìyǔ.
英语 和 日语。

Sie ist Chinesin. Sie spricht Chinesisch,
Englisch und Japanisch.

A: "Zuǒténg Yànlíng" shì Rìběn míngzì ba?
"佐藤 燕玲" 是 日本 名字 吧?

«Zuǒténg Yànlíng» ist ein japanischer Name,
nicht wahr?

B: Shì, tā bàba shì Rìběn rén, māma shì
是, 她 爸爸 是 日本 人, 妈妈 是
Zhōngguó rén.
中国 人。

Ja. Ihr Vater ist Japaner und ihre Mutter
ist Chinesin.

Neue Wörter und Ausdrücke

jièshào yīxià	介绍一下	*jemand anderen vorstellen, bekannt machen* (☞ Lektion 10)
zhè	这	*diese, -r, -s; dies(hier)* ☯ **nà** 那 *jene, -r, -s; das (dort)*
péngyǒu	朋友	*Freund, -in*
Bǎomǎ gōngsī	宝马公司	*Firma BMW*
Bǎomǎ	宝马	Firmenname: *BMW*
gōngsī	公司	*Firma, Gesellschaft*
de	的	Partikel zur Bildung des Genitivs oder Attributs
xìng	姓	(mit dem Familiennamen) *heißen*
jiào	叫	(mit dem Gesamtnamen oder dem Vornamen) *heißen* (☞ Lektion 15)
Rènshi nín (wǒ) hěn gāoxìng.	认识您(我)很高兴。	*Sehr erfreut, Sie kennenzulernen.*
gāoxìng	高兴	*sich freuen, erfreut sein*
míngpiàn	名片	*Visitenkarte*
Nín shì nǎ guó rén?	您是哪国人？	*Aus welchem Land kommen Sie?*
guó(jiā)	国(家)	*Land, Staat*
Tàiguó rén	泰国人	*Thailänder, -in*
Tàiguó	泰国	*Thailand*
rén	人	*Mensch*

Yīngyǔ	英语	*Englisch*
fēicháng	非常	*außerordentlich, ungewöhnlich*
Nǐ jiào shénme míngzì?	你叫什么名字?	*Wie heißt du?*
míngzì	名字	*Name*
Zuǒténg Yànlíng	佐藤燕玲	japanisch-chinesischer Mischname (in chinesischer Aussprache; «Zuoteng» ist ein japanischer Familienname)
fānyì	翻译	*Dolmetscher, -in; Übersetzer, -in*
Zhōngguó rén	中国人	*Chinese, Chinesin*
Zhōngguó	中国	*China*
háishì	还是	*oder* (nur in Fragesätzen; in Aussagesätzen ☞ Lektion 13)
Rìběn rén	日本人	*Japaner, -in*
shuō	说	*sagen, sprechen*
Hànyǔ	汉语	*Chinesisch*
Rìyǔ	日语	*Japanisch*
Rìběn	日本	*Japan*
ba	吧	Partikel zum Ausdruck einer Vermutung
bàba	爸爸	*Vater*
māma	妈妈	*Mutter*

Visitenkarten werden in China mit beiden Händen übergeben und entgegengenommen, hier im Inner Mongolia International Hotel in Hohhot, Hauptstadt der Inneren Mongolei.

Anmerkungen und grammatische Erklärungen

1. Der Partikel «**de**»:

Eine Genitivbeziehung zwischen Nomen (oder Nomen und Pronomen) wird mit dem Partikel «de» ausgedrückt. Der Genitiv steht dabei immer an erster Stelle.

gōngsī de jīnglǐ	*der Manager* ***der Firma***
gōngsī de jīnglǐ de míngpiàn	*die Visitenkarte* ***des Managers der Firma***

Leichter merken läßt sich die Stellung des Genitivs, wenn man beim Partikel «de» an das «s»-Affix im Englischen denkt, das ebenfalls den Genitiv anzeigt:

*the friend'****s*** *name:* péngyǒu **de** míngzì *(der Name des Freundes)*

Mit Hilfe von «de» werden außerdem Attribute gebildet.
xiànzài de nán péngyǒu: *der jetzige feste Freund*

2. «**Wǒ péngyǒu**» (mein Freund)

Der Partikel «de» fällt bei einem Genitivbezug oft weg, wenn zwischen Personalpronomen und dem Substantiv eine enge oder verwandtschaftliche Beziehung besteht. Dies gilt auch für die Zugehörigkeit zu bestimmten Gruppen oder Institutionen.

wǒmen gōngsī: *unsere Firma* wǒ lǎoshī: *meine Lehrerin*

3. Länderbezeichnungen, Nationalitäten und Sprachen (☞ Wortfelder)

Im Chinesischen gibt es eine Reihe von Länderbezeichnungen mit «**guó**» (Land) als zweiter Silbe (z.B. Déguó: Deutschland). Der größte Teil der Ländernamen wird jedoch ohne «guó» gebildet (z.B. Àodìlì: Österreich).

Um den Angehörigen einer Nationalität zu bezeichnen, folgt dem jeweiligen Namen des Landes das Wort «**rén**» (Mensch).

Déguó + rén ⇨ Déguó rén *(Deutsche, -r)*
Àodìlì + rén ⇨ Àodìlì rén *(Österreicher, -in)*

Sprachennamen werden durch die Silbe «**yǔ**» (Sprache) gebildet. Sie wird an den ein- bis mehrsilbigen Namen des jeweiligen Landes gehängt (wobei die Silbe «guó», bei den Ländernamen mit «guó», wegfällt).

Déguó ⇨ Déyǔ *(Deutsch)* Yīngguó ⇨ Yīngyǔ *(Englisch)*
Yìdàlì (*Italien*) ⇨ Yìdàlìyǔ (*Italienisch*)

Bei der Bezeichnung für Chinesisch wird der Name des Volkes (Han) benutzt und von **«Hànyǔ»** gesprochen.

4. Der Ausdruck « (...) **jiào shénme míngzi?**» ist die gebräuchlichste Frageform nach Namen von Personen. Nach «**jiào**» (heißen) gibt man entweder den Vornamen oder den gesamten Namen an. Dem Prädikat «**xìng**» (heißen) folgt im Chinesischen nur der Familienname.

Tā jiào shénme míngzi?	*Wie heißt sie?*
Wǒ jiào Yīpíng / Hú Yīpíng.	*Ich heiße Yiping / Hu Yiping.*

Gegenüber Respektspersonen oder Fremden empfiehlt sich die wesentlich höflichere Frage «**Nín guì xìng**?» (☞ Lektion 14, Punkt 4 der Anmerkungen).

5. «**Háishì**» (oder) wird meistens zur Bildung von Alternativfragen verwendet. Ist «shì» das Verb des Satzes (Nín shì Zhōngguó rén háishì Rìběn rén?) wird es nach «háishì» nicht mehr wiederholt. Bei allen anderen Verben ist dagegen eine Wiederholung möglich. In Sätzen mit «háishì» fällt der Fragepartikel «ma» weg. Für «oder» in Aussagesätzen steht «**huòzhě**» (☞ Lektion 13).

6. Der Partikel «**ba**» steht immer am Satzende und drückt eine Annahme aus.
Nín shì fānyì ba? — *Sie sind Übersetzerin, nicht wahr?*
«Ma» oder andere Frageformen werden in Sätzen mit «ba» nicht verwendet.

Wortfelder

Soziale Beziehungen

péngyǒu
朋友

nán péngyǒu *(fester Freund)*
男朋友

nǚ péngyǒu *(feste Feundin)*
女朋友

tóngxué *(Mitschüler, -in; Kommilitone, Kommilitonin)*
同学

shúrén *(Bekannte, -r)*
熟人

tóngshì *(Kollege, Kollegin)*
同事

lǎobǎn *(Chef, -in)*
老板

āyí *(Kindermädchen; Haushaltshilfe)*
阿姨

línjū *(Nachbar, -in)*
邻居

Familienmitglieder (1) (☞ Wortfeld Lektion 12)

bàba
爸爸

māma
妈妈

gēge *(älterer Bruder)*
哥哥

jiějie *(ältere Schwester)*
姐姐

dìdi *(jüngerer Bruder)*
弟弟

mèimei *(jüngere Schwester)*
妹妹

Firmennamen

Tàipíngyáng gōngsī *(Firma Pazifik)*
太平洋公司

Àodí gōngsī *(Firma Audi)*
奥迪公司

Bài'ěr gōngsī *(Firma Bayer)*
拜尔公司

Dōngyà jítuán *(Ostasien Gruppe)*
东亚集团

Bāsīfū gōngsī *(Firma BASF)*
巴斯夫公司

Xīménzǐ gōngsī *(Firma Siemens)*
西门子公司

Yàzhōu jìnchūkǒu gōngsī *(Im- und Exportfirma Asien)*
亚洲进出口公司

Wǔhàn qìchēchǎng *(Automobilwerk Wǔhàn)*
武汉汽车厂

Länder	Nationalitäten	Sprachen
Zhōngguó 中国	Zhōngguó rén 中国人	Hànyǔ / Zhōngwén 汉语 / 中文
Tàiguó 泰国	Tàiguó rén 泰国人	Tàiyǔ / Tàiwén 泰语 / 泰文
Déguó *(Deutschland)* 德国	Déguó rén 德国人	Déyǔ / Déwén 德语 / 德文
Fǎguó *(Frankreich)* 法国	Fǎguó rén 法国人	Fǎyǔ / Fǎwén 法语 / 法文
Yīngguó *(England)* 英国	Yīngguó rén 英国人	Yīngyǔ / Yīngwén 英语 / 英文
Měiguó *(USA)* 美国	Měiguó rén 美国人	Yīngyǔ / Měiyǔ 英语 /美语
Hánguó *(Korea)* 韩国	Hánguó rén 韩国人	Hán(guó)yǔ / Hán(guó)wén 韩(国)语 / 韩(国)文

Rìběn 日本	Rìběn rén 日本人	Rìyǔ / Rìwén 日语/ 日文
Éluósī *(Russland)* 俄罗斯	Éluósī rén 俄罗斯人	Éyǔ / Éwén 俄语/俄文
Xīnjiāpō *(Singapur)* 新加坡	Xīnjiāpō rén 新加坡人	
Àodìlì *(Österreich)* 奥地利	Àodìlì rén 奥地利人	
Ruìshì *(Schweiz)* 瑞士	Ruìshì rén 瑞士人	
wàiguó *(Ausland)* 外国	wàiguó rén 外国人	wàiyǔ / wàiwén 外语 / 外文
		xuéxí *(lernen)* 学习

Übungen

1. Basisübung

a) Lassen Sie sich von einem Partner / einer Partnerin die folgenden Vokabeln abfragen:

Chinesin — Deutschland — Japanisch — Russland — USA — China — Deutsch — Russisch — Japan — England — Englisch — Franzose — Japanerin — Frankreich — Chinesisch — Russe — Engländerin — US-Amerikaner — Korea — Amerikanisches Englisch — Koreanerin — Französisch

b) Lassen Sie sich außerdem die nachfolgenden deutschen Ausdrücke abfragen:

mein Assistent — ihr Freund — die Dolmetscherin von Li Gang — unsere Firma — die Mutter des Freundes — die Freundin der Mutter — der Übersetzer der Firma — die Sekretärin des Managers — die Mutter meiner Freundin — der Freund meiner Mutter — der chinesische Name meiner Freundin — der Name der Freundin meiner Mutter — die Visitenkarte der Mutter meiner Freundin

meine Visitenkarte — eure Namen — die Sekretärin von Managerin Hu — seine Freundin — der Vater des Kollegen — die Kollegin des Vaters — der Manager von der Firma Audi — der Dolmetscher von Frau Zhang — die Visitenkarte meines jüngeren Bruders — die Visitenkarte vom Kollegen meiner jüngeren Schwester

2. Austauschübung

a) Qǐngwèn, nǐ shì nǎ guó rén?
Wǒ shì Zhōngguó rén.

Déguó rén	Fǎguó rén	Rìběn rén
Měiguó rén	Yīngguó rén	Éluósī rén

b) Tā de Yīngyǔ hǎo ma?
Tā de Yīngyǔ fēicháng hǎo.

Déyǔ	Hànyǔ
Fǎyǔ	Rìyǔ

c) Nǐ jiào shénme míngzì?
Wǒ jiào Lǐ Gāng.

Zhāng Lìjiā	Kèlè	Bào'ěr
Hú Yīpíng	Liú Jiàn	eigener Name

d) Tā shì Rìběn rén háishì Zhōngguó rén?
Tā shì Rìběn rén.

Měiguó rén	Zhōngguó rén
Rìběn rén	Tàiguó rén
Fǎguó rén	Déguó rén
Hánguó rén	Éluósī rén

e) Tā shuō Yīngyǔ háishì Rìyǔ?
Tā shuō Rìyǔ.

Rìyǔ	Hànyǔ
Hànyǔ	Yīngyǔ
Fǎyǔ	Déyǔ
Hányǔ	Éyǔ

3. Frage-Antwort-Übung

Beantworten Sie als Sprecher B die Fragen von Sprecher A bzw. reagieren Sie auf seine / ihre Anrede.

A: Rènshi nín hěn gāoxìng. B: ....
A: Zhè shì nǐ de míngpiàn ba? B: ....
A: Nín shì Àodí gōngsī de Kèlè xiānsheng ma? B: .... (Nein, von der Firma BASF.)
A: Nǐ shì nǎ guó rén? B: ....
A: Tā shuō Déyǔ ma? B: ....

A: Tā de Déyǔ hǎo ma? B: ...., nǐ de Déyǔ ne?
A: ....

A: Tā jiào shénme míngzì? B: ....
A: Tā shì Fǎyǔ fānyì ba? B: ....
A: Tā shì Yīngguó rén háishì Měiguó rén? B: ....(weder ... noch)
A: Nǐ shuō Yīngyǔ háishì Déyǔ? B:................................(kein ... auch kein ...)
A: Tā shì Wáng jīnglǐ de mìshū háishì Lǐ zhǔrèn de mìshū? B: ....

4. Satzumwandlungen

Verwandeln Sie die folgenden Aussagesätze durch Anhängen von «ma» in Fragesätze. Geben Sie außerdem verneinende Antworten auf alle Fragesätze.

a) Tā jiào Lǐ Gāng.
b) Zhè shì Lǐ Gāng de míngpiàn.
c) Shūmàn xiānsheng shuō Déyǔ.
d) Liú xiānsheng shì Éluósī rén.
e) Wǒ shì Xīménzǐ gōngsī de fānyì.
f) Tā bàba (hé) māma dōu shuō Hán(guó)yǔ.
g) "Wáng" hé "Lǐ" dōu shì Zhōngguó míngzì.
h) Wáng jīnglǐ hé Lǐ jīnglǐ dōu shì Hánguó rén.

5. Wie sagt man's auf Chinesisch?

a) Das ist die Visitenkarte von Herrn Rohde.
b) Wie heißt er?
c) Heißt er Li oder Wang (mit Familiennamen)?
d) Das ist nicht mein Name.
e) Ihr englischer Name ist nicht «Helen».
f) Spricht sie Englisch oder Französisch?
g) Ist das Chinesisch oder Japanisch?
h) Wie heißt die Sekretärin von Manager Wan?
i) Wie heißt der Assistent von eurem Manager?
j) Sein Vater ist Deutscher und seine Mutter Chinesin. Sie beide sprechen Chinesisch und Deutsch.
k) Sie sprechen weder Chinesisch noch Japanisch, (aber) sie sprechen Deutsch.
l) Dies ist meine Freundin Hu Yiping und das ist mein Kollege Bauer.
m) Ich heiße Rohde und bin Dolmetscher der Firma Siemens. Mein chinesischer Name ist «Luode».
n) Sie heißt Zuoteng Yanling und ist Chinesin. Sie ist Dolmetscherin der Firma Audi. Ihr Englisch und ihr Japanisch sind hervorragend.
o) Unser Assistent ist kein Chinese sondern ein Koreaner. Er spricht Koreanisch, (aber) kein Chinesisch.

6. Gelenkter Dialog

Übernehmen Sie die Rolle von A oder B (oder C) und führen Sie anhand der nachfolgenden Vorgaben einen Dialog mit einem Partner oder einer Partnerin.

a) **Frau Zhang** (C) stellt zwei Personen einander vor. Die eine ist Herr Wang (B), die andere ist Herr Klee (A) von der Firma Siemens. — **A** gibt B die Hand und erklärt, dass er sich freue, ihn kennenzulernen. — **B** erwidert diese Erklärung.

b) **A** meint, dass das Englisch von B sehr gut sei und möchte von ihm wissen, ob er Dolmetscher ist. — **B** antwortet, dass er der Assistent von Managerin Zhang ist. — **A** möchte wissen, wie B heißt. — **B** nennt ihm seinen gesamten Namen (Wang Lu). Er möchte nun auch den Namen von A wissen. — **A** nennt ihm seinen Vornamen (Wolfgang) und überreicht ihm seine Visitenkarte. — **B** bedankt sich und erkundigt sich nach der Nationalität von A. — **A** sagt ihm, aus welchem Land er kommt.

7. Frage, Antwort und Nacherzählung

Suchen Sie ein Foto oder eine lustige Werbeanzeige aus einer Zeitung bzw. Zeitschrift heraus, worauf eine Person abgebildet ist. Stellen Sie dann einem Partner oder einer Partnerin beliebige Fragen zu dieser Person. Zum Beispiel:

wie die Person heißt — aus welchem Land sie kommt — ob sie ein Kollege / eine Kollegin Ihres Partners / Ihrer Partnerin ist oder ein Freund / eine Freundin von ihr / ihm — ob sie eine bestimmte Sprache spricht bzw. lernt — ob ihr ... (eine Sprache) gut ist — ob sie gerade viel zu tun hat oder nicht usw.

Nachdem alle Fragen beantwortet worden sind, fassen Sie selbst das Gesagte noch einmal zusammen.

Lektion 3: Adressen und Nummern

Zielsätze

1. Guǎnggào zài nǎr?
   广告 在 哪儿?
   Wo ist die Werbung?
2. Zhāng xiǎojiě zài Tiānjīn gōngzuò.
   张 小姐 在 天津 工作。
   Frau Zhang arbeitet in Tianjin.
3. Nǐ yǒu tā de dìzhǐ ma?
   你 有 她 的 地址 吗?
   Hast du ihre Adresse?
4. Nǐ yǒu mei yǒu tā de dìzhǐ?
   你 有 没 有 她 的 地址?
   Hast du ihre Adresse?
5. Tāmen de shǒujī hàomǎ shì duōshǎo?
   他们 的 手机 号码 是 多少?
   Wie lautet ihre Handynummer?
6. Liú xiānsheng shì shéi?
   刘 先生 是 谁?
   Wer ist Herr Liu?
7. Wǒ bú rènshi Sāngdé xiānsheng.
   我 不 认识 桑德 先生。
   Ich kenne Herrn Sand nicht.

Dialog 1

Herr Klee (A) fragt seine chinesische Sekretärin Helen (B) nach der Werbebroschüre eines Einkaufszentrums, um die Nummer des neueröffneten Supermarktes Asien nachzuschlagen:

A: Helen, gòuwù zhōngxīn de guǎnggào zài nǎr?
Helen 购物 中心 的 广告 在哪儿?
Helen, wo ist denn die Werbung des Einkaufszentrums?

B: Zài zhèr.
在 这儿。
Hier.

A: Lǐbiān yǒu Yàzhōu chāoshì de diànhuà hàomǎ ma?
里边 有 亚洲 超市 的 电话 号码 吗?
Steht die Nummer des Supermarktes Asien drin?

B: Yǒu, tāmen de diànhuà shì sì wǔ líng yāo yāo èr.
有，他们 的 电话 是 四 五 O 一 一 二。
Ja, ihre Nummer ist 450112.

A: Tāmen de chuánzhēn shì duōshǎo?
他们 的 传真 是 多少?
Wie lautet (denn) ihre Faxnummer?

B: Shì sì wǔ líng èr yāo yāo.
是 四 五 O 二 一 一。
Die ist 450211.

Dialog 2

Frau Hu Yiping (A) und Herr Schumann (B) sitzen plaudernd in einem Café. Ihr Gespräch kommt auf eine gemeinsame Freundin:

A: Tīngshuō Zhāng xiǎojiě xiànzài zài Tiānjīn gōngzuò.
听说 张 小姐 现在 在 天津 工作。
Wie ich gehört habe, arbeitet Frau Zhang jetzt in Tianjin.

B: Zhāng xiǎojiě? Zhāng xiǎojiě shì shéi?
张 小姐? 张 小姐 是 谁?
Frau Zhang? Wer ist Frau Zhang?

A: Zhāng Lìjiā, nǐ rènshi tā. Tā yǐqián shì Hànbǎo Dàxué de xuéshēng.
张 丽佳,你 认识 她。她 以前 是 汉堡 大学 的 学生。
Zhang Lijia, die kennst du. Sie war früher Studentin an der Uni Hamburg.

B: Ò, Lìjiā! Nǐ yǒu tā de dìzhǐ ma?
哦,丽佳! 你 有 她 的 地址 吗?
Ach, Lijia! Hast du ihre Adresse?

A: Yǒu. Tā jiā zài Tiānjīn Wǔyī Lù shí hào.
有。她 家 在 天津 五一 路 十 号。
Habe ich. [Sie zieht ein Notizbuch aus der Tasche.] *Sie wohnt in Tianjin, in der Wuyi-Straße 10.*

B: Nǐ yǒu mei yǒu tā de diànhuà?
你 有 没 有 她 的 电话?
Hast du ihre Telefonnummer?

A: Wǒ zhǐ yǒu tā bàngōngshì de diànhuà, hái méiyǒu tā de shǒujī hàomǎ.
我 只 有 她 办公室 的 电话, 还 没有 她 的 手机 号码。
Ich habe nur die Nummer ihres Büros, ihre Handynummer habe ich noch nicht.

Neue Wörter und Ausdrücke

gòuwù zhōngxīn	购物中心	*Einkaufszentrum*
guǎnggào	广告	*Werbung, Reklame*
zài	在	Verb: *sich befinden, liegen*
nǎr	哪儿	*wo, wohin*
zhèr	这儿	*hier* ☯ **nàr** 那儿 *dort, da*
lǐbiān	里边	*drinnen, darin* ☯ **wàibiān** 外边 *außen, draußen*
yǒu	有	*haben, besitzen; es gibt* ☯ **méiyǒu** 没有 *nicht haben, es gibt nicht*
Yàzhōu chāoshì	亚洲超市	*Supermarkt Asien*
Yàzhōu	亚洲	*Asien*
chāoshì	超市	*Supermarkt*
diànhuà hàomǎ	电话号码	*Telefonnummer*
diànhuà(jī)	电话(机)	*Telefon(apparat)*
hàomǎ	号码	*Nummer*
líng	O / 零	*Null*
chuánzhēn(jī)	传真(机)	*Fax(gerät)*
duōshǎo	多少	hier: *welche, wie* (Frage nach einer Zahlenfolge bzw. Nummer) (☞ Lektion 8)

Die Grundzahlen von 1 bis 10

yī (yāo)	èr (liǎng)	sān	sì	wǔ
一 / 1	二 (两) / 2	三 / 3	四 / 4	五 / 5
liù	qī	bā	jiǔ	shí
六 / 6	七 / 7	八 / 8	九 / 9	十 / 10

---

tīngshuō	听说	*Wie ich gehört habe ...*
xiǎojiě	小姐	Anrede für Frauen: *junge Frau*
zài	在	Präposition: *in, an, auf, bei*
Tiānjīn	天津	Ortsname (Stadt in Nordchina)
gōngzuò	工作	*Arbeit; arbeiten*
shéi	谁	*wer; wen*
rènshi	认识	*kennen, kennenlernen*
yǐqián	以前	*früher, ehemalig; (da)vor*
Hànbǎo Dàxué	汉堡大学	*Universität Hamburg*
Hànbǎo	汉堡	*Hamburg*
dàxué	大学	*Universität*
xuéshēng	学生	*Student, -in*
dìzhǐ	地址	*Adresse*
jiā	家	*Familie, Zuhause; Privat-*
lù	路	*Straße*
hào	号	*(Haus- / Gebäude-)Nummer*
méiyǒu	没有	*nicht haben, es gibt nicht*
zhǐ	只	*nur, bloß*
bàngōngshì	办公室	*Büro*
hái	还	*noch*
shǒujī	手机	*Handy*

Anmerkungen und grammatische Erklärungen

1. Zusätzliche, westliche Anredeform

Manche chinesischen Büroangestellte und Manager, die bei Unternehmen mit ausländischer Beteiligung tätig sind, oder für Ausländer Dienstleistungen anbieten, lassen sich mit einem westlichen Vornamen anreden.

2. Funktionen von **«zài»**

Wird «zài» als Vollverb benutzt, wird es im Deutschen mit «sich befinden», «liegen» oder einfach mit «da sein» übersetzt.

Lǐ zǒngjīnglǐ **zài** ma?	***Ist*** *Hauptgeschäftsführer Li* ***da****?*
(Lǐ zǒngjīnglǐ) **zài**	*Hauptgeschäftsführer Li* ***ist da****.*
Tā **bú zài**.	*Er* ***ist nicht da****.*

Dahinter folgt oft eine Ortsangabe.

Chuánzhēnjī **zài nǎr**?	***Wo ist*** *das Faxgerät?*
(Chuánzhēnjī) **zài zhèr**.	***Hier ist*** *das Faxgerät.*
Tā **búzài** Zhōngguó.	*Er* ***ist nicht*** *in China.*

Das Fragewort «**nǎr**» (wo) steht, wie chinesische Fragewörter im Allgemeinen, im Fragesatz in der Regel an der Stelle, an der im Aussagesatz die Personen bzw. Dinge stehen, nach denen gefragt wird. Hat «zài» dagegen Präpositionsfunktion (☞ Dialog 2), wird es mit «an», «in» oder «bei» wiedergegeben.

Tāmen **zài nǎr** gōngzuò?	***Wo*** *arbeiten sie?*
Tāmen **zài** dàxué gōngzuò.	*Sie arbeiten* ***an*** *der Universität.*
Tāmen bú **zài** dàxué gōngzuò.	*Sie arbeiten nicht* ***an*** *der Universität.*

3. Das Verb «**yǒu**» kann entweder «etwas haben, besitzen» bedeuten, oder das Vorhandensein von Dingen, Personen, Sachverhalten ausdrücken («es gibt, existiert»).

Im Gegensatz zu allen anderen Verben wird die Verneinung von «yǒu» mit «**méiyǒu**» gebildet. In der Umgangssprache kann das «yǒu» von «méiyǒu» auch wegfallen.

Tā **yǒu** míngpiàn.	*Sie* ***besitzt*** *eine Visitenkarte.*
Tā **méiyǒu** míngpiàn.	*Sie* ***besitzt keine*** *Visitenkarte.*
Zhèr **méiyǒu** diànhuà.	*Es* ***gibt*** *hier* ***kein*** *Telefon.*

Die Entsprechung zu «ja» und «nein» ist bei Fragen mit «yǒu» immer «yǒu» (für «ja») bzw. «méiyǒu» (für «nein»).

Nǐ yǒu tā de dìzhǐ ma?	*Hast du ihre Adresse?*
Yǒu, wǒ yǒu tā de dìzhǐ.	***Ja****, ich habe ihre Adresse.*
Méiyǒu, wǒ méiyǒu tā de dìzhǐ.	***Nein****, ich habe ihre Adresse nicht.*

4. Das Substantiv «**hàomă**» (Nummer) fällt in der Umgangssprache häufig weg.

diànhuà hàomă ⇨ diànhuà; chuánzhēn hàomă ⇨ chuánzhēn

5. Telefon- und Zimmernummern werden nicht als ganze Zahlen ausgesprochen, sondern ihre Ziffern werden nacheinander genannt. Die Zahl eins («yī») wird dabei manchmal als «**yāo**» ausgesprochen.

sān yāo sì hào: *Nummer dreihundertvierzehn*

6. Das Fragewort «**duōshăo**» fragt hier nach einer Zahlenfolge (Nummer).

Tā de diànhuà (hàomă) shì **duōshăo**?	***Welche*** *Telefonnummer hat sie?*
Tā de diànhuà (hàomă) shì *568735.*	*Ihre Telefonnummer ist 568735.*

7. Die Formulierung «**tā jiā zài ...**» (wörtlich: «ihr / sein Zuhause ist in ...») kann auch mit «sie / er wohnt in ...» wiedergegeben werden. Das Wort «**jiā**» bezieht sich immer auf die Familie, also entweder auf das Elternhaus oder die selbstgegründete Familie. Zwischen «jiā» und einem vorangestellten Personalpronomen oder einer Personenbezeichnung steht kein «de».

8. In China beginnt man bei der Betrachtung der Dinge immer mit den größeren Einheiten und geht dann zu kleineren über. So auch bei Adressen oder der Datumsangabe (☞ Lektion 4, Punkt 6 der Anmerkungen).

Beispiel: Land: Zhongguo
Stadt: Tianjin
Straße: Wuyi Lu 10 hao
Name: Zhang Lijia

9. Positiv-Negativ-Fragesätze (Prädikat-«**bu**»-Prädikat-Fragesätze)

Als Alternative zum Anhängen des Fragepartikels «ma», entsteht ein Fragesatz auch dadurch, dass ein Prädikat mit seiner verneinten Form («bù» + Prädikat) erweitert wird. Diese Konstruktion kann auch verwendet werden, wenn das Prädikat ein Adjektiv ist. Allerdings darf vor dem Adjektiv dann, wie im Fragesatz mit «ma», weder «hěn» noch ein anderes Adverb stehen.

Zhè **shì bu shì** Lǐ xiānsheng? — *Ist das Herr Li?*
Tā de Yīngyǔ **hăo bu hăo**? — *Ist ihr Englisch gut?*

Beachten Sie: Ist «yǒu» das Prädikat, lautet der entsprechende Positiv-Negativ-Fragesatz «**yǒu mei yǒu**».

Nǐ **yǒu mei yǒu** tā de míngpiàn? — *Hast du seine Visitenkarte?*
Tā de bàngōngshì **yǒu mei yǒu** diànhuà? — *Gibt es in ihrem Büro ein Telefon?*

10. Die Adverbien «**zhǐ**» (nur) und «**hái**» (noch) stehen im Gegensatz zum Deutschen nicht hinter, sondern vor dem Prädikat, wie alle anderen chinesischen Adverbien auch.

Wǒ **zhǐ** shuō Déyǔ.	*Ich spreche* ***nur*** *Deutsch.*
Tā **hái** méiyǒu míngpiàn.	*Er hat* ***noch*** *keine Visitenkarte.*

Wortfelder

Kontinente

Yàzhōu 亚洲 | Ōuzhōu *(Europa)* 欧洲 | Měizhōu *(Amerika)* 美洲 | Fēizhōu *(Afrika)* 非洲 | Àozhōu *(Australien)* 澳洲

Weltstädte

Niǔyuē *(New York)* 纽约 | Huáshèngdùn *(Washington)* 华盛顿 | Sūlíshì *(Zürich)* 苏黎世 | Lúndūn *(London)* 伦敦

Dōngjīng *(Tokyo)* 东京 | Mòsīkē *(Moskau)* 莫斯科 | Wéiyěnà *(Wien)* 维也纳 | Bālí *(Paris)* 巴黎 | Luómǎ *(Rom)* 罗马

Chinesische Städte

Běijīng *(Peking)* 北京 | Shànghǎi 上海 | Chóngqìng 重庆 | Guǎngzhōu *(Kanton)* 广州 | Qīngdǎo *(Tsingtao)* 青岛

Xī'ān 西安 | Shěnyáng 沈阳 | Xiānggǎng *(Hongkong)* 香港 | Àomén *(Macao)* 澳门

Deutsche Städte

Fǎlánkèfú *(Frankfurt)* 法兰克福 | Bō'ēn *(Bonn)* 波恩 | Bólín *(Berlin)* 柏林 | Hǎidébǎo *(Heidelberg)* 海德堡

Bùláiméi *(Bremen)* 不来梅 | Déléisīdùn *(Dresden)* 德累斯顿 | Mùníhēi *(München)* 慕尼黑 | Láibǐxī *(Leipzig)* 莱比锡

Sītújiātè *(Stuttgart)* 斯图加特

Straßennamen

Wǔyī Lù *(Wuyi-Straße)* 五一路 | Tàipíng Jiē *(«Straße des höchsten Friedens»)* 太平街

Xī'ān Dàjiē *(Xi'an Boulevard)* 西安大街 | Tiān'ānmén Guǎngchǎng *(«Platz des Himmlischen Friedens»)* 天安门广场

Schulen

xuéxiào *(Schule)* 学校 | xiǎoxué *(Grundschule)* 小学 | zhōngxué *(Mittelschule, Gymnasium)* 中学

dàxué 大学 | xuéyuàn *(Institut, Hochschule)* 学院 | jiàoshì *(Unterrichtsraum)* 教室

xuéshēng *(Schüler, Student)* 学生 | dàxuéshēng *(Student, -in)* 大学生

xuéshì *(Bachelor)* 学士 | shuòshì *(Magister)* 硕士 | bóshì *(Doktor, -in)* 博士

lǎoshī *(Lehrer, -in)* 老师 | jiàoshòu *(Professor, -in)* 教授

Übungen

1. Basisübung

a) Lesen Sie folgende Nummern (in Einzelziffern) auf Chinesisch:

1 2 3 4 5 6 7 8 9 10 — 123 321 — 456 654 — 78910 10987 — 12345 678910 — 109876 54321 — 13579 246810

b) Bringen Sie folgende Prädikate zusammen mit ihren Verneinungen ins Chinesische und bilden Sie in einem zweiten Schritt mit den Prädikaten kurze Sätze:

sein — haben — sich befinden — beschäftigt sein — sprechen — kennen — arbeiten

c) Übertragen Sie folgende Ausdrücke ins Chinesische unter Verwendung des Wortes «jiā»:

meine Wohnung — dein Zuhause — ihre Wohnung — die Wohnung meines älteren Bruders — die Wohnung von Manager Wang — die Wohnung von Frau Schumann — die Wohnung seiner Sekretärin — die Wohnung meiner Freundin — die Wohnung seines japanischen Freundes — die Wohnung der Kollegin von Herrn Schumann — meine Privatadresse — die Telefonnummer ihrer Wohnung — die Privatadresse meines Freundes — die Faxnummer der Wohnung von Manager Wang — die Telefonnummer der Wohnung deiner Kollegin — Telefon- und Faxnummer der Wohnung von Frau Hu

2. Austauschübung

a) Wǒ de shǒujī zài nǎr?
Zài zhèr / nàr.

diànhuà	chuánzhēn
Kèlè xiānsheng	Wǔyī Lù
nǐ de bàngōngshì	Lǐ xiānsheng de míngpiàn

b) Nǐ zài nǎr gōngzuò?
Wǒ zài Měiguó gōngzuò.

jiā	bàngōngshì
Àodí gōngsī	Shànghǎi
Rìběn gōngsī	Wǔhàn Dàxué

c) Nǐ yǒu tā de diànhuà ma?
Wǒ méiyǒu tā de diànhuà.

tāmen de míngpiàn	tā jiā de dìzhǐ
wǒ de shǒujī hàomǎ	tāmen gōngsī de diànhuà

3. Frage-Antwort-Übung

Beantworten Sie als Sprecher B die Fragen von Sprecher A.

A: Qǐngwèn, nǐmen jīnglǐ zài ma? B: ....
A: Wǒ de shǒujī zài nǎr? B: ....
A: Nàr yǒu Wáng xiānsheng de míngpiàn ma? B: ....

A: Nǐ de diànhuà shì duōshǎo? B: .... Und deine?
A: ....

A: Zhè shì bu shì tāmen de dìzhǐ? B: .... (ja / nein)
A: Tā shì shéi? B: ....
A: Nǐ rènshi Zhāng xiǎojiě ma? B: Nein, wer ....?
A: Tā jiā zài bu zài Běijīng? B: .... (nein)
A: Tā de bàngōngshì yǒu mei yǒu diànhuà? B:..
A: Tā yǒu mei yǒu nán péngyǒu? B:..
A: Nǐ zuìjìn zài nǎr gōngzuò? B: ....
A: Shéi rènshi Zhāng lǎoshī? B: ....
A: Shéi zài Yīngguó gōngzuò? B: ....
A: Nǐ rènshi shéi? B: ....

4. Satzumwandlungen

a) Verwandeln Sie folgende Sätze in Positiv-Negativ-Fragesätze:

tā shì fānyì — nǐ yǒu míngpiàn — tā zài — tāmen bù máng — tāmen bù shuō Hànyǔ — tā rènshi tā — tā bù gōngzuò

b) Verwandeln Sie die folgenden Sätze in Fragesätze, wobei Sie jeweils die Fragepronomen ergänzen, die nach den unterstrichenen Satzteilen fragen. Geben Sie anschließend verneinende Antworten:

Tāmen de diànhuà hàomǎ zài zhèr.
Yàzhōu gōngsī de chuánzhēn shì 670098.
Lǐ xiǎojiě xiànzài zài Měiguó gōngzuò.
Sāngdé nǚshì rènshi Liú nǚshì hé Hú xiānsheng.
Sāngdé nǚshì rènshi Zhāng xiānsheng hé Lǐ nǚshì.
Tā jiā zài Běijīng Lù.
Wǒ yǒu tā gōngsī de diànhuà.

Ein chinesisches Lotterielos. Die Acht gilt als besondere Glückszahl.

5. Wie sagt man's auf Chinesisch?

a) Ist Frau Wu da? — Nein, sie ist nicht da.
b) Wo ist sie? — Sie ist im Büro.
c) Wo ist die Firma Asien?
d) Wie lautet ihre Telefonnummer und Faxnummer?
e) Wer ist ihr (fester) Freund?
f) Kennt ihr ihn alle?
g) Wer ist in ihrem Büro?
h) Wen kennt seine Übersetzerin?
i) Wer kennt den Assistenten von Frau Wang?
j) Ist Guangdong-Straße Nummer 6 seine Privatadresse?
k) Das ist ihre frühere Handynummer. Die jetzige Nummer ist 01670013.
l) In unserer Firma gibt es Dolmetscher, in ihrer Firma nicht.
m) Er hat früher in einer US-Firma gearbeitet.
n) Wo hat er früher gearbeitet?
o) Kennst du sie? Sie war früher Professorin der Peking-Universität.
p) Ich kenne Zhang Lijia. Sie war früher Studentin der Uni Hamburg. Jetzt arbeitet sie in Tianjin. Ich habe ihre Handynummer noch nicht. Hast du sie?

6. Gelenkter Dialog

Übernehmen Sie die Rolle von A oder B (oder C) und führen Sie anhand der nachfolgenden Vorgaben einen Dialog mit einem Partner oder einer Partnerin.

a) **A** fragt B, ob sie Hu Yiping kenne. — **B** bejaht und sagt, dass sie mit ihr befreundet sei. Sie will wissen, wo Frau Hu gerade ist. — **A** nennt ihr ihre Arbeitsstelle (Peking) und ihre Beschäftigung (Dolmetscherin). — **B** will ihre Adresse wissen. Sie hat zwar eine Adresse, aber diese ist nicht aktuell. — **A** nennt B Frau Hus neue Adresse. — **B** will wissen, ob sie die Telefonnummer hat. — **A** meint nein.

b) **A** will sich von B die Vermutung bestätigen lassen, dass Herr Li noch in Shanghai ist. — **B** sagt A, dass er woanders (z.B. Tianjin) arbeitet. — **A** fragt nach der Adresse. — **B** hat sie auch nicht. — **A** will wissen, ob zwei andere Bekannte (X und Y) die Adresse haben. — **B** meint, auch diese beiden hätten sie nicht. — **A** erkundigt sich, ob B die Freundin von Herrn Li kennt. — **B** fragt nach dem Namen der Freundin. — **A** nennt den Namen. — **B** kennt sie, aber er weiß nicht, ob sie noch in Shanghai ist. — **A** meint, sie sei in Shanghai. — **B** fragt nach ihrer Telefonnummer. — **A** nennt sie ihm (0187231110).

7. Frage, Antwort und Nacherzählung

Suchen Sie ein Foto oder eine lustige Werbeanzeige aus einer Zeitung bzw. Zeitschrift heraus, worauf eine Person abgebildet ist. Stellen Sie dann einem Partner bzw. einer Partnerin beliebige Fragen zu dieser Person (beziehen Sie dabei nach Möglichkeit auch einige Fragen aus Lektion 2 mit ein). Zum Beispiel:

Wer die Person ist und ob Ihr Partner bzw. Ihre Partnerin sie kennt — wo sie sich befindet — ob ihr Partner bzw. Ihre Partnerin sich auch in diesem Land bzw. dieser Stadt befindet — was sie arbeitet / studiert — wo sie früher gearbeitet / studiert hat — ob Ihre Partnerin bzw. Ihr Partner ihre Telefonnummer oder Adresse hat — wo sie zu Hause ist.

Nachdem alle Fragen beantwortet worden sind, fassen Sie selbst das Gesagte noch einmal zusammen.

Lektion 4: Uhrzeit und Datum

Zielsätze

1. Xiànzài jǐ diǎn? 现在 几 点?	*Wieviel Uhr ist es jetzt?*
2. Nǐ zhīdào xiànzài jǐ diǎn? 你 知道 现在 几 点?	*Weißt du, wieviel Uhr es jetzt ist?*
3. Wǒmen zhèr shì xiàwǔ. 我们 这儿 是 下午。	*Bei uns ist es Nachmittag.*
4. Tā de míngpiàn zài shéi nàr? 她 的 名片 在 谁 那儿?	*Bei wem liegt ihre Visitenkarte?*
5. Jīntiān jǐ hào, xīngqī jǐ? 今天 几 号, 星期 几?	*Der Wievielte ist heute und welcher Wochentag?*
6. Nǐ kàn, zhè shì jīntiān de bàozhǐ. 你 看, 这 是 今天 的 报纸。	*Schau mal: Das ist die Zeitung von heute.*
7. Wǒ zuìjìn méiyǒu shíjiān xuéxí Fǎyǔ. 我 最近 没有 时间 学习 法语。	*In letzter Zeit komme ich nicht dazu, Französisch zu lernen.*

Dialog 1

Herr Bauer (A) will seine Firma in Deutschland anrufen. Da er noch nicht lange in China ist, ist er unsicher über den Zeitunterschied und fragt deshalb eine Kollegin (B):

A: Xiànzài jǐ diǎn? 现在 几 点?	*Wieviel Uhr ist es jetzt?*
B: Xiànzài yī diǎn bàn. 现在 一 点 半。	*Jetzt ist es halb zwei.*
A: Nǐ zhīdào xiànzài Déguó jǐ diǎn? 你 知道 现在 德国 几 点?	*Wissen Sie, wieviel Uhr es jetzt in Deutschland ist?*
B: Xiànzài wǒmen zhèr shì xiàwǔ yī diǎn bàn, 现在 我们 这儿 是 下午 一 点 半, Déguó shì zǎoshàng liù diǎn bàn. 德国 是 早上 六 点 半。	*Bei uns ist jetzt nachmittags halb zwei, also ist es in Deutschland morgens halb sieben.*

A: Déguó xiànzài shì xiàjì shíjiān. 德国 现在 是 夏季 时间。	*Deutschland hat gerade die Sommerzeit.*
B: Ò, duì, duì, nàr yīnggāi shì zǎoshàng qī diǎn bàn. 哦，对，对，那儿 应该 是 早上 七 点 半。	*Ach richtig, richtig - (dann) müsste es dort morgens halb acht sein.*

Dialog 2

Manager Klee (A) isst mit seinem Kollegen Liu (B) in einem Restaurant einer Provinzstadt zu Mittag. An der Wand hängt zur Dekoration ein alter Kalender mit Frauenmode-Modellen:

A: Liú xiānsheng, jīntiān jǐ hào, xīngqī jǐ? 刘 先生， 今天 几 号，星期 几？	*Herr Liu, der Wievielte ist heute? Und welcher Wochentag?*
B: Jīntiān? Zuótiān xīngqīliù, 今天？ 昨天 星期六，	*Heute? Gestern war Samstag, der Geburtstag*
shì wǒ mèimei de shēngrì. 是 我 妹妹 的 生日。	*meiner Schwester.*
Jīntiān shì shí hào, xīngqītiān. 今天 是 十 号， 星期天。	*Und heute ist Sonntag der Zehnte.*
A: Bú duì, nǐ kàn, jīntiān shì shí yī hào, xīngqītiān. 不 对，你 看，今天 是 十 一 号， 星期天。	*Stimmt nicht.* (Er deutet auf den Kalender.) *Schauen Sie mal, heute ist Sonntag der Elfte.*
B: Zhè shì qùnián de yuèlì. 这 是 去年 的 月历。	*Das ist ein Kalender vom letzten Jahr.*
A: Shì ma? 是 吗？	*Wirklich?*
B: Zhè shì jīntiān de bàozhǐ, èr líng yī líng nián yī 这 是 今天 的 报纸，二 0 一 0 年 一	*Das ist die Zeitung von heute, Sonntag dem 10. Januar 2010.*
yuè shí rì xīngqītiān. 月 十 日 星期天。	(Klee schüttet versehentlich etwas Tee über die Zeitung.)
A: Ò, duìbuqǐ. 哦，对不起。	*Oh, Entschuldigung!*
B: Méi guānxi. 没 关系。	*Macht nichts.*

Neue Wörter und Ausdrücke

jǐ diǎn?	几点？	*Wieviel Uhr?*
diǎn	点	... *Uhr* (☞ Lektion 8, 15)
bàn	半	*halb; Hälfte*
zhīdào	知道	*wissen, kennen*
Déguó	德国	*Deutschland*
xiàwǔ	下午	*Nachmittag, nachmittags*
zǎoshàng	早上	*Morgen, morgens*
xiàjì shíjiān	夏季时间	*Sommerzeit* (in China wird die Zeit im Sommer nicht umgestellt)
shíjiān	时间	*Zeit, Zeitdauer*
duì	对	*richtig, genau*
yīnggāi	应该	*sollte, müsste*

jīntiān	今天	*heute*
jǐ hào?	几号？	*der Wievielte?*
hào	号	Datum: *der ~te* (meist in der Umgangssprache)
xīngqī jǐ?	星期几？	*welcher Wochentag?*
xīngqī	星期	*Woche, Wochentag*
zuótiān	昨天	*gestern*
mèimei	妹妹	*jüngere Schwester*
shēngrì	生日	*Geburtstag*
xīngqītiān	星期天	*Sonntag*
bú duì	不对	*falsch; nicht stimmen*
kàn	看	*sehen, schauen; besuchen*
qùnián	去年	*das vergangene Jahr, letztes Jahr*
yuèlì	月历	*Monatskalender*
shì ma?	是吗？	*tatsächlich? wirklich?!*
bàozhǐ	报纸	*Zeitung*
nián	年	*Jahr*
yuè	月	*Monat*
rì	日	Datum: *der ~te* (meist in der Schriftsprache)
duìbuqǐ	对不起	*Entschuldigung! / Es tut mir leid!*
méi guānxi	没关系	*Keine Ursache! / Macht nichts!*

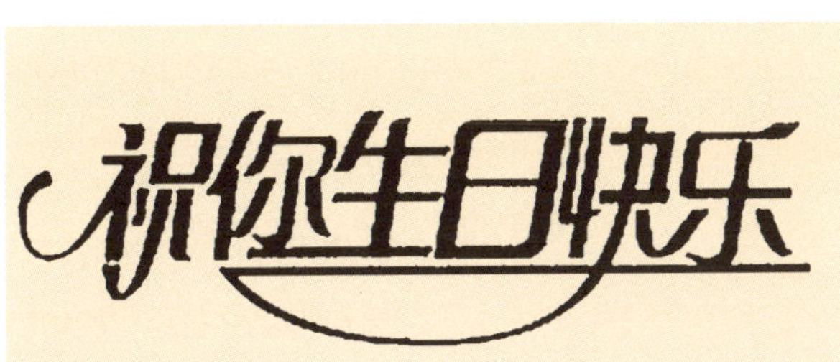

Zhù nǐ shēngrì kuàilè – *Happy Birthday to you*

Anmerkungen und grammatische Erklärungen

1. Uhrzeitangabe und Frage nach der Uhrzeit

Bei der Uhrzeitangabe wird die jeweilige Zahl vor das Wort «**diǎn**» gestellt.

bā diǎn: *acht Uhr*

Bei «zwei Uhr» sagt man «**liǎng** diǎn» (☞ Lektion 6, Punkt 7 der Anmerkungen), nicht «èr diǎn»!

«Halbe Stunden» werden durch das Anhängen von «**bàn**» (Hälfte, halb) angegeben. Ausgegangen wird immer von der bereits überschrittenen Stunde.

liù diǎn bàn: *halb sieben* (wörtlich: *ein halb nach sechs*)

Ähnlich werden «Viertel- und Dreiviertelstunden» durch Hinzufügen von «**yī kè**» (Viertel nach ...) bzw. «**sān kè**» (drei Viertel / Viertel vor ...) bezeichnet.

liù diǎn yī kè: *Viertel nach sechs* jiǔ diǎn sān kè: *Viertel vor zehn*

«Yī kè», «bàn» und «sān kè» können auch durch die Angabe der entsprechenden Minuten («**fēn**») hinter der vollen Stunde ersetzt werden, also durch «shíwǔ fēn» (15 Minuten), «sānshí fēn» (30 Minuten) und «sìshíwǔ fēn» (45 Minuten).

Wird eine Minutenzahl von 1–9 hinter einer vollen Stunde genannt, muss zuvor eine Null («**líng**») mitgesprochen werden:

sieben Uhr fünf = qī diǎn **líng** wǔ fēn

«**Jǐ diǎn**» fragt nach der Uhrzeit. Die nähere Bestimmung *welcher* Uhrzeit (z. B. «gestern um ... Uhr») steht immer vor dem Fragewort.

Xiànzài jǐ diǎn? — *Wieviel Uhr ist es jetzt? / Wie spät ist es jetzt?*

2. «**Zhīdào**» bezeichnet das Kennen von Sachverhalten, Dingen und Personen. Im Gegensatz zu «rènshi» bedeutet «zhīdào» in Bezug auf Menschen aber kein persönliches Kennen.

Wǒ zhīdào Dèng Xiǎopíng. — *Ich kenne Deng Xiaoping* (weiß, wer er ist).

Zieht «zhīdào» als Objekt einen vollständigen Satz nach sich, hat dieser die Wortstellung Subjekt-Prädikat-Objekt. Im Deutschen wird oft mit «dass» angeschlossen.

Tāmen zhīdào tā zài Tiānjīn. — *Sie wissen, dass er in Tianjin ist.*

3. «**Wǒmen zhèr**» (bei uns):

Um im Chinesischen «bei / von / zu jemandem» auszudrücken, muss man direkt hinter das Personalpronomen oder einer Personenbezeichnung noch ein Ortspronomen setzen.

Tāmen nàr méiyǒu chuánzhēn.	***Bei ihnen** gibt es kein Fax.*
Bàozhǐ zài **shéi nàr?**	***Bei wem** ist die Zeitung?*
Bàozhǐ zài **lǎoshī nàr**.	*Die Zeitung liegt **beim Lehrer**.*

4. «**Yīnggāi**» (sollte, müsste) drückt eine (starke) Annahme oder eine Folgerung aus.

Tā bàba shì Rìběn rén. Tā de Rìyǔ yīnggāi hěn hǎo.

Ihr Vater ist Japaner. Also sollte / müsste ihr Japanisch (eigentlich) sehr gut sein.

5. Die Zahlen von 11–99

Steht vor der Zahl Zehn («shí») eine Zahl von 2–9, wird durch diese Zahl ein Mehrfaches von Zehn angegeben. Die vor Zehn stehende Zahl ist also als ein Multiplikator aufzufassen.

èrshí: *20* sānshí: *30* sìshí: *40* wǔshí: *50* usw.

Steht hinter einer Zehnerstelle eine Zahl von 1–9, so wird diese Zahl zu der jeweiligen Zehnerstelle hinzuaddiert.

shíyī: *11*	shí'èr: *12*	shísān: *13*	shísì: *14*	shíwǔ: *15*	usw.
èrshíyī: *21*	èrshí'èr: *22*	èrshísān: *23*	èrshísì: *24*	èrshíwǔ: *25*	usw.

6. Datumsangabe und Frage nach dem Datum

Bei der Datumsangabe werden die Zahlen den Datumseinheiten («**hào**» / «**rì**», «**yuè**» und «**nián**») immer vorangestellt.
Die Jahreszahl wird dabei in der Reihenfolge ihrer Ziffern ausgesprochen.

yī jiǔ jiǔ liù nián: *das Jahr 1996*

Die Monate werden ebenso wie die Kalendertage durchgezählt.

bā yuè: *August*; wǔ hào: *der Fünfte*

«**Hào**» wird vor allem in der Umgangssprache, «**rì**» in der Schriftsprache, aber auch allgemein in den Medien verwendet.

Auch die Wochentage werden von Montag bis Samstag durchgezählt. Die entsprechende Zahl steht allerdings hinter «**xīngqī**» (Woche).

xīngqīyī: *Montag («Wochentag eins»)* xīngqī'èr: *Dienstag* xīngqīsān: *Mittwoch* usw.

Der Sonntag wird mit «**xīngqīrì**» oder mit «**xīngqītiān**» bezeichnet.

Eine Besonderheit bei Datumsangaben ist schließlich, dass immer die größere Einheit vor der kleineren genannt wird.

2014 nián 10 yuè 21 hào: *21. Oktober 2014*

Treten zu einer Datumsangabe Wochentag, Tageszeit und Uhrzeit, werden diese in folgender Reihenfolge hinter die Einheit «Tag» gesetzt:

(X nián X yuè) 21 hào xīngqī'èr xiàwǔ wǔ diǎn shí fēn.
Dienstag, der 21. (X. Monat X. Jahr) Nachmittags fünf Uhr zehn.

Ebenso wie bei der Frage nach der Uhrzeit wird bei der Frage nach dem Monat und dem Tag vor die entsprechende Datumseinheit das Wort «**jǐ**» und (vor «jǐ») eine nähere Zeitbestimmung (zum Beispiel «gestern / heute / morgen» usw.) gesetzt.

Míngtiān **jǐ** hào? — Míngtiān bā hào.
***Der Wievielte** ist morgen?* — *Morgen ist der Achte.*

Eine Ausnahme bildet die Frage nach dem Wochentag («xīngqī»). Hier steht «**jǐ**» dahinter.
Jīntiān xīngqī **jǐ**? — ***Welcher** Wochentag ist heute?*

Auf dem Land (Provinz Anhui)

7. In Sätzen der Umgangssprache, die entweder die Zeit, das Wetter (☞ Lektion 11) oder Preise (☞ Lektion 8) angeben, wird normalerweise «**shì**» nicht verwendet. Nur bei der Verneinung oder zur besonderen Betonung stehen «**bú shì**» bzw. «**shì**».

Jīntiān jǐ hào? — Jīntiān shí hào. — Bù, jīntiān **bú shì** shí hào, **shì** shíyī hào!

Der Wievielte ist heute? — Heute ist der Zehnte. — Nein, heute ist nicht der Zehnte, sondern der Elfte!

8. «**Nǐ kàn**» (schau mal) will die Aufmerksamkeit einer Person auf etwas ziehen. Wird eine Namensanrede verwendet, steht sie meistens vor «nǐ kàn».

Wortfelder

Uhrzeitangabe

~ fēn *(~ Minuten)*
~分

bàn / sānshí fēn *(halb / 30 Minuten)*
半 / 三十分

sān kè/ sìshíwǔ fēn *(drei viertel / 45 Minuten)*
三刻 / 四十五分

yī kè / shíwǔ fēn *(Viertel nach / 15 Minuten)*
一刻 / 十五分

~ diǎn
～点

Tageszeiten

zǎoshàng
早上

shàngwǔ *(Vormittag, vormittags)*
上午

zhōngwǔ *(Mittag, mittags)*
中午

xiàwǔ
下午

wǎnshàng *(Abend, abends)*
晚上

yèlǐ *(nachts)*
夜里

Weitere Zeitangaben

zuótiān
昨天

jīntiān
今天

míngtiān *(morgen)*
明天

qùnián
去年

jīnnián *(dieses Jahr)*
今年

míngnián *(nächstes Jahr)*
明年

shàng (ge) xīngqī
上（个）星期
(letzte Woche)

zhè (ge) xīngqī
这（个）星期
(diese Woche)

xià (ge) xīngqī
下（个）星期
(nächste Woche)

shàng ge yuè
上个月
(letzten Monat)

zhè ge yuè
这个月
(diesen Monat)

xià ge yuè
下个月
(nächsten Monat)

shàng ge zhōumò
上个周末
(letztes Wochenende)

zhè ge zhōumò
这个周末
(dieses Wochenende)

xià ge zhōumò
下个周末
(nächstes Wochenende)

Zhōumò hǎo! *(Schönes Wochenende!)*
周末好！

Datum

xīngqīyī *(Montag)*
星期一

xīngqī'èr *(Dienstag)*
星期二

xīngqītiān / xīngqīrì *(Sonntag)*
星期天 / 星期日

yī yuè *(Januar)*
一月

èr yuè *(Februar)*
二月

usw.

Kalender

rìlì *(Abreißkalender)*
日历

yuèlì
月历

niánlì *(Jahreskalender)*
年历

Druckerzeugnisse

bàozhǐ
报纸

zázhì *(Zeitschrift, Magazin)*
杂志

huàbào *(Illustrierte)*
画报

Namen einiger Zeitungen

Rénmín Rìbào *(Volkszeitung)*
人民日报

Zhōngguó Rìbào *(China Daily)*
中国日报

Jīngjì Rìbào *(Wirtschaftszeitung)*
经济日报

Jīngjì Xīnwén *(Wirtschaftsnachrichten)*
经济新闻

kàn bào *(Zeitung lesen)*
看报

Übungen

1. Basisübung

a) Lassen Sie sich von einem Partner / einer Partnerin auf Deutsch verschiedene Uhrzeiten nennen, die Sie ins Chinesische bringen müssen.

b) Lassen Sie sich in gleicher Weise Wochentage nennen und übersetzen Sie.

c) Nun nennen Sie für die nachfolgenden Datumsangaben die jeweilige chinesische Entsprechung:

31.12. — 20.6. — 16.2. — 8.8. — 30.6. — 17.9. — 1.10. — 19.7. — 26.3. — 1.1. — 14.4. — 16.11.

d) Wiederholen Sie die gleiche Übung mit einigen Jahreszahlen:

1911 — 1949 — 2000 — 1921 — 2012 — 1937 — 1894 — 1966 — 1919 — 2020

e) Übertragen Sie folgende Ausdrücke ins Chinesische:

bei Frau Fan — bei ihnen — bei Herrn Gu — bei Sekretärin Li — bei ihm — bei uns — bei Lehrer Fang — bei wem — bei der Dolmetscherin — bei Manager Luo — bei dir — bei meiner Freundin — bei ihren Schülern — bei ihr — bei seinem Kollegen Herrn Li — bei euch — bei meinen Eltern

2. Austauschübung

a) Lǐ xiānsheng nǐ zhīdào Liú xiǎojiě zài nǎr?
Zài Hú nǚshì nàr.

wǒmen zhèr	tā péngyǒu nàr
Zhāng jīnglǐ nàr	tā tóngshì nàr
tā jiějie nàr	tāmen nàr

b) Nǐ kàn zhè shì jīntiān de bàozhǐ.

jīntiān de Jīngjì Rìbào
zuótiān de Zhōngguó Rìbào
jīntiān de Déguó bàozhǐ
zuótiān de Yīngguó bàozhǐ

c) Tā yǒu shíjiān xuéxí ma?
Tā méiyǒu shíjiān xuéxí.

fānyì	kàn bàozhǐ
xuéxí Déyǔ	fānyì Yīngwén

3. Frage-Antwort-Übung

Beantworten Sie als Sprecher B die Fragen von Sprecher A.

A: Xiànzài jǐ diǎn?	B: ....
A: Nǐ zhīdào xiànzài Niǔyuē jǐ diǎn?	B: ....
A: Zhōngguó yǒu xiàjì shíjiān ma?	B: .... (nein)
A: Jīntiān jǐ hào?	B: ....
A: Jīntiān xīngqī jǐ?	B: ....

A: Jīntiān jǐ hào? Xīngqī jǐ?	B: ....
A: Duìbuqǐ.	B: ....
A: Fēicháng duìbuqǐ.	B: ....
A: Nǐ de shēngrì shì jǐ yuè jǐ hào?	B: ....
A: Zázhì zài nǐ nàr ba?	B: .... (ja / nein)
A: Nǐ yǒu mei yǒu jīntiān de bàozhǐ?	B: .... (ja / nein)
A: Zhè shì jǐ hào de bàozhǐ?	B: ....
A: Zhè shì xīngqī jǐ de zázhì?	B: ....
A: Zhè shì shénme bàozhǐ?	B: ....
A: Jīntiān de bàozhǐ zài shéi nàr?	B: ....
A: Nǐ yǒu shíjiān kàn zázhì ma?	B: ....

4. Wie sagt man's auf Chinesisch?

a) nachmittags halb fünf — vormittags Viertel nach zehn — abends Viertel vor zehn — morgens Viertel vor sechs — nachmittags fünf Uhr 55 — mittags zwölf Uhr eins

b) heute Mittag um zwölf — morgen Vormittag halb elf — gestern Abend Viertel nach acht — morgen Abend zehn nach elf — gestern Morgen fünf nach sechs — heute Nachmittag zehn vor vier

c) Montag Abend neun Uhr — Mittwoch Mittag halb zwölf — Sonntag Mittag Viertel nach zwölf — Samstag Abend zehn nach zehn — Dienstag Nachmittag zwanzig nach drei — Donnerstag Morgen fünf vor acht

d) Dein Geburtstag ist am Sechsten, nicht wahr? — Der 31. Mai ist der Geburtstag seines Vaters. — Der Geburtstag ihrer Mutter ist nicht der 10. Juni, sondern der 20. Juni.

e) Manager Wang ist abends am Sechsten nicht in seinem Büro. — Frau Zhang war am Montag Vormittag nicht bei mir. — Am 31. Mai ist er bei seinem Vater. — Am 22. Juni abends ist sie nicht bei ihrer Mutter. — Bei uns gibt es keine China Daily. — Bei Manager Wang liegt die Volkszeitung.

f) Ich lese im Büro chinesische Zeitungen und zu Hause deutsche Zeitungen.

g) Bei wem ist die Supermarkt-Werbung? — Bei Manager Wang.

h) Das ist ein (Monats)Kalender vom letzten Jahr. Schau mal: Dies ist die heutige Wirtschaftszeitung. Heute ist Montag, der 10. Januar 2011.

5. Gelenkter Dialog

Übernehmen Sie die Rolle von A oder B und führen Sie anhand der nachfolgenden Vorgaben einen Dialog mit einem Partner oder einer Partnerin.

a) **A** möchte das aktuelle Datum wissen. — **B** meint, dass der 16. ist. — **A** widerspricht und behauptet, es sei der 17. — **B** zweifelt, weil an diesem Tag der Geburtstag seines älteren Bruders ist. — **A** entgegnet, dass der Geburtstag seiner Mutter auch an diesem Tag sei. — **B** hält an seiner Meinung fest und verweist auf die neueste Ausgabe der Pekinger Abendzeitung. — **A** gibt zu, dass tatsächlich der 16. ist und der Geburtstag seiner Mutter (erst) am nächsten Tag.

b) **A** erkundigt sich bei einem Kollegen (B) nach der augenblicklichen Uhrzeit in China. — **B** antwortet, dass es bei ihnen hier nachmittags ein Uhr und in China also acht Uhr abends ist. —

A macht B auf die Sommerzeit in Deutschland aufmerksam. — **B** gibt A recht und meint, dass es dann in China sieben Uhr sein müsste. — **A** fragt, ob es in China auch die Sommerzeit gibt. — **B** verneint. — **A** erkundigt sich, ob B am vergangenen Abend zu Hause gewesen ist. — **B** bestätigt, zu Hause gewesen zu sein. — **A** fragt genauer nach, ob er um sieben Uhr zu Hause gewesen ist. — **B** verneint und sagt, dass er um sieben Uhr im Büro Zeitung gelesen hat.

6. Frage, Antwort und Nacherzählung

Suchen Sie ein Foto oder eine lustige Werbeanzeige aus einer Zeitung bzw. Zeitschrift heraus, worauf eine Person abgebildet ist. Stellen Sie dann einem Partner bzw. einer Partnerin beliebige Fragen zu dieser Person. Zum Beispiel:

Wer die Person ist und ob Ihr Partner bzw. Ihre Partnerin sie kennt — wie sie heißt — aus welchem Land sie kommt (bzw. ob sie aus dem Land X oder dem Land Y kommt) — ob sie die Sprache X oder Y spricht / lernt — wo sie sich befindet — ob Ihr Partner bzw. Ihre Partnerin sich auch in diesem Land / dieser Stadt befindet — wo sie arbeitet / studiert — wie Ihre Firma / Universität heißt — ob Ihre Partnerin bzw. Ihr Partner ihre Telefonnummer oder Adresse hat — wo sie zu Hause ist — ob sie dort ein Faxgerät hat.

Nachdem alle Fragen beantwortet worden sind, fassen sie selbst das Gesagte noch einmal zusammen.

Im Unterschied zur westlichen Astrologie gelten die chinesischen Tierkreiszeichen jeweils ein Jahr lang.

Lektion 5: Orte und Entfernungen

Zielsätze

1. Nǐ zhǎo shénme? — *Was suchst du?*
   你 找 什么?
2. Dìtú zài nàxiē shū xià. — *Der Stadtplan liegt unter den Büchern dort.*
   地图 在 那些 书 下。
3. Zhè shì shéi de zhuōzi? — *Wessen Schreibtisch ist das?*
   这 是 谁 的 桌子?
4. Nǐ shénme shíhou qù Shànghǎi? — *Wann fährst du nach Shanghai?*
   你 什么 时候 去 上海?
5. Bàngōnglóu bú zài qiánbiān. — *Das Verwaltungsgebäude ist nicht da vorne.*
   办公楼 不 在 前边。
6. Nǐmen de jiàoshì zài jǐ lóu? — *Im wievielten Stock ist euer Unterrichtsraum?*
   你们 的 教室 在 几 楼?

Dialog 1

Herr Sand (A) durchstöbert im Büro einige Schubladen und Bücherborde. Sein Kollege Hu (B) wird darauf aufmerksam:

B: Sāngdé xiānsheng, nǐ zhǎo shénme? 桑德 先生, 你 找 什么?	*Herr Sand, was suchen Sie?*
A: Wǒ zhǎo Shànghǎi dìtú, Shànghǎi dìtú zài nǎr? 我 找 上海 地图, 上海 地图在哪儿?	*Ich suche den Stadtplan von Shanghai, wo ist er?*
B: Zài nàxiē shū xià. Nǐ shénme shíhou qù Shànghǎi? 在 那些 书 下。你 什么 时候 去 上海?	*Er liegt unter den Büchern dort. Wann fahren Sie nach Shanghai?*
A: Xià xīngqīyī qù. Wǒmen yǒu mei yǒu Pǔdōng dìtú? 下 星期一 去。我们 有 没 有 浦东 地图?	*Am Montag nächster Woche. Haben wir eine Karte von Pudong?*
B: Yǒu, zài zhuō shàng. 有, 在 桌 上。	*Ja, sie liegt auf dem Schreibtisch.*
A: Zài shéi de zhuō shàng? 在 谁 的 桌 上?	*Auf wessen Schreibtisch?*
B: Zài Wàn mìshū de zhuō shàng. 在 万 秘书 的 桌 上。	*Auf dem Schreibtisch von Sekretär Wan.*

A: Zhè shì Zhōngwén dìtú, wǒmen
这 是 中文 地图，我们
yǒu mei yǒu Yīngwén dìtú?
有 没 有 英文 地图？

Das ist ein chinesischer Stadtplan.
Haben wir auch einen englischsprachigen?

B: Wǒmen yǒu hěnduō Yīngwén dìtú.
我们 有 很多 英文 地图。

Wir haben viele in englischer Sprache.

Dialog 2

Frau Bauer (A) will zum Kiosk der Fabrik, in der sie seit Kurzem beschäftigt ist, und fragt einen Arbeiter (B) nach dem Weg:

A: Qǐngwèn, bàngōnglóu zài nǎr?
请问，办公楼 在哪儿？

Eine Frage bitte: Wo ist das Verwaltungsgebäude?

B: Nín zhǎo bàngōnglóu?
您 找 办公楼？

Sie suchen das Verwaltungsgebäude?

Bàngōnglóu zài qiánbiān.
办公楼 在 前边。

Das ist da vorne.

A: Dàgài duō yuǎn?
大概 多 远？

Wie weit ist es ungefähr?

B: Dàgài èrbǎi mǐ. Nǐ kàn, qiánbiān de gāo lóu shì
大概 二百 米。你 看，前边 的 高 楼 是
sān chējiān, bàngōnglóu zài sān chējiān hòubiān.
三 车间，办公楼 在 三 车间 后边。

Ungefähr 200 Meter. Schauen Sie, das vordere hohe Gebäude ist Werkhalle 3, und das Verwaltungsgebäude liegt dahinter.

A: Xièxie.
谢谢。

Danke schön.

B: Bú kèqi.
不客气。

Keine Ursache.

A: Shùnbiàn wèn yīxià, xiǎomàibù zài jǐ lóu?
顺便 问 一下，小卖部 在 几楼？

Übrigens, in welchem Stockwerk ist der Kiosk?

B: Xiǎomàibù bú zài bàngōnglóu, zài wǔ hào lóu
小卖部 不 在 办公楼，在 五 号 楼
èr lóu.
二 楼。

Der Kiosk ist nicht im Verwaltungsgebäude, sondern in Gebäude Nummer fünf, erster Stock.

Neue Wörter und Ausdrücke

zhǎo	找	*suchen* (☞ Lektion 8)
shénme	什么	*was, was für ein*
dìtú	地图	*(Stadt-)Plan, Landkarte*
nàxiē	那些	Plural: *jene* ☯ **zhèxiē** 这些 *diese*
(yī)xiē	(一)些	*einige, ein paar*
shū	书	*Buch*
xià / xiàbiān	下 / 下边	*unter, unterhalb; unten*
shénme shíhou	什么时候	*wann*
shíhou	时候	*Zeit; Zeitpunkt, Moment*
qù	去	*hingehen, gehen nach, fahren nach; weggehen*
xià	下	*nächste, -r, -s* ☯ **shàng** 上 *letzte, -r, -s*
zhuō(zi)	桌(子)	*(Schreib-)Tisch*
shàng / shàngbiān	上 / 上边	*auf, darauf; oberhalb, über; oben*
shéi de	谁的	*wessen*
mìshū	秘书	*Sekretär, -in; Assistent, -in*
Zhōngwén	中文	*Chinesisch*
Yīngwén	英文	*Englisch*
hěnduō	很多	*viele*

bàngōnglóu	办公楼	*Verwaltungsgebäude*
qián / qiánbiān	前 / 前边	*vor, davor; vorn*
dàgài	大概	*etwa, ungefähr* (☞ Lektion 15)
duō	多	*wie*
yuǎn	远	*weit, fern* ☯ **jìn** 近 *nah, in der Nähe*
bǎi	百	*hundert*
mǐ	米	*Meter*
gāo	高	*hoch* ☯ **dī** 低 *niedrig, tief*
lóu	楼	*Gebäude; Stockwerk, Etage*
chējiān	车间	*Werkhalle*
hòu / hòubiān	后 / 后边	*hinter, dahinter; hinten*
bú kèqi	不客气	*Keine Ursache! Nichts zu danken!*
shùnbiàn wèn yīxià, ...	顺便问一下	*übrigens (nebenbei gefragt ...)* (☞ Lektion 15)
shùnbiàn	顺便	*nebenbei, übrigens, bei der Gelegenheit*
wèn	问	*fragen*
yīxià	一下	*mal; mal kurz*
xiǎomàibù	小卖部	*Kiosk*
jǐ	几	*wieviele*

Gasse in einem Shanghaier Wohnviertel

Anmerkungen und grammatische Erklärungen

1. Das Fragewort «**shénme**» (was) fragt vor allem nach Dingen. Als Attribut (was für ein...) erkundigt es sich nach Art und Beschaffenheit von Dingen.

Tā zhǎo **shénme?**	***Was*** *sucht sie?*
Zhè shì **shénme** dìtú?	***Was für eine*** *Landkarte ist das?*
Zhè shì Zhōngguó dìtú.	*Das ist eine Chinakarte.*

2. Die Ortswörter «**shàngbiān**» (oben, über; eigentlich: «Oberseite»), «**xiàbiān**» (unten, unter; eigentlich: «Unterseite»), «**qiánbiān**» (vorne, vor; eigentlich: «Vorderseite») und «**hòubiān**» (hinten, hinter; eigentlich: «Hinterseite») geben eine genaue Lage im Raum an. Nach ihrer jeweiligen Verwendung und Stellung im Satz lassen sich unterscheiden:

a) Ortswörter mit einer Ortsangabe. Die Ortsangabe (ein Substantiv) steht, umgekehrt wie im Deutschen, vor dem Ortswort.

Yī chējiān	zài bàngōnglóu	**hòubiān**.
Die Werkhalle eins ist		***hinter*** *dem Verwaltungsgebäude.*

Das Ortswort wird also praktisch wie ein Substantiv behandelt.
Bàozhǐ zài shū **shàngbiān**.
Die Zeitung liegt ***auf*** *dem Buch.* [Wörtlich: *Die Zeitung ist (**auf**) Buch-**Oberseite**.*]

b) Ortswörter ohne eine Ortsangabe. Das Ortswort steht ohne weitere Ortsangabe dabei entweder unmittelbar hinter dem Verb «zài».

Bàngōnglóu zài qiánbiān. — *Das Verwaltungsgebäude ist da vorne.*

Oder es steht direkt am Satzanfang und «zài» fällt weg.

Qiánbiān yǒu rén. — *Da vorne ist jemand.*

c) Adjektivisch verwendete Ortswörter. Sie stehen vor einem Substantiv und sind, wie gewöhnliche Adjektive, mit dem Partikel «de» daran angeschlossen.

qiánbiān de zhuōzi: *der vordere Tisch*; xiàbiān de shū: *das untere Buch*

«... **shàng**» / «... **xià**»: Bei den Ortswörtern «shàngbiān» und «xiàbiān» kann die Silbe «biān» auch wegfallen.

«**Zhuō shàng**»: Das unbetonte «zi» als letzte Silbe kann hier auch wegfallen.

zài zhuō(zi) xià: *unter dem Tisch*

3. Unterschiede zwischen «**yǒu**» und «**zài**» in Existenzsätzen:
Steht vor dem Verb als Ortsangabe die größere Einheit, dann heißt das Verb «yǒu». Steht dagegen die kleinere Einheit vor dem Verb, dann heißt das Verb «zài».

a) «**Yǒu**» als Verb

Größere Einheit	Verb	Kleinere Einheit	
Wǒmen bàngōngshì	yǒu	bàozhǐ.	*In unserem Büro liegen Zeitungen.*
Zhuōzi shàngbiān	méiyǒu	shū.	*Auf dem Tisch liegt kein Buch.*
Nàr	yǒu mei yǒu	dìtú?	*Gibt es dort eine Landkarte?*

b) «**Zài**» als Verb

Kl. Einheit	Verb	Größere Einheit	
Bàozhǐ	zài	wǒmen bàngōngshì.	*Die Zeitungen sind in unserem Büro.*
Shū	bú zài	zhuōzi shàngbiān.	*Die Bücher liegen nicht auf dem Tisch.*
Dìtú	zài bu zài	nàr?	*Ist die Landkarte dort?*

4. Das Verb «**qù**» (gehen / fahren nach) steht direkt vor einer Ortsangabe.

Nǐ míngtiān qù nǎr?	*Wohin fährst du morgen?*
Wǒ míngtiān qù Nánjīng.	*Ich fahre morgen nach Nanjing.*

5. Im Fragesatz steht «**shéi de**» (wessen) immer an der Stelle des (Pro-)Nomens, nach dem gefragt wird.

Zhè shì **shéi de** bàngōngshì?	***Wessen*** *Büro ist das?*
Zhè shì **Wàn jīnglǐ de** bàngōngshì.	*Das ist das Büro* ***von Manager Wan.***

6. Sprachennamen können, statt mit der Endsilbe «**yǔ**», auch mit der Endsilbe «**wén**» (Sprache / Schrift) gebildet werden.

Fǎyǔ / Fǎwén: *Französisch*; Rìyǔ / Rìwén: *Japanisch*

Im Chinesischen ist das von einem Landesnamen abgeleitete Adjektiv (z. B. Déguó: Deutsch) nicht gleichlautend mit dem vom Namen der Sprache abgeleiteten Adjektiv (Déwén: «deutsch», im Sinne von «deutsch*sprachig*»).

Yīngwén shū / bàozhǐ / dìtú — *englischsprachige Bücher / Zeitungen / Landkarten*

Aber: Yīngguó gōngsī — *eine englische Firma*

Das Adjektiv «~sprachig» wird im Chinesischen mit «~wén» gebildet und nicht mit «~yǔ». «Yīngyǔ shū» bedeutet dagegen «Englisch(lehr)buch».

7. Die Frage mit «**duō**» (wie ...?) bezieht sich immer auf ein nachfolgendes Adjektiv und fragt nach dessen Grad bzw. Ausmaß.

Xiǎomàibù lí [von] zhèr duō yuǎn? — *Wie weit ist es von hier bis zum Kiosk?*

8. «**Gāo lóu**»: Steht ein einsilbiges Adjektiv unmittelbar vor dem Substantiv, auf das es sich bezieht, so kann der Partikel «de» auch wegfallen.

gāo (de) lóu: *ein hohes Gebäude*; hǎo (de) shū: *ein gutes Buch*

9. «**Yīxià**» (mal; mal kurz) steht hinter Verben und drückt die kurze Dauer von Handlungen aus.

Wǒ	kàn	yīxià	Zhōngguó Rìbào.	*Ich schau mir*	*mal kurz*	*die China Daily an.*
Qǐng	wèn	yīxià	Lǐ xiānsheng.	*Bitte frage*	*mal (kurz)*	*Herrn Li.*

10. «**Èr lóu**»: In China wird das Erdgeschoss als erster Stock gerechnet. Dementsprechend ist der chinesische zweite Stock («èr lóu») der deutsche erste Stock, «sān lóu» der deutsche zweite Stock usw.

11. Verwendungen des Wortes «**lóu**»:
Steht das Wort «lóu» unmittelbar hinter einer Zahl, hat es die Bedeutung *Stockwerk / Etage*. Schiebt sich zwischen Zahl und «lóu» dagegen noch das Wort «hào» (Nummer), so bedeutet es *Gebäude*.

Wortfelder

Büroeinrichtung

shūguì *(Bücherschrank)* 书柜	chōuti *(Schublade)* 抽屉	zhuōzi 桌子
shāfā *(Sessel, Sofa)* 沙发	shūjià *(Bücherregal)* 书架	yǐzi *(Stuhl)* 椅子
diànshàn *(Ventilator)* 电扇	kōngtiáo *(Klimaanlage)* 空调	nuǎnqì *(Heizung)* 暖气

Ortsangaben

zhōngjiān *(in der Mitte; zwischen)* 中间	pángbiān *(neben, daneben)* 旁边
shàng / shàngbiān / shàngmiàn 上 / 上边 / 上面	xià / xiàbiān / xiàmiàn 下 / 下边 / 下面
lǐ / lǐbiān / lǐmiàn *(innen, darin)* 里 / 里边 / 里面	wài / wàibiān / wàimiàn *(außen, draußen)* 外 / 外边 / 外面
qián / qiánbiān / qiánmiàn 前 / 前边 / 前面	hòu / hòubiān / hòumiàn 后 / 后边 / 后面
zuǒbiān / zuǒmiàn 左边 / 左面 *(links, auf der linken Seite)*	yòubiān / yòumiàn 右边 / 右面 *(rechts, auf der rechten Seite)*

zài zhuōzi shàngbiān / xiàmiàn *(auf / unter dem Tisch)*
在桌子上边 / 下面

Zahlen

bǎi 百	qiān *(tausend)* 千	wàn *(zehntausend)* 万

Längenmaße und Entfernungsangaben

límǐ *(Zentimeter)* 厘米	mǐ 米	gōnglǐ *(Kilometer)* 公里	
cháng *(lang)* 长	duǎn *(kurz)* 短	yuǎn 远	jìn 近

Übungen

1. Basisübung

a) Lassen Sie sich von einem Partner / einer Partnerin nach den folgenden Ortswörtern fragen und geben Sie die (eine) chinesische Entsprechung:
auf — unterhalb — vor — hinter — innen — außen — neben — in der Mitte

b) Bringen Sie nun die folgenden Ortsangaben ins Chinesische:
in der Schublade — unter dem Stuhl — auf dem Tisch — unter dem Sessel — auf dem Bücherregal — auf dem Stuhl — vor Gebäude Nummer fünf — hinter dem Verwaltungsgebäude — außerhalb des Büros — neben dem hohen Gebäude

2. Austauschübung

a) Nǐ zhǎo shénme?
Wǒ zhǎo Pǔdōng dìtú.

shénme	Hú xiǎojiě de dìzhǐ
shénme	jīntiān de bàozhǐ
shénme	wǒ de Yīngyǔ shū
shéi	Wàn xiānsheng
shéi	Liú jiàoshòu
shéi	nǐmen zhèr de zǒngjīnglǐ

b) Dìtú zài nǎr?
Dìtú zài nàxiē shū xià.

wǒ de shoǔjī	shāfā shàng
bàozhǐ	shūjià shàng
Hànyǔ shū	yǐzi shàng
míngnián de niánlì	zhuōzi shàng
tāmen de míngpiàn	bàozhǐ xià
Yīngwén dìtú	Hànyǔ shū xià

c) Zhè shì shéi de shū?
Zhè shì wǒ de shū.

diànhuà hàomǎ	Zhāng nǚshì
zhuōzi	Lǐ chǎngzhǎng
bàozhǐ	Kèlè bóshì
dìtú	wǒmen bàngōngshì

d) Jīnglǐ bàngōngshì zài jǐ hào lóu?
Jīnglǐ bàngōngshì zài sān hào lóu sān lóu.

tā jiā	wǔ	wǔ
xiǎomàibù	yī	èr
sān chējiān	qī	èr
Hú jiàoshòu de bàngōngshì	èr	sì

Im BMW-Automobilwerk Shenyang

3. Frage-Antwort-Übung

Beantworten Sie als Sprecher B die Fragen von Sprecher A.

A	B
A: Nǐ zhǎo shénme?	B: ....
A: Nǐ zhǎo shénme dìtú?	B: ....
A: Nǐ zhǎo shéi?	B: ....
A: Nǐ shénme shíhou qù Běijīng?	B: ....
A: Nǐ qù bu qù Pǔdōng?	B: ....
A: Tāmen xiànzài qù nǎr?	B: ....
A: Zhè shì shéi de bàozhǐ?	B: ....
A: Bàngōnglóu zài qiánbiān háishì hòubiān?	B: ....
A: Jīnglǐ bàngōngshì zài jǐ lóu?	B: ....
A: Xièxie.	B: ....

A	B
A: Nǐ xià xīngqīyī qù nǎr?	B: ....
A: Nàxiē shū xiàbiān shì shénme?	B: ....
A: Liú jīnglǐ qiánbiān shì shéi?	B: ....
A: Zhèxiē shū shì Zhōngwén shū háishì Rìwén shū?	B: ....
A: Nǐ de zhuō shàng yǒu mei yǒu wǒ de míngpiàn?	B: ....
A: Wǒ de míngpiàn zài bu zài nǐ de zhuō shàng?	B: ....
A: Tā yǒu shíjiān lái wǒ zhèr ma?	B: ....

4. Satzumwandlungen

Verwandeln Sie die nachfolgenden Sätze in Fragesätze, wobei Sie jeweils die Fragepronomen ergänzen, die nach den unterstrichenen Satzteilen fragen. Sind zwei Satzteile unterstrichen, wählen Sie jeweils eines davon. Geben Sie anschließend verneinende Antworten.

a) Nàxiē shū zài dìtú xiàbiān.
b) Nǐ de míngpiàn zài wǒ de zhuō shàng.
c) Liú jīnglǐ de bàngōngshì zài èr lóu.
d) Wǒ xià xīngqītiān qù Rìběn.
e) Měiguó jīnglǐ zài èr hào lóu.
f) Zhōngwén shū zài tā péngyǒu jiā lǐ.
g) Tā dìdi hé tā gēge zài sān chējiān.
h) Wǒ péngyǒu liù yuè èrshí'èr hào qù wǒ mèimei nàr.
i) Xīngqī'èr shì wǒ gēge de shēngrì.
j) Zhuō shàng yǒu tāmen de diànhuà hàomǎ.
k) Zuótiān de bàozhǐ zài wǒ zhèr.
l) Míngtiān xīngqīsì.
m) Jīntiān de bàozhǐ zài tā nàr.
n) Rénmín Rìbào zài tāmen nàr.
o) Xiànzài shí diǎn líng wǔ fēn.
p) Jīngjì Xīnwén zài Lǐ Gāng nàr.

5. Wie sagt man's auf Chinesisch?

a) Wen suchen Sie?
b) Du suchst den Stadtplan? Der Stadtplan ist hier.
c) Was ist das? — Das ist eine Grundschule.
d) Was ist das dort für ein Buch? — Das ist ein Deutschlehrbuch.
e) Wann fährt Herr Zhang nach Singapur?
f) Die China Daily liegt auf seinem Tisch.
g) Werkhalle drei liegt hinter Werkhalle zwei.
h) Vorne ist das Verwaltungsgebäude.
i) Was für ein Gebäude ist das vordere, hohe Gebäude?
j) Das vordere, hohe Gebäude ist das Verwaltungsgebäude.
k) Wer hat die Landkarte von Deutschland?
l) Wer hat die chinesischsprachige Landkarte von Deutschland?
m) Auf dem Schreibtisch von Dr. Liu liegen zwei Handys.
n) Auf dem Sessel liegt keine Zeitschrift.
o) Gibt es hier deutschsprachige Zeitungen?
p) Haben wir hier die Wirtschaftszeitung?
q) Das Verwaltungsgebäude ist neben der Werkhalle eins.
r) Wer hat mich gestern gesucht?
s) Wessen Büro ist das?
t) Wohin geht dein japanischer Freund nächste Woche?
u) Was für eine Zeitung liest du? — Was für eine Zeitschrift liest du? — Dies hier ist die Zeitung vom Sechsten. — Das dort ist die Zeitung vom 20. August. — Dies ist die Volkszeitung vom Montag. — Das dort ist die gestrige Pekinger Abendzeitung.
v) Ich suche den Stadtplan von Shanghai und den von Pudong. Der Plan von Shanghai liegt unter einigen Büchern und der Plan von Pudong liegt auf dem Schreibtisch von Dr. Wang.

6. Gelenkter Dialog

Übernehmen Sie die Rolle von A oder B (oder C) und führen Sie anhand der nachfolgenden Vorgaben einen Dialog mit einem Partner oder einer Partnerin.

a) **A** deutet auf eine Zeitung auf dem Tisch von B und fragt, ob diese Zeitung die aktuelle China Daily ist. — **B** sagt, dass es die gestrige Zeitung ist. — **A** will wissen, wo die Zeitung von heute ist. — **B** mit einem Blick auf die auf dem Sessel liegende Zeitung fragt (vermutend) A zurück, ob es nicht die Zeitung auf dem Sessel ist. — **A** verneint: Es ist die Wirtschaftszeitung. — **B** stimmt zu, erinnert sich und meint dann, dass die China Daily bei Herrn Klee ist. — **A** fragt B, ob Herr Klee da ist. — **B** verneint: Herr Klee ist im Kiosk.

b) **A** sucht das Gebäude Nummer fünf und fragt B, der ihm entgegen kommt. — **B** deutet nach vorne in seine Richtung und sagt, es sei dort. — **A** möchte wissen, ob es weit dorthin ist. — **B** meint, nicht besonders weit und macht A auf das Gebäude Nummer zwei aufmerksam: Vor dem Gebäude zwei liege das Gebäude drei, vor Gebäude drei das Gebäude Nummer vier und das Gebäude Nummer fünf liege vor Gebäude Nummer vier. — **A** fragt B (vermutend), ob er den Geschäftsführer Li kenne. — **B** bestätigt und fragt zurück, ob A diesen denn suche. — **A** bejaht und fragt (vermutend), ob der Geschäftsführer denn in seinem Büro sei. — **B** gibt die Auskunft, dass er nicht in seinem Büro, sondern im Kiosk sei. — **A** fragt B nach dem Ort vom Kiosk. — **B** antwortet: Im Gebäude Nummer vier. — **A** bedankt sich. — **B** antwortet mit einer höflichen Redewendung.

7. Frage, Antwort und Nacherzählung

Suchen Sie ein Foto oder eine lustige Werbeanzeige aus einer Zeitung bzw. Zeitschrift heraus, worauf eine Person abgebildet ist. Stellen Sie dann einem Partner bzw. einer Partnerin beliebige Fragen zu dieser Person. Beziehen Sie dabei nach Möglichkeit auch einige Fragen aus Lektion 2 bis 4 mit ein und benutzen Sie nach Möglichkeit folgende Fragewörter und Ausdrücke:

wer — wen — was — was für ein / eine — wessen — wo — wohin — wann — bei wem

Anschließend fassen Sie selbst das Gesagte noch einmal zusammen.

Shuttlebus in Shanghai zu einer Carrefour-Filiale

Lektion 6: Kommen und Gehen

Zielsätze

1. Nǐmen de fùzérén shénme shíhou dào?
   你们 的 负责人 什么 时候 到?
   Wann trifft euer Chef ein?
2. Tā kěnéng xiàwǔ dào.
   他 可能 下午 到。
   Er trifft wahrscheinlich nachmittags ein.
3. Tāmen dǎsuàn dāi jǐ tiān?
   他们 打算 待 几 天?
   Wieviele Tage haben sie vor, zu bleiben?
4. Wǒmen xiǎng qù Běijīng lǚyóu.
   我们 想 去 北京 旅游。
   Wir möchten eine Reise nach Peking machen.
5. Tā wèishénme bú qù dà chéngshì?
   他 为什么 不 去 大 城市?
   Warum fährt er in keine großen Städte?
6. Yīnwèi dà chéngshì tài dà, suǒyǐ tā bù xǐhuān dà chéngshì.
   因为 大 城市 太 大，所以 他 不 喜欢 大 城市。
   Er mag keine Großstädte, weil sie (ihm) zu groß sind.

Dialog 1

Ein Shenzhener Betrieb hat Besuch von der Besichtigungsdelegation einer kooperierenden Firma. Da noch nicht alle Gäste eingetroffen sind, wendet sich Herr Rohde (A), der in beiden Betrieben gearbeitet hat, an eine zur Delegation gehörende Praktikantin (B):

A: Nǐmen de fùzérén shénme shíhou dào?
你们 的 负责人 什么 时候 到?
Wann trifft euer Chef ein?

B: Tā xiàwǔ dào.
他 下午 到。
Er trifft nachmittags ein.

A: Liú xiānsheng yě lái ma?
刘 先生 也 来 吗?
Kommt Herr Liu auch?

B: Tā kěnéng hòutiān lái.
他 可能 后天 来。
Er kommt wahrscheinlich übermorgen.

A: Tāmen wèishénme bù yīqǐ lái?
他们 为什么 不 一起 来?
Wieso kommen sie (denn) nicht zusammen?

B: Liú xiānsheng xiān yào qù cānguān gōngyè zhǎnlǎnhuì.
刘 先生 先 要 去 参观 工业 展览会。
Herr Liu will erst die Industrieausstellung besuchen gehen.

Die Große Mauer ist mit einer Gesamtlänge von nahezu 6700 Kilometern das größte Bauwerk der Welt.

A: Tāmen dǎsuàn zài zhèr dāi jǐ tiān? 他们 打算 在 这儿待几 天?	*Wieviele Tage haben sie vor, hier zu bleiben?*
B: Liǎng ge xīngqī zuǒyòu. 两 个 星期 左右。	*Ungefähr zwei Wochen.*

Dialog 2

Herr Sand (A) und ein Freund (B) unterhalten sich über Reiseziele in China:

B: Tīngshuō nǐ tóngshì xiǎng qù nánfāng lǚyóu? 听说 你 同事 想 去 南方 旅游?	*Ich habe gehört, deine Kollegin will eine Reise in den Süden machen.*
A: Duì, tā gàosù wǒ tā xiǎng jīnnián qiūtiān qù. 对,她 告诉 我 她 想 今年 秋天 去。	*Richtig. Sie sagte mir, sie wolle dieses Jahr im Herbst fahren.*
B: Tā yào qù nǎxiē dìfang? 她 要 去 哪些 地方?	*Zu welchen Orten will sie denn fahren?*
A: Tā xiān qù Shàoxīng, ránhòu qù Dàlǐ. 她 先 去 绍兴, 然后 去 大理。	*Sie fährt zuerst nach Shaoxing und dann nach Dali.*
B: Wèishénme bú qù dà chéngshì? 为什么 不 去 大 城市?	*Warum besucht sie denn keine Großstädte?*
A: Tā shuō tā bù xǐhuān dà chéngshì. 她 说 她 不 喜欢 大 城市。	*Sie sagt, große Städte mag sie nicht.*
B: Yīnwèi nàr rén tài duō, chē tài jǐ ba? 因为 那儿 人 太 多, 车 太 挤吧?	*Wohl weil es dort zu viele Menschen gibt und die öffentlichen Verkehrsmittel überfüllt sind?*
A: Duì, suǒyǐ tā bù xiǎng qù dà chéngshì. 对, 所以她不 想 去 大 城市。	*Genau. Deswegen will sie in keine Großstädte fahren.*

Neue Wörter und Ausdrücke

fùzérén	负责人	*Chef, -in* (wörtlich: *Verantwortliche, -r*)
dào	到	*ankommen, eintreffen* (☞ Lektion 7)
lái	来	*kommen, herkommen*
kěnéng	可能	*vielleicht, wahrscheinlich*
hòutiān	后天	*übermorgen* ☯ **qiántiān** 前天 (*vorgestern*)
wèishénme	为什么	*weshalb, warum*
yīqǐ	一起	*zusammen*
xiān	先	*zuerst, erst einmal*
yào	要	*wollen* (☞ Lektion 7)
cānguān	参观	*besichtigen, besuchen*
gōngyè	工业	*Industrie*
zhǎnlǎnhuì	展览会	*Ausstellung*
dǎsuàn	打算	*vorhaben, planen*
dāi	待	*bleiben, sich aufhalten*
ge	个	Zählwort für Menschen und Gegenstände
zuǒyòu	左右	*etwa, ungefähr*
zuǒ	左	*links*
yòu	右	*rechts*

tóngshì	同事	*Kollege, Kollegin; Mitarbeiter, -in*
xiǎng	想	*mögen* (☞ Lektion 7)
nánfāng	南方	*Süden* ☯ **běifāng** 北方 *Norden*
lǚyóu	旅游	*Reise, reisen; Touristik-*
gàosù	告诉	*sagen, mitteilen*
jīnnián	今年	*dieses Jahr*
qiūtiān	秋天	*Herbst*
nǎxiē	哪些	Plural: *welche*
dìfang	地方	*Ort, Stelle, Gegend*
Shàoxīng	绍兴	Ort in der Provinz Zhejiang
ránhòu	然后	*dann, danach*
Dàlǐ	大理	Ort in der Provinz Yunnan
dà	大	*groß* ☯ **xiǎo** 小 *klein*
chéngshì	城市	*Stadt* ☯ **nóngcūn** 农村 *Land, Dorf*
xǐhuān	喜欢	*gerne haben; gerne (etwas tun), mögen*
yīnwèi	因为	*weil*
tài	太	*zu (sehr), allzu*
duō	多	*viel, viele* ☯ **shǎo** 少 *wenig, wenige*
chē	车	*Fahrzeug;* hier: *öffentliche Verkehrsmittel*
jǐ	挤	*voll, überfüllt* (z.B. bei Massenverkehrsmitteln) ☯ **kòng** 空 *leer*
suǒyǐ	所以	*deshalb*

Wichtige Sehenswürdigkeiten in der VR China

Běijīng (Peking) 北京

- Kaiserpalast: *Gùgōng* 故宫
- Himmelstempel: *Tiāntán* 天坛
- Sommerpalast: *Yíhéyuán* 颐和园
- Ming-Gräber: *Míng Shísān Líng* 明十三陵
- Nationalstadion («Vogelnest»): *Guójiā Tǐyùchǎng («niǎocháo»)* 国家体育场（鸟巢）

Shànghǎi 上海

Jinmao-Tower: *Jīnmào Dàshà* 金茂大厦

Bund: *Wàitān* 外滩

Jadebuddhatempel: *Yùfó Chánsì* 玉佛禅寺

Nánjīng (Nanking) 南京

Ming-Gräber: *Míngxiàolíng* 明孝陵

Purpurberge: *Zǐjīnshān* 紫金山

Hā'ěrbīn (Harbin) 哈尔滨

Eislaternenfest:
Bīngdēngjié 冰灯节

Hángzhōu 杭州

Westsee: *Xīhú* 西湖

Luòyáng 洛阳

Drachentor-Grotten: *Lóngmén Shíkū* 龙门石窟

Qūfù 曲阜

Konfuziustempel: *Kǒngmiào* 孔庙

Grab des Konfuzius: *Kǒngzǐmù* 孔子墓

Xī'ān 西安

Terrakottarmee: *Bīngmǎyǒng* 兵马俑

Große Wildganspagode:
Dàyàntǎ 大雁塔

Kleine Wildganspagode: *Xiǎoyàntǎ* 小雁塔

Lèshān 乐山

Statue des großen Buddha: 乐山大佛 *Lèshān Dàfó*

Lāsà (Lhasa) 拉萨

Potala-Palast: *Bùdálāgōng* 布达拉宫

Jokhang-Tempel: *Dàzhāosì* 大昭寺

Anmerkungen und grammatische Erklärungen

1. «**Wèishénme**» (warum, weshalb) kann in Fragesätzen auch am Satzanfang stehen.

Nǐ wèishénme bú qù? / Wèishénme nǐ bú qù? — *Warum gehst du nicht hin?*

2. Das Modalverb «**yào**» (wollen) kann den festen Willen zu einer Handlung oder zu einem Vorhaben ausdrücken. «Yào» folgt in diesem Fall ein weiteres Verb.

Verneint wird «yào» in der Regel nicht mit «bú yào», sondern mit «**bù xiǎng**».
Auch um ein Angebot höflich abzulehnen, verneint man mit «bù xiǎng».

Wǒ míngtiān **yào** qù Tiānjīn.	*Ich **will** morgen nach Tianjin fahren.*
Wǒ míngtiān **bù xiǎng** qù Tiānjīn.	*Ich **möchte** morgen **nicht** nach Tianjin fahren.*

(☞ Vergleichen Sie zu «yào» außerdem Lektion 7, Neue Wörter und Ausdrücke.)

3. Folgt dem Verb «**qù**» ein zweites Verb (oder eine Verb-Objekt-Konstruktion), gibt dieses (diese) die Absicht des Hauptverbs «qù» an, das die Bedeutung «gehen, **um** etwas **zu** tun» erhält.

Wǒ qù cānguān zhǎnlǎnhuì. — *Ich gehe (mir) die Ausstellung anschauen.*
(Wörtlich: *Ich gehe, **um** mir die Ausstellung anzuschauen.*)

Manchmal hat «qù» auch Präpositionscharakter:
Tā qù nánfāng lǚyóu. — *Er macht eine Reise **in** den Süden.*

4. Das Verb «**dǎsuàn**» (vorhaben) kann, auch in seiner verneinten Form, nie ohne ein zweites Verb stehen, das den Inhalt der durch «dǎsuàn» ausgedrückten Absicht angibt.

Nǐ dǎsuàn qù nánfāng lǚyóu? — Wǒ bù dǎsuàn qù.
Hast du vor, in den Süden zu reisen? — Das habe ich nicht vor.

5. Das Fragewort «**jǐ**» (wieviele) fragt nach einer vermuteten Anzahl zwischen eins und zehn.

Nach «jǐ» <u>muss</u> in der Regel ein Zählwort stehen (☞ Zu den Zählwörtern und ihrer Anwendung vergleiche den folgenden Punkt 6).

Vergleich mit «**duōshǎo**» (wieviel, -e):
Das Fragewort «duōshǎo» (☞ Lektion 3) kann auch nach einer beliebigen Anzahl oder nach einer vermuteten Anzahl über zehn fragen. Hieße die Frage in Dialog 1 also «Tāmen dǎsuàn zài zhèr dāi <u>duōshǎo</u> tiān?» (Benutzung des Fragewortes «duōshǎo» anstelle des Fragewortes «jǐ»), könnte der / die Fragestellende davon ausgehen, dass die Zeit des Aufenthaltes ziemlich lange ist. Nach «duōshǎo» ist kein Zählwort erforderlich.

Tāmen gōngsī yǒu **jǐ ge** fānyì?	*Wieviele Übersetzer gibt es in ihrer Firma?*
Tāmen gōngsī yǒu **duōshǎo** mìshū?	*Wieviele Sekretäre gibt es in ihrer Firma?*

Der China-Pavillon der Expo 2010

6. Das Zählwort «**ge**»

Steht ein Substantiv in Verbindung mit einer vorangehenden Zahl, einem Demonstrativpronomen oder den Fragewörtern «nă» und «jĭ», muss vor dem Substantiv ein Zählwort stehen. Das einfachste, auf Menschen und Dinge gleichermaßen anwendbare Zählwort ist «ge».

zhè	ge	tóngshì	*dieser*	*Kollege*
nà	ge	tóngshì	*jener*	*Kollege*
nă	ge	tóngshì?	*welcher*	*Kollege?*
yī	ge	péngyǒu	*eine*	*Freundin*
jĭ	ge	rén?	*wieviele Leute?*	

Zwischen Demonstrativpronomen und Zählwort kann eine Zahl geschoben werden:
zhè *sān* ge tóngshì — *diese drei Kollegen*

Neben «ge» gibt es noch eine große Zahl speziellerer Zählwörter, welche je nach Art und Beschaffenheit der Dinge für Substantive benutzt werden können. Die richtige Anwendung dieser Zählwörter macht einen guten Sprecher aus.

Kein Zählwort steht vor den beiden Zeitdauerangaben «Jahr» und «Tag». Oder als Eselsbrücke formuliert: «Nicht Jahr noch Tag ein Zählwort mag!»

Nĭ zài zhèr dāi jĭ tiān? — *Wieviele Tage bleibst du hier?*
Aber: Nĭ zài zhèr dāi jĭ ge yuè? — *Wieviele Monate bleibst du hier?*

7. «**Liǎng**» (zwei) wird in Verbindung mit Nomen verwendet und steht als einstellige Zahl vor Zählwörtern. «**Èr**» (zwei) wird dagegen beim Durchzählen oder als Ordnungszahl (der / die / das zweite) benutzt.

liǎng ge rén: *zwei Menschen*

Tā yǒu jǐ ge jiějie? — Liǎng ge.
Wieviele ältere Schwestern hat sie? — Zwei.

8. Zeitpunkt und Zeitdauer

Was die Zeitbestimmungen im Chinesischen betrifft, kann als einfache Regel gelten: Die Angabe eines *Zeitpunktes* steht vor dem Verb des Satzes:

Nǐ **shénme shíhou** qù nàr?	***Wann*** *gehst du dorthin?*
(Wǒ) **xīngqīliù** (qù nàr).	*(Ich gehe)* ***am Samstag*** *(dorthin).*

Die Angabe einer *Zeitdauer* steht dagegen hinter dem Verb:

Nǐ yào zài nàr gōngzuò **jǐ ge yuè**?	***Wieviele Monate*** *willst du dort arbeiten?*
(Wǒ yào zài nàr gōngzuò) **yī ge yuè**.	*(Ich arbeite dort)* ***einen Monat***.

9. «**Zuǒyòu**» steht nach einer Angabe der Zeit, der Zeitdauer oder nach einer Zahlenangabe. Es kann im Deutschen mit «gegen», «ungefähr» oder «etwa» übersetzt werden.
jiǔ diǎn bàn zuǒyòu: *gegen halb zehn Uhr*
wǔshí mǐ zuǒyòu: *etwa fünfzig Meter*

Vergleiche dagegen das Wort dàgài (☞ Lektion 5) in derselben Bedeutung: Es steht immer vor einer Angabe der Zeit / Zeitdauer oder einer Zahlenangabe.

10. Das Modalverb «**xiǎng**» (mögen) formuliert einen Wunsch oder drückt eine Absicht aus. Wie «dǎsuàn» steht «xiǎng» in Verbindung mit einem *zweiten* Verb, auch in seiner Verneinung.

Wǒ jīntiān bù xiǎng cānguān zhǎnlǎnhuì.
Heute möchte ich die Ausstellung nicht besichtigen.

11. Die Verben «**gàosù**» und «**shuō**»

Während nach «gàosù» (jm. etwas mitteilen, sagen) zunächst immer der Adressat der Mitteilung folgt, steht nach «shuō» nur der Inhalt des Gesagten.

Tā gàosù wǒ tā shuō Rìwén.	*Sie sagte / erzählte mir, sie spreche Japanisch.*
Tā shuō tā bù shuō Rìwén.	*Er sagt, dass er kein Japanisch spreche.*

Wortfelder

Industrie- und Wirtschaftsweige

gōngyè 工业
shāngyè *(Handel)* 商业
nóngyè *(Landwirtschaft)* 农业
wàimào *(Außenhandel)* 外贸

Himmelsrichtungen

dōng *(Ost-)* 东
nán *(Süd-)* 南
xī *(West-)* 西
běi *(Nord-)* 北

dōngfāng *(Osten)* 东方
nánfāng 南方
xīfāng *(Westen)* 西方
běifāng 北方

Jahreszeiten

chūn *(Frühlings-)* 春
xià *(Sommer-)* 夏
qiū *(Herbst-)* 秋
dōng *(Winter-)* 冬

chūntiān *(Frühling)* 春天
xiàtiān *(Sommer)* 夏天
qiūtiān 秋天
dōngtiān *(Winter)* 冬天

jīnnián chūntiān *(diesen Frühling)* 今年春天
míngnián dōngtiān *(nächsten Winter)* 明年冬天

Zeitdauerangaben

yī fēnzhōng 一分钟
yī kèzhōng *(Viertelstunde)* 一刻钟

sān kèzhōng *(Dreiviertelstunde)* 三刻钟
bàn xiǎoshí *(halbe Stunde)* 半小时

yī (ge) xiǎoshí *(Stunde)* 一(个)小时
yī ge bàn xiǎoshí *(anderthalb Stunden)* 一个半小时

yī tiān 一天
yī (ge) xīngqī 一(个)星期
yī ge yuè 一个月
yī nián 一年

Nicht Jahr noch Tag ein Zählwort mag! (Grammatische Erklärung ☞ Lektion 6)

Urlaub

xiūjià *(Urlaub machen)* 休假
fàngjià *(Ferien haben / machen)* 放假

qǐng jià *(Urlaub nehmen, frei nehmen)* 请假

lǚyóu 旅游
lǚxíngshè *(Reisebüro)* 旅行社

lǚyóu chéngshì *(touristisch attraktive Stadt; Touristenort)* 旅游城市

Stadt und Land

chéngshì 城市
xiǎo chéngshì *(Kleinstadt)* 小城市
dà chéngshì *(Großstadt)* 大城市

shǒudū *(Hauptstadt)* 首都
nóngcūn 农村

Übungen

1. Basisübung

a) Lassen Sie sich von einem Partner / einer Partnerin nach den folgenden Zeitdauerangaben fragen und geben Sie eine dazu passende Antwort:

Beispiel: A: Jǐ (ge) / Duōshǎo xiǎoshí? — B: Sān (ge) xiǎoshí.

Minuten — Stunden — Tage — Wochen — Monate — Jahre

b) Formulieren Sie nun Fragen nach der Anzahl mit Hilfe der nachfolgenden Wörter und lassen Sie sich dazu passende Antworten geben:

Beispiel: A: Jǐ ge / Duōshǎo chéngshì? — B: Liù ge chéngshì.

Freunde — Kolleginnen — Sekretäre — Dolmetscherinnen — Deutsche — Faxe — Nachmittage — Vormittage — Abende — Büros — Firmen — Städte — Orte — Ausstellungen — Universitäten — Telefone — — Faxgeräte — Adressen

2. Austauschübung

a) Sāngdé xiānsheng shénme shíhou dào?
Tā kěnéng hòutiān dào.

lái	míngtiān xiàwǔ
qù nàr	hòutiān wǎnshàng
qù Fǎguó	jīnnián xiàtiān
lái Zhōngguó	míngnián qiūtiān
qù cānguān	jīnnián shí'èr yuè
qù lǚyóu	míngnián dōngtiān

b) Tāmen dǎsuàn dāi jǐ tiān?
Tāmen dǎsuàn dāi liǎng tiān.

jǐ nián	... nián
jǐ (ge) xiǎoshí	... (ge) xiǎoshí
jǐ (ge) xīngqī	... (ge) xīngqī
jǐ ge yuè	... ge yuè
duōshǎo tiān	... tiān
duōshǎo fēnzhōng	... fēnzhōng

3. Frage-Antwort-Übung

Beantworten Sie als Sprecher B die Fragen von Sprecher A.

A: Tāmen jīntiān lái ma? — B: .... (nein)
A: Wàn xiānsheng shénme shíhou dào? — B: .... (vielleicht)
A: Shéi míngtiān lái zhèr? — B: Zǒngjīnglǐ ....
A: Nǐ míngtiān xiàwǔ yào qù nǎr? — B: ....
A: Nǐmen míngtiān xiān qù nǎr? — B: ....

A: Nǐmen dǎsuàn dāi jǐ tiān? B: .... (vier Tage)
A: Tāmen xiǎng qù nǎr lǚyóu? B: ....
A: Nǐ qù nǎr cānguān zhǎnlǎnhuì? B: ....
A: Tā gàosù nǐ shénme? B: ....
A: Tā shuō shénme? B: ....

A: Nǐ dǎsuàn xuéxí shénme? B: .... (Chinesisch)
A: Nǐmen shénme shíhou qù Zhōngguó gōngzuò? B: ....
A: Nǐ xǐhuān qù nǎr lǚyóu? B: ....
A: Nǐ wèishénme yào zài Zhōngguó dāi yī nián? B: ....

4. Satzumwandlungen

Verwandeln Sie die nachfolgenden Sätze in Fragesätze, wobei Sie jeweils die Fragepronomen ergänzen, die nach den unterstrichenen Satzteilen fragen. Geben Sie anschließend verneinende Antworten.

a) Tā hòutiān qù.
b) Tāmen yīqǐ qù Rìběn.
c) Tāmen dǎsuàn zài Lúndūn dāi qī tiān zuǒyòu.
d) Lǐ Gāng xiǎng jīnnián qiūtiān qù Bālí.
e) Wǒmen dǎsuàn cānguān gōngyè zhǎnlǎnhuì.
f) Wǒ hé wǒ tóngshì míngtiān cānguān zhǎnlǎnhuì.
g) Yī tiān yǒu èrshísì ge xiǎoshí.

a) Kèlè xiānsheng xiǎng xuéxí Hànyǔ.
b) Tā yào qù dà chéngshì gōngzuò.
c) Tā xǐhuān qiūtiān qù chéngshì lǚyóu.
d) Zhāng xiǎojiě hěn kěnéng míngtiān bù lái.
e) Bào'ěr xiānsheng hěn xǐhuān Běijīng.
f) Wǒ bù xǐhuān qù lǚyóu chéngshì.
g) Tā yào xuéxí sān ge xiǎoshí Hànyǔ.

5. Wie sagt man's auf Chinesisch?

a) Herr Wan kommt wahrscheinlich morgen.
b) Sie sagt, sie reist nicht gerne.
c) Ich habe ihm gesagt, dass es in Shanghai zu viele Menschen gibt und die öffentlichen Verkehrsmittel zu überfüllt sind.
d) Sie möchte zuerst nach Peking fahren und dann nach Tianjin.
e) Sie wollen nicht nach Tianjin, sondern sie wollen nach Qingdao fahren.
f) Wir gehen uns zusammen die Ausstellung anschauen.
g) Weshalb sucht er Li Gang nicht?
h) Weil Li Gang in letzter Zeit nicht in der Firma ist.
i) Weil er jetzt nicht im Büro ist, suche ich Zhang Gang.

a) Ein Jahr hat 365 Tage, ein Tag hat 24 Stunden.
b) Frau Klee möchte sehr gern Chinesisch lernen.
c) Wir alle reisen sehr gerne.
d) Er will zuerst Chinesisch und dann Japanisch lernen.

e) Zu diesen Orten möchte sie nicht besonders gern fahren.
f) Manager Schumann trifft heute Nachmittag ein. Herr Sand kommt wahrscheinlich übermorgen, weil er erst eine Ausstellung besuchen gehen will. Sie haben vor, hier etwa eine Woche zu bleiben.

6. Gelenkter Dialog

Übernehmen Sie die Rolle von A oder B (oder C) und führen Sie anhand der nachfolgenden Vorgaben einen Dialog mit einem Partner oder einer Partnerin.

A möchte wissen, wie spät es ist. — **B** sagt ihm, dass es 18 Uhr ist. — **A** fragt, wann Liu Jian ankommt. — **B** schätzt, ungefähr um 19 Uhr. — **A** erkundigt sich, ob Lius Freundin auch mitkommen wird. — **B** meint, dass sie nicht an diesem, sondern wahrscheinlich am folgenden Tag kommt. — **A** möchte den Grund dafür wissen. — **B** sagt, sie hätte mitbekommen, dass Lius Freundin gerade in Kanton sei. — **A** fällt plötzlich ein, dass sie dort zur Zeit einige Betriebe besichtigt.

A erkundigt sich bei B (seinem Freund) nach den Orten, die sie (er und seine Frau) im Sommer bereisen wollen. — **B** nennt ihm die Orte Qingdao und Beidaihe. — **A** will wissen, ob sie diese beiden Orte denn mögen. — **B** meint, ein Freund sei der Ansicht (gewesen), es wären Orte, an die man im Sommer fahren sollte. — **A** sagt, er habe gehört, diese Orte seien Touristenorte. — **B** stimmt zu: Es gäbe sommers viele Menschen dort. — **A** fragt, ob sie (auch) nach Dalian fahren. — **B** verneint. — **A** will den Grund wissen. — **B** gibt (mit einer konkreten Zeitdauer!) die knappe Zeit als Grund an.

Versuchen Sie, das Gespräch selbstständig fortzuführen, indem zum Beispiel B von seinen Plänen für die Urlaubsgestaltung im nächsten Jahr erzählt und A ein bis zwei einfache Fragen dazu stellt.

7. Frage, Antwort und Nacherzählung

Suchen Sie ein Foto oder eine lustige Werbeanzeige aus einer Zeitung bzw. Zeitschrift heraus, worauf eine Person abgebildet ist. Stellen Sie dann einem Partner bzw. einer Partnerin beliebige Fragen zu dieser Person. Beziehen Sie dabei nach Möglichkeit auch einige Fragen aus Lektion 2 bis 5 mit ein und benutzen Sie nach Möglichkeit folgende Fragewörter:

wer — wen — was — was für ein / eine — wessen — wo — wohin — wann — bei wem — warum — welche (nǎxiē) — wieviele (jǐ / duōshǎo)

Nachdem alle Fragen beantwortet worden sind, fassen Sie selbst das Gesagte noch einmal zusammen.

Lektion 7: Verkehr und Verkehrsmittel

北京地铁
Beijing Subway

Zielsätze

1. Nǐ zuò dìtiě qù háishì kāi chē qù?
   你 坐 地铁 去 还是 开 车 去。
   Nimmst du die U-Bahn oder fährst du mit dem Auto?
2. Zuò dìtiě yào duō jiǔ?
   坐 地铁 要 多 久?
   Wie lange braucht man mit der U-Bahn?
3. Cóng Běijīng dào Shànghǎi yào liǎng (ge) xiǎoshí.
   从 北京 到 上海 要 两 (个) 小时。
   Von Peking nach Shanghai braucht man zwei Stunden.
4. Wǒ xiàwǔ kěyǐ huílái.
   我 下午 可以 回来。
   Ich kann am Nachmittag zurückkommen / zurück sein.
5. Qù huǒchēzhàn zěnme zǒu?
   去 火车站 怎么 走?
   Wie kommt man zum Bahnhof?
6. Chēzhàn jiù zài nàr.
   车站 就 在 那儿。
   Die Haltestelle ist genau dort.
7. Yī lù chēzhàn lí zhèr duō yuǎn?
   1 路 车站 离这儿多 远?
   Wie weit ist die Haltstelle der Linie 1 von hier weg?

Dialog 1

Herr Rohde (A) plant für den kommenden Tag einen Besuch bei der Firma Pazifik und fragt einen ortskundigen Kollegen (B):

A: Tàipíngyáng gōngsī zài nǎ ge fāngxiàng?
太平洋 公司 在 哪 个 方向?
In welcher Richtung liegt die Firma Pazifik?

B: Zài Dōngfāng Jīchǎng fùjìn.
在 东方 机场 附近。
In der Nähe vom Ost-Flughafen.

Nǐ zěnme qù? Zuò dìtiě háishì kāi chē qù?
你 怎么 去? 坐 地铁 还是 开 车 去?
Wie kommst du hin? Nimmst du die U-Bahn oder fährst du mit dem Auto?

A: Zuò dìtiě yào duō jiǔ?
坐 地铁 要 多 久?
Wie lange braucht man mit der U-Bahn?

B: Cóng nǐ nàr dào Dōngfāng Jīchǎng dàgài yào èrshí fēnzhōng.
从你那儿到东方机场大概要二十分钟。

Von dir zum Ost-Flughafen braucht man ungefähr zwanzig Minuten.

A: Nàme wǒ zuò dìtiě qù.
那么我坐地铁去。

Dann nehme ich die U-Bahn.

B: Āi, nǐ shénme shíhou huí bàngōngshì?
哎, 你什么时候回办公室?

Ach, wann kommst du ins Büro zurück?

A: Wǒ xiǎng wǒ xiàwǔ kěyǐ huílái.
我想我下午可以回来。
Yǒu shénme shì ma?
有什么事吗?

Ich denke, ich kann am Nachmittag zurück sein.
Was gibt es (denn)?

B: Míngtiān xiàwǔ liǎng diǎn yǒu ge huìyì.
明天下午两点有个会议。

Morgen Nachmittag um zwei ist Sitzung.

Dialog 2

Frau Klee (A) fragt auf der Straße eine Passantin (B) nach dem Weg:

A: Qǐngwèn, qù huǒchēzhàn zěnme zǒu?
请问, 去火车站怎么走?

Eine Frage bitte: Wie komme ich zum Bahnhof?

B: Huǒchēzhàn lí zhèr hěn yuǎn. Nǐ xiān zuò Yī lù diànchē dào Wǔyī Lù xià chē, ...
火车站离这儿很远。你先坐1路电车到五一路下车,
āi, nǐ wèishénme bù dǎdī qù?
哎,你为什么不打的去?
Dǎdī bǐjiào fāngbiàn.
打的比较方便。

Der Bahnhof liegt weit weg von hier. Fahren Sie zuerst mit dem Trolleybus der Linie 1 in die Wuyi-Straße. (Dort) steigen Sie aus und ...
ach, warum nehmen Sie (denn) kein Taxi?
Mit dem Taxi ist es bequemer.

A: Duì, wǒ kěyǐ dǎdī qù
对, 我可以打的去。

Stimmt, ich könnte ein Taxi nehmen.
(A hält auf der Straße ein Taxi an.)

A: Nǐ hǎo, qù Běijīng Dōnglù (de) Nánfāng Jiǔdiàn. ...
你好, 去北京东路(的)南方酒店。...

Guten Tag, ich will zum Hotel Nanfang in die Beijing-Straße Ost ...

(Nach einer Fahrt von etwa 20 Minuten hält der Taxifahrer (C) seinen Wagen am Straßenrand)

C: Hǎo, ... jiǔdiàn dào le.
好, ... 酒店到了。

O.K., ... Hier sind wir am Hotel.

A: Bú duì, hái méiyǒu dào. Wǎng zuǒ guǎi, wǎng qián kāi, ... zài wǎng qián kāi ..., duì, jiù zài hónglǜdēng nàr, … tíng, tíng zhèr.
不对, 还没有到。往左拐, 往前开, ... 再往前开..., 对, 就在红绿灯那儿, ... 停, 停这儿。

Falsch, da sind wir noch nicht, (Sie müssen) nach links abbiegen, geradeaus, ... weiter geradeaus ... Ja, genau an der Ampel dort, ... halt, halten Sie hier.

Neue Wörter und Ausdrücke

Tàipíngyáng gōngsī	太平洋公司	*Firma Pazifik*
Tàipíngyáng	太平洋	*Pazifik*; hier: Eigenname
nǎ	哪	*welche, -r,-s*
fāngxiàng	方向	*Richtung*
Dōngfāng Jīchǎng	东方机场	Eigenname: *Ost-Flughafen*
dōngfāng	东方	*Osten* ☯ **xīfāng** 西方 *Westen*
jīchǎng	机场	*Flughafen*
fùjìn	附近	*in der Nähe (von)*
zěnme	怎么	*wie, auf welche Weise*
zuò	坐	*ein Verkehrsmittel benutzen* (☞ Lektion 10)
zuò ... qù	坐 ... 去	*mit ... fahren*
dìtiě	地铁	*U-Bahn*
kāi chē	开车	*Auto fahren*
kāi	开	*(selbst) fahren* (☞ Lektion 8)
yào	要	*brauchen, benötigen*
jiǔ	久	*lange*
cóng ... dào	从 ... 到	*von ... bis; von ... nach* (zeitlich und räumlich)
dào	到	*bis, bis zu*
fēnzhōng	分钟	*Minute*
nà(me)	那(么)	*also dann, dann... eben, in diesem Fall*
āi	哎	Ausdruck des plötzlichen Erinnerns: *ach (ja)*
huí	回	*zurückkommen, -gehen, -fahren*
xiǎng	想	*denken, denken an*
kěyǐ	可以	*können, möglich sein* (☞ Lektion 14)
huílái	回来	*zurückkommen* ☯ **huíqù** 回去 *zurückgehen*
Yǒu shénme shì?	有什么事?	*Was gibt es denn? Was ist los?*
shì / shìqing	事 / 事情	*Sache, Angelegenheit*
huìyì	会议	*Versammlung, Konferenz, Sitzung*

huǒchēzhàn	火车站	*Bahnhof*
zǒu	走	*(zu Fuß) gehen, laufen* (☞ Lektion 8)
lí	离	*entfernt sein von*
lù	路	*(Bahn-, Bus-) Linie*
diànchē	电车	*Trolleybus, Straßenbahn*
xià chē	下车	*aussteigen* ☯ **shàng chē** 上车 *einsteigen*
dǎdī	打的	*ein Taxi nehmen*
bǐjiào	比较	Adverb zur Bildung des Komparativs: *ziemlich, relativ*
fāngbiàn	方便	*bequem, günstig*
Běijīng Dōnglù	北京东路	Eigenname: *Beijing-Straße Ost*
jiǔdiàn	酒店	*Hotel*
dào le	到了	*da sein, angekommen sein* ☯ **méiyǒu dào** 没有到 *(noch) nicht da sein*
Wǎng zuǒ guǎi.	往左拐。	*Biegen Sie nach links ab.*
wǎng	往	*in Richtung, nach*

➤➤➤

Ein mobiler Zweirad-Reparaturstand

Wǎng qián kāi.	往前开。	*Fahren Sie geradeaus.*
zài	再	*noch (mal), wieder*
jiù	就	*eben, genau, gerade*
hónglǜdēng	红绿灯	*Ampel*
hóng	红	*rot*
lǜ	绿	*grün*
dēng	灯	*Lampe, Leuchte*
tíng	停	*halten, stoppen*

Anmerkungen und grammatische Erklärungen

1. Das Fragewort «**nǎ**» (welche, -r, -s) fragt nach Personen oder Dingen. «Nǎ» steht oft zusammen mit einem Zählwort oder einem Zählwort und einer Mengenbezeichnung. Der Plural von «nǎ» ist «nǎxiē» (☞ Lektion 6). Hinter «**nǎxiē**» folgt kein Zählwort.

Nǐ xiǎng qù **nǎ** ge chéngshì?	*In **welche** Stadt möchtest du fahren?*
Nǐ xiǎng qù **nǎ jǐ** ge chéngshì?	*In **welche** Städte möchtest du fahren?*
Nǐ xiǎng qù **nǎxiē** chéngshì?	

2. Das Verb «**zuò**» (eigentlich: «sitzen») kann das Hauptverb eines Satzes mit der Bedeutung «fahren mit...», «(ein Verkehrsmittel) nehmen, benutzen» sein.

Wǒ bú zuò huǒchē, wǒ zuò fēijī.
Ich fahre nicht mit dem Zug, (sondern) ich nehme das Flugzeug.

Es kann aber auch in präpositionsähnlicher Funktion in Verbindung mit nachgestellten Verben der Bewegung wie «qù» oder «lái» stehen. Im Deutschen wird es dann einfach mit dem Wort «mit» wiedergegeben. Zwischen «zuò» und dem Bewegungsverb steht immer ein Verkehrsmittel.

Tā **zuò** qìchē **qù** Nánjīng Lù. — *Sie **fuhr mit** dem Bus in die Nanjing-Straße.*

3. Die Konjunktion «**nà(me)**» (also, in diesem Fall) schließt an einen vorangegangenen Kontext an und führt diesen weiter, etwa mit einer Schlussfolgerung oder einer Entscheidung. «Nà(me)» steht am Satzanfang.

Wǒ péngyǒu gàosù wǒ tā bú qù. — Nàme wǒ yě bú qù.
Mein Freund sagte mir, dass er nicht hingeht. — *Dann gehe ich auch nicht hin.*

4. Das Verb «**huí**» drückt die Rückkehr zu einem (ursprünglichen Aufenthalts-) Ort aus.

Es wird nie isoliert sondern immer in Verbindung mit einer Ortsangabe oder mit den Zusätzen «lái» und «qù» verwendet.

Tā míngtiān huí gōngchǎng.	*Er geht morgen in die Fabrik zurück.*
Tā jīntiān huí lái / qù.	*Er kommt / geht heute zurück.*
Tā míngtiān huí jiā.	*Er kommt morgen nach Hause (zurück).*
Tā jīntiān huí guó.	*Er kehrt heute in sein Heimatland zurück.*

5. Das Modalverb «**kěyǐ**» (können, möglich sein) drückt eine (von Umständen abhängige) Möglichkeit aus. Verneint wird «kěyǐ» mit «**bù néng**» (☞ Lektion 10).

Nǐ kěyǐ zuò fēijī qù Shànghǎi.	*Du kannst mit dem Flugzeug nach Shanghai fliegen.*
Nǐ bù néng zuò fēijī qù Shànghǎi.	*Du kannst nicht mit dem Flugzeug nach Shanghai fliegen.*
Tā xiàwǔ kěyǐ huílái.	*Er kann nachmittags zurückkommen.*
Tā xiàwǔ bù néng huílái.	*Er kann nachmittags nicht zurückkommen.*

6. Das Verb «**lí**» (entfernt von ... sein) steht immer zwischen zwei Ortsangaben; nach der zweiten Ortsangabe folgt unmittelbar die Entfernungsangabe bzw. die Angabe, dass zwischen beiden Orten eine / keine weite Strecke liegt.

Auf eine Formel gebracht:

A **lí** B yuǎn ma? / A **lí** B hěn yuǎn. / A **lí** B (bù) yuǎn.

Tā jiā **lí** zhèr hěn jìn.	*Seine Wohnung ist in der Nähe* ***von*** *hier.*
Hángzhōu **lí** Shànghǎi bù yuǎn.	*Hangzhou ist nicht weit* ***von*** *Shanghai entfernt.*

Statt einer Entfernungsangabe kann auch die Frage nach der genauen Entfernung zu diesem Ort stehen:

A lí B duō yuǎn? — A lí B èrbǎi mǐ.

7. Der Präposition «**wǎng**» (nach, in Richtung) folgt eine Bewegungsrichtung. Das dazugehörige Bewegungsverb folgt meistens nach der Ortsangabe.

wǎng qián zǒu: *nach vorne / geradeaus gehen*

8. Das Adverb «**jiù**» (eben gerade, genau, nämlich) bestätigt oder konkretisiert einen zuvor genannten Sachverhalt. Es steht vor Verben.

Nà ge gōngchéngshī jiù shì wǒ gēge. — *Eben jener Ingenieur ist mein älterer Bruder.*
Chēzhàn jiù zài zhèr. — *Die Haltestelle ist genau hier.*

9. Das Adverb «**bǐjiào**» steht vor Adjektiven und kann je nach Zusammenhang entweder einen Komparativ bilden (a) oder die Bedeutung «ziemlich, relativ» annehmen (b).

a) Tā de Yīngyǔ bú tài hǎo. Tā de Déyǔ bǐjiào hǎo.
Sein Englisch ist nicht besonders gut. Sein Deutsch ist besser.

b) Tā de Hànyǔ bǐjiào hǎo. — *Ihr Chinesisch ist ziemlich gut.*

Wortfelder

Verkehr

zuò *(fahren;* wörtlich: *sitzen)*: 坐	fēijī *(Flugzeug)* 飞机	diànchē 电车	huǒchē *(Zug)* 火车
	qìchē 汽车	dìtiě 地铁	chuán *(Schiff)* 船
kāi *(fahren)*: 开	xiǎoqìchē *(Auto)* 小汽车	chē *(Auto)* 车	
qí *(fahren;* wörtlich: *reiten)*: 骑	zìxíngchē *(Fahrrad)* 自行车	mótuōchē *(Motorrad)* 摩托车	
dīshì / chūzūchē *(Taxi)* 的士 / 出租车	sījī *(Fahrer)* 司机	dǎdī 打的	

jīchǎng 机场 — guójì jīchǎng *(internationaler F.)* 国际机场 — guónèi jīchǎng *(Binnenflughafen)* 国内机场

chēzhàn 车站 — huǒchēzhàn 火车站 — dìtiězhàn *(U-Bahn-Station)* 地铁站

zhàntái *(Gleis, Bahnsteig)* 站台 — mǎtóu *(Kai, Anlegeplatz)* 码头

shàng chē 上车 — xià chē 下车 — huàn chē 换车

Wegrichtungen

wǎng qián zǒu 往前走 — wǎng qián kāi 往前开

wǎng yòu guǎi *(nach rechts abbiegen)* 往右拐 — wǎng zuǒ guǎi *(nach links abbiegen)* 往左拐

wǎng dōng / nán / xī / běi zǒu *(nach Osten / Süden / Westen / Norden gehen)*
往东 / 南 / 西 / 北走

Orientierungspunkte

gāo lóu 高楼 — hónglǜdēng 红绿灯 — lùkǒu *(Kreuzung)* 路口

tiānqiáo *(Überführung)* 天桥 — dìxià tōngdào *(Unterführung)* 地下通道

Konferenzen

huìyìshì *(Konferenz- / Besprechungsraum)*
会议室

kāi huì *(an einer Sitzung teilnehmen)*
开会

tánhuà *(Besprechung; eine Besprechung haben)*
谈话

Übungen

1. Basisübung

a) Lassen Sie sich von einem Partner / einer Partnerin nach den folgenden Verkehrsmitteln fragen. Der / die Fragestellende verneint danach den entsprechenden Satz.

Beispiel: A: Nǐ zěnme qù? — B: Wǒ zuò huǒchē qù. — A: Wǒ bú zuò huǒchē qù.

Flugzeug — Bus — Trolley — Taxi — U-Bahn — Schiff

b) Lassen Sie sich nun von einem Partner / einer Partnerin nach den folgenden Ortsangaben bzw. Zeitangaben fragen:

Beispiel: A: Cóng nǎr dào nǎr? — B: Cóng wǒ jiā dào nǐ jiā.

Büro ⇨ Werkhalle; Firma ⇨ Haltestelle; Shanghai ⇨ Nanjing; China ⇨ Deutschland; dir ⇨ ihr; Süden ⇨ Norden; Heidelberg ⇨ Hamburg; Paris ⇨ London; meine Wohnung ⇨ Supermarkt

Beispiel: A: Cóng shénme shíhou dào shénme shíhou? — B: Cóng yī diǎn dào sān diǎn.

halb neun ⇨ halb elf; Mittag ⇨ Abend; Ersten ⇨ Siebzehnten; Zweiten ⇨ Zwanzigsten; Mittwoch ⇨ Sonntag; diesem Montag ⇨ nächstem Montag; Juni ⇨ Oktober; Oktober dieses Jahres ⇨ Januar nächsten Jahres; 2009 ⇨ 2011

2. Austauschübung

a) Zuò dìtiě yào duō jiǔ?
Dàgài / kěnéng yào èrshí fēnzhōng.

zuò diànchē	bàn ge xiǎoshí
zuò huǒchē	yī kèzhōng
dǎdī	sān kèzhōng
qí zìxíngchē	yī ge bàn xiǎoshí
zǒu (qù)	sìshí fēnzhōng
zuò chē qù tā nàr	yī kèzhōng

b) Cóng wǒ jiā dào nǐ jiā yào duō jiǔ?
Yào bàn ge xiǎoshí.

Nǐ nàr	wǒ zhèr	shí fēnzhōng
wǒmen gōngsī	chāoshì	èrshí fēnzhōng
Xī'ān	Guǎngzhōu	sān ge xiǎoshí
Chóngqìng	Fǎlánkèfú	shísì ge xiǎoshí

c) Wáng chǎngzhǎng shénme shíhou huí lái?
Dàgài / kěnéng míngtiān.

qù	jiǔ yuè
bàngōngshì	xiàwǔ sì diǎn
jiā	míngnián yī yuè
guó	hòutiān
gōngsī	xià (ge) xīngqī
Rìběn	xià ge yuè

d) Dōngfāng gōngsī lí zhèr duō yuǎn?
Dàgài sān gōnglǐ.

nǐ jiā	chāoshì	jiù zài fùjìn
zhèr	1 lù chēzhàn	bù yuǎn
Pǔdōng	zhèr	wǔ gōnglǐ
nǐmen gōngsī	huǒchēzhàn	bú tài yuǎn
nǐ zhèr	tā jiā	zuò chē yào shí fēnzhōng
jīchǎng	zhèr	zuò dìtiě yào bàn ge xiǎoshí

e) Zài nǎr shàng chē?
Zài Wǔyī Lù shàng chē.

xià chē	Tiān'ānmén Guǎngchǎng
huàn chē	Rénmín Guǎngchǎng
zuò dìtiě	Sìchuān Lù
huàn fēijī	Xiānggǎng

3. Frage-Antwort-Übung

Ergänzen Sie die entsprechende Frage zur gegebenen Antwort, bzw. die entsprechende Antwort zur gegebenen Frage.

A: ....? B: Wǒ xià ge yuè qù Xiānggǎng.
A: Nǐ zěnme qù? B: Wǒ xiǎng zuò fēijī qù.

C: Qǐngwèn, ...? D: Wǎng nán zǒu.
C: ....? D: Bú tài yuǎn, dàgài zǒu wǔ fēnzhōng.

E: Qǐngwèn, dào huǒchēzhàn zuò shénme chē? F: ....
E: 1 lù chēzhàn zài nǎr? F: ....
E: Fùjìn yǒu mei yǒu dìtiězhàn? F: ....

A: ....? B: Yǒu, wǎng yòu guǎi, jiù shì dìtiězhàn.

C: Āi, nǐ jīntiān shénme shíhou huí jiā? D: .... (Und du?)
C: Wǒ yě dǎsuàn wǔ diǎn huí jiā. D: .... (Dann fahren wir zusammen.)
C: Wǒ jīntiān kāi chē huí jiā. D: ....

4. Wie sagt man's auf Chinesisch?

a) Wie fährst du zu ihm nach Hause? Mit dem Bus oder mit der U-Bahn? — Ich möchte zu Fuß hingehen.
b) Wann kommst du zurück? — Heute komme ich nicht (mehr) zurück. Wahrscheinlich komme ich morgen zurück.
c) Mit welchem Bus fährt man zum Bahnhof? — Sie können die Buslinie 3 nehmen.
d) Welche Linie nimmt man zum Bahnhof? — Sie können mit der U-Bahn fahren.
e) In der Wuyi-Straße angekommen, steigen (Sie) aus und steigen in die Buslinie 94 um.
f) Wo ist der Bahnhof? — In der Nähe von diesem hohen Gebäude dort.
g) Fährst du heute nach Hause zurück? — Nein.
h) Wie ich gehört habe, willst du dieses Jahr im August in dein Heimatland zurückkehren. — Richtig.
i) Wie lange braucht man mit dem Taxi zu ihm nach Hause? — Ungefähr eine Dreiviertelstunde.

Stadtautobahn in Shanghai

j) Ist sein Haus weit entfernt von hier? — Ja, es ist ziemlich weit. — Wie weit? — Circa fünf Kilometer.

a) Wann fährst du in dein Heimatland zurück? — Ich weiß noch nicht. Wahrscheinlich nächstes Jahr im Frühling.
b) Die U-Bahn-Station ist genau da vorne an der Kreuzung.
c) Biegen Sie rechts ab, genau (dort) ist die Haltestelle der Linie 1.
d) Gehen Sie hundert Meter und biegen Sie rechts ab, genau (dort) ist die U-Bahn-Station.
e) Ich nehme nicht das Flugzeug und auch nicht den Zug. Ich fahre mit dem Schiff.
f) Wieviele Stunden braucht man mit dem Flugzeug von Berlin nach Peking? — Circa zehn Stunden.
g) Herr Bauer fährt mit der U-Bahn zur Firma Pazifik. Von ihm zu Hause zu dieser Firma braucht man ungefähr eine halbe Stunde. Er kann nachmittags um drei ins Büro zurückfahren.

5. Gelenkter Dialog

Übernehmen Sie die Rolle von A oder B (oder C) und führen Sie anhand der nachfolgenden Vorgaben einen Dialog mit einem Partner oder einer Partnerin.

(1) **A** erkundigt sich bei B, wann er X besuchen geht. — **B** hat vor, am Sonntag hinzugehen und fragt A, ob sie hingeht. — **A** bejaht. — **B** will wissen, wie beide hinkommen sollen. — **A** macht den Vorschlag, dass sie erst zu B kommt und sie dann gemeinsam hinfahren. — **B** fragt, welches von zwei (vorgeschlagenen) Verkehrsmitteln sie benutzen sollen. — **A** meint, dass am Sonntag beide Verkehrsmittel sehr voll sind. — **B** schlägt vor, ein Taxi zu nehmen. — **A** ist einverstanden und nennt einen Vorzug des Taxis.

(2) **A** fragt auf der Straße einen Passanten (B), ob es in der näheren Umgebung eine Trolley-Linie X gibt. — **B** verneint und fragt zurück, wohin A denn will. — **A** nennt einen Ort. —

B schlägt ein Verkehrsmittel vor. — **A** erkundigt sich, ob die Haltestelle weit weg ist. — **B** meint nein und macht A auf einen Orientierungspunkt vor ihnen aufmerksam. — **A** signalisiert, dass er diesen sieht. — **B** erklärt, dass A dort nach links abbiegen muss und eben dort die Haltestelle sei.

✌ **A** erzählt B, er habe gehört, dass sie am Sonntag nach X gehen wolle. — **B** bestätigt und nennt die Absicht ihrer Reise. — **A** fragt nach der Rückkunftszeit. — **B** nennt ihm einen anderen Wochentag. Sie will ihrerseits von A wissen, wann dieser in sein – europäisches – (Heimat)land zurückfährt. — **A** ist noch nicht sicher, gibt aber einen ungefähren Zeitpunkt an. — **B** stellt die Frage, ob auch Herr Klee dorthin zurückfährt.

Versuchen Sie, das Gespräch selbstständig fortzuführen.

6. Frage, Antwort und Nacherzählung

Suchen Sie ein Foto oder eine lustige Werbeanzeige aus einer Zeitung bzw. Zeitschrift heraus, worauf eine Person abgebildet ist. Stellen Sie dann einem Partner bzw. einer Partnerin beliebige Fragen zu dieser Person. Beziehen Sie auch einige Fragen aus Lektion 2 bis 6 mit ein und benutzen Sie nach Möglichkeit folgende Fragewörter:

wer — wen — bei wem — wann — warum — was — was für ein / eine — welche — wessen — wie (Art und Weise) — wie lange — wie viele — wie weit — wo — wohin

Nachdem alle Fragen beantwortet worden sind, fassen Sie selbst das Gesagte noch einmal zusammen.

Lektion 8: Beim Einkauf

Zielsätze

1. Wǒ xiǎng qù chāoshì mǎi dōngxi.
   我 想 去 超市 买 东西。
   Ich möchte ein paar Sachen im Supermarkt einkaufen.
2. 8 G de yōupán duōshǎo qián yī ge?
   8 G 的 优盘 多少 钱 一 个?
   Wieviel kostet ein USB-Stick mit 8 GB?
3. Hěn bàoqiàn, wǒ méiyǒu zhè zhǒng
   很 抱歉, 我 没有 这 种
   chǔcúnkǎ.
   储存卡。
   Tut mir leid, diese Art Speicherkarte habe ich nicht.
4. Nǐ kěyǐ qù biéde dìfang wènwen.
   你可以去 别的 地方 问问。
   Fragen Sie (doch) woanders (nochmal) nach.
5. Zhèxiē yīgòng duōshǎo qián?
   这些 一共 多少 钱?
   Wieviel macht das zusammen?
6. Hái yào liǎng ge zhè zhǒng diànchí.
   还 要 两 个 这 种 电池。
   Ich brauche noch zwei von diesen Batterien.

Dialog 1

Frau Sand (A) schaut sich in der Multimediaabteilung eines Kaufhauses um, als eine Verkäuferin (B) sie anspricht:

B: Nín hǎo, nín yào mǎi shénme?
您 好, 您 要 买 什么?
Guten Tag. Sie wünschen?

A: Wǒ xiān kànkan, DVD duōshǎo qián yī pán?
我 先 看看, DVD 多少 钱 一 盘?
Ich schau erst mal. Was kosten diese DVDs pro Stück?

B: Sìshíwǔ kuài yī pán.
四十五 块 一 盘。
Eine kostet 45 Kuai.

A: Wǒ yào zhè sì pán.
我 要 这 四 盘。
Ich nehme diese vier Stück.

B: Hái yào biéde ma?
还 要 别的 吗？

Möchten Sie sonst noch etwas?

A: Hái yào yī zhāng shǒujī chōngzhíkǎ, liǎng ge
还 要 一 张 手机 充值卡， 两 个
zhè zhǒng diànchí.
这 种 电池。

Ich möchte noch eine wiederaufladbare Handykarte und zwei von diesen Batterien.
(Sie zeigt der Verkäuferin ein mitgebrachtes Muster.)

B: Hěn bàoqiàn, wǒmen zhèr méiyǒu zhè zhǒng
很 抱歉， 我们 这儿 没有 这 种
diànchí. Nín kěyǐ qù biéde shāngdiàn wènwen.
电池。 您 可以 去 别的 商店 问问。

Tut mir leid, diese Sorte Batterien haben wir nicht. Fragen Sie (doch) woanders (noch mal) nach.

A: Hǎo, zhèxiē yīgòng duōshǎo qián?
好， 这些 一共 多少 钱？

Gut. Wieviel macht das zusammen?

B: Yīgòng èrbǎi bāshí kuài bā (máo).
一共 二百 八十 块 八 (毛)。

Das macht zusammen 280 Kuai 80.

A: Zhè shì sānbǎi kuài. Qǐng kāi yī zhāng fāpiào.
这 是 三百 块。 请 开 一 张 发票。

Hier sind 300 Kuai. Bitte stellen Sie mir eine Quittung aus.

B: Zhǎo nín shíjiǔ kuài èr (máo), qǐng diǎn yīxià.
找 您 十九 块 二 (毛)， 请 点 一下。

Und 19 Kuai 20 zurück. Bitte zählen Sie´s nach.

Dialog 2

Herr Klee (A) schlendert mit einem deutschen Bekannten (C) durch einen Nachtmarkt. Schließlich bleiben sie vor dem Stand eines Straßenhändlers (B) stehen:

A: Zhèxiē sīchóu lǐngdài dǎzhé ma?
这些 丝绸 领带 打折 吗？

Sind diese Seidenkrawatten herabgesetzt?

B: Dǎ bā zhé, tèjià, yībǎi qīshí kuài yī tiáo,
打 八 折， 特价， 一百 七十 块 一 条，
fēicháng piányì! Nǐ xǐhuān shénme yánsè?
非常 便宜！ 你 喜欢 什么 颜色？

20% billiger, Sonderpreis. Eine kostet 170 Kuai, supergünstig! Welche Farbe gefällt Ihnen?

C: Yībǎi qī? Tài guì le, wǔshí kuài yī tiáo
一百 七？ 太 贵 了， 五十 块 一 条
zěnmeyàng?
怎么样？

170 Kuai? Zu teuer! Wie wäre es mit 50 Kuai?

B: Wǔshí kuài yī tiáo?! Bú mài!
五十 块 一 条?! 不 卖！

50 Kuai für eine? Nein, (dafür) verkaufe ich (sie) nicht!

A: Shàngmiàn nà jiàn shēnlán de chènshān búcuò,
上面 那 件 深蓝 的 衬衫 不错，
Qǐng gěi wǒ kànkan. Wǒ shìshi, hǎo ma?
请 给 我 看看。 我 试试， 好 吗？

Dieses dunkelblaue Hemd da oben sieht nicht schlecht aus, zeigen Sie mir es mal. Ich probiere es kurz an, ok?

C: Búcuò, tǐng héshì de, dǎ jǐ zhé?
不错， 挺 合适 的， 打 几 折？

Nicht übel, es steht dir prima. Wie viel Prozent Nachlass geben Sie?

B: Wǔ zhé, yī jiàn wǔshí kuài, liǎng jiàn bāshíwǔ.
五 折， 一 件 五十 块， 两 件 八十五。

50 Prozent, jedes Teil 50 Kuai, aber 85 für beide.

Hier werden gefüllte Klößchen aus Reismehl verkauft.
In China werden die Lebensmittelpreise gewöhnlicherweise nach "jīn" (Pfund) statt nach "gōngjīn" (Kilo) angegeben.

C: Yě bù piányi, suàn le, wǒmen zǒu ba.
也不便宜，算了，我们走吧。

Das ist auch nicht billig. Lassen Sie es gut sein. Gehen wir.

B: Zhèxiē lǎowài!
这些老外！

(Zu sich selbst:) *Diese Ausländer!*

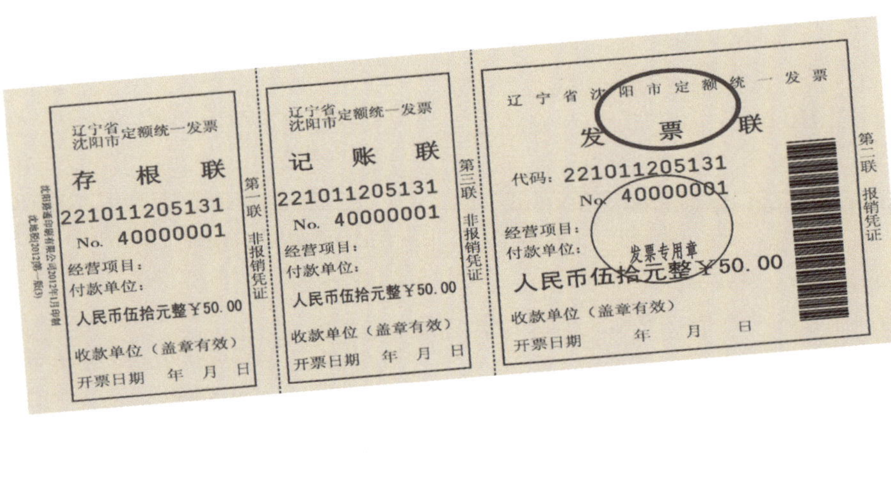

Neue Wörter und Ausdrücke

mǎi	买	*kaufen* ☯ **mài** 卖 *verkaufen*
... duōshǎo qián?	... 多少钱？	*Wieviel (Geld) kostet ...*
duōshǎo	多少	*wieviel, -e*
qián	钱	*Geld*
pán	盘	Zählwort für CDs, DVDs und Kassetten
kuài	块	Umgangssprachlich für: **yuán** 元 (chines. Währungseinheit)
máo	毛	Umgangssprachlich für: **jiǎo** 角 (10 Jiao = 1 Yuan). Zur Untereinheit des Jiao, Fen, vgl. L 15, Grammatik Punkt 7.
biéde	别的	*etwas anderes, eine andere, ein anderer*
chōngzhíkǎ	充值卡	*Handy-Aufladekarte*
zhǒng	种	Zählwort: *Sorte, Typ, Art*
diànchí	电池	*Batterie*
bàoqiàn	抱歉	*es tut mir leid*
shāngdiàn	商店	*Geschäft, Laden*
yīgòng	一共	*alles zusammen, insgesamt*
kāi	开	*ausstellen* (☞ Lektion 7, 15)
zhāng	张	Zählwort für flächige Dinge
fāpiào	发票	*Quittung, Beleg*
zhǎo	找	*(Wechselgeld) herausgeben*
diǎn	点	*nachzählen, zählen*

sīchóu	丝绸	*Seide*
lǐngdài	领带	*Krawatte*
dǎzhé	打折	*etw. ermäßigen, herabsetzen*
tèjià	特价	*Sonderpreis*
yánsè	颜色	*Farbe*
tiáo	条	Zählwort für längliche Gegenstände
piányi	便宜	*günstig, billig*
guì	贵	*teuer*
... zěnmeyàng?	... 怎么样？	*Wie wäre es mit ...?*
mài	卖	*verkaufen*
shàngmiàn	上面	*oben* = shàngbiān
jiàn	件	Zählwort für Oberbekleidung
shēn	深	*dunkel-, tief-* (bei Farben) ☯ **qiǎn** 浅 *hell-, matt-*
lán	蓝	*blau*
chènshān	衬衫	*Hemd, Bluse*
búcuò	不错	*nicht übel, wirklich gut*
gěi	给	*geben*
shì	试	*probieren, ausprobieren*
tǐng ... de	挺 ... 的	*sehr ...*
héshì	合适	*passend, geeignet; gut stehen* (von Kleidungsstücken)
Suàn le.	算了。	*Lassen Sie es gut sein.*
zǒu	走	*losgehen, weggehen*
lǎowài	老外	Scherzhafte bis spöttische Bezeichnung für Ausländer

Anmerkungen und grammatische Erklärungen

1. **«Kànkan»** (mal kurz schauen)
Verdoppelte einsilbige Verben drücken die Kurzzeitigkeit von Handlungen aus. Im Deutschen lässt sich die Verdoppelung mit dem Zusatz «mal kurz», «mal eben» wiedergeben (Vgl. auch «wènwen» im selben Dialog).
Zweisilbige Verben lassen sich – als ganze Einheit – verdoppeln (☞ Lektion 11, Dialog 2: «xiūxi xiūxi»).

2. «... **liăng ge zhè zhŏng diànchí**»
«Zhè zhŏng» kann hier entweder mit dem Genitiv oder mit der Präposition «von» wiedergegeben werden: zwei *dieser* Batterien / zwei *von* diesen Batterien
Zwei Zählwörter («ge» und «zhŏng») sind nötig, weil sowohl die Zahl als auch das Demonstrativpronomen ein Zählwort verlangt.
Vergleichen Sie aber:
zhè liăng zhŏng diànchí: *diese beiden (Sorten von) Batterien.*

3. «**Hĕn bàoqiàn**» (es tut mir leid) wird in Situationen verwendet, in denen Wünsche oder Ansprüche nicht erfüllt werden können oder konnten (z.B. bei Verspätungen, Vergessen von Dingen).

4. «**Yīgòng**» (zusammen) steht, anders als im Deutschen, vor Verben und / oder Fragewörtern.
Nĭmen bàngōngshì yīgòng yŏu duōshăo rén?
Wieviel Leute seid ihr insgesamt in eurem Büro?

5. Die Zahlen über Hundert
Steht vor der Zahl Hundert («**băi**») eine Zahl von 1-9, wird diese Zahl zum Multiplikator von Hundert.
yībăi: 100; èrbăi: 200; sānbăi: 300; sìbăi: 400; wŭbăi: 500 usw.

Durch Addition werden Zahlen gebildet, die über Hunderterstellen liegen.
yībăi wŭshí: 150; yībăi liùshí: 160; sānbăi sānshí: 330; sānbăi sìshí: 340; wŭbăi wŭshíwŭ: 555; bābăi jiŭshísān: 893; jiŭbăi sìshísì: 944 – Aber: jiŭbăi líng sì: 904

6. Rabatte angeben mit «**dă x zhé**»
Die Zahl x im Ausdruck «dă x zhé» weist auf die Höhe der Summe hin, die nach einem Preisabschlag noch zu zahlen ist. Im Fall von «dă bā zhé» sind es acht Teile von zehn, also noch 80% des ursprünglichen Preises. Der Rabatt beträgt also 20%.

7. «**Tài guì le!**» (Zu teuer!)
Am Ende von Ausrufesätzen bewirkt der Partikel «le» eine emphatische Verstärkung oder drückt eine starke Empfindung des Sprechers aus.

8. «... **Zĕnmeyàng**» (wie wäre es mit ...?) fragt danach, ob ein Gegenüber mit einem Vorschlag einverstanden ist. «Zĕnmeyàng» steht meistens nach der Nennung des Vorschlags.

9. Das Wort «**gěi**» (eigentlich: «geben») steht in Verbindung mit einem Verb und kann mit «lassen» wiedergegeben werden.

Qǐng gěi wǒmen kànkan.	*Bitte lass uns mal sehen.*
Tā gěi wǒmen kàn dìtú.	*Sie lässt uns die Landkarte anschauen.*

10. «**Suàn le**» signalisiert mit Nachdruck, dass kein Interesse mehr an einer Sache besteht: «Lassen Sie's gut sein».

11. «**Wǒmen zǒu ba.**» (Lass uns gehen.)
Der Partikel «ba» (☞ Lektion 2) am Ende eines Satzes kann dem Inhalt auch einen vorschlagenden Ton geben oder eine Aufforderung ausdrücken.

Nǐ yě yīqǐ qù ba! — *Komm doch auch mit!*

Wortfelder

Markennamen

Àodí *(Audi)*
奥迪

Bǎoshíjié *(Porsche)*
保时捷

Bēnchí *(Benz)*
奔驰

Dàzhòng *(VW)*
大众

Jiānéng *(Canon)*
佳能

Píngguǒ *(Apple)*
苹果

Sānxīng *(Samsung)*
三星

Suǒní *(Sony)*
索尼

Fotoartikel und HiFi

shùmǎ (zhào)xiàngjī *(Digitalkamera)*
数码(照)相机

cǎisè / hēibái zhàopiàn *(Farb- / Schwarzweißfotos)*
彩色 / 黑白照片

yōupán *(USB-Stick)*
优盘

guāngpán *(CD-ROM)*
光盘

diànchí
电池

chōngdiànqì (*Ladegerät*)
充电器

shèxiàngjī *(Videokamera)*
摄像机

lùxiàngdài *(Videokassette)*
录像带

chǔcúnkǎ *(Speicherkarte)*
储存卡

DVD (*DVD* – engl. Aussprache)

zhuǎnhuàn chātóu (*Adapter*)
转换插头

Einkaufsorte

shāngdiàn
商店

gòuwù zhōngxīn
购物中心

chāoshì / chāojí shìchǎng *(Supermarkt)*
超市 / 超级市场

Jiālèfú *(Carrefour)*
家乐福

shāngchǎng / bǎihuò gōngsī *(Kaufhaus)*
商场 / 百货公司

shìzhōngxīn *(Stadtzentrum)*
市中心

Yíjiā *(Ikea)*
宜家

Kleidung

yīfu *(Kleidung)*: 衣服：	jiàn 件	tiáo (Zählwort für Unterbekleidung) 条	
xīzhuāng *(Anzug)* 西装		jiákè *(Jacke)* 夹克	kùzi *(Hose)* 裤子
yángmáoshān *(Wollpullover)* 羊毛衫		T-xùshān *(T-Shirt)* T-恤衫 / 体恤衫	qúnzi *(Rock)* 裙子
chènshān *(Hemd, Bluse)* 衬衫		nèiyī *(Unterwäsche)* 内衣	xiézi *(Schuhe)* 鞋子
nèikù *(Unterhose, Slip)* 内裤		wàzi *(Strümpfe)* 袜子	
chuān *(anziehen, tragen)* 穿		tuō *(ausziehen, ablegen)* 脱	

Farben

yánsè: 颜色：	hóng 红	lǜ 绿	hēi *(schwarz)* 黑	bái *(weiß)* 白
huáng *(gelb)* 黄	lán 蓝	huī *(grau)* 灰	kāfēisè *(kaffeefarben)* 咖啡色	

Beurteilung

piàoliàng *(hübsch)* 漂亮	hǎokàn *(sieht gut aus)* 好看	měi *(schön)* 美
nánkàn / bù hǎokàn *(hässlich)* 难看 / 不好看	hǎotīng *(schön* – akustisch*)* 好听	hǎochī *(lecker)* 好吃

Obst

shuǐguǒ (*Obst*): 水果：	xiāngjiāo (*Banane*) 香蕉	júzi (*Mandarine*) 桔子
xīguā (*Wassermelone*) 西瓜	bōluó (*Ananas*) 菠萝	chéngzi (*Orange*) 橙子
píngguǒ (*Apfel*) 苹果	lí (*Birne*) 梨	

Lebens- und Genussmittel

yán *(Salz)* 盐	táng *(Zucker)* 糖	suānnǎi *(Joghurt)* 酸奶
huángyóu *(Butter)* 黄油	qiǎokèlì *(Schokolade)* 巧克力	dàngāo *(Kuchen)* 蛋糕

Gewichtseinheiten

kè *(Gramm)* 克	gōngjīn *(Kilo)* 公斤	liǎng *(50 Gramm)* 两	jīn* *(500 Gramm / 1 Pfund)* 斤

* In China werden Lebensmittelpreise gewöhnlicherweise für die Gewichtsklasse "jīn" statt "gōngjīn" (Kilo) angegeben.

Übungen

1. Basisübung

a) Bringen Sie die nachstehenden Zahlen ins Chinesische:

100 — 110 — 130 — 200 — 220 — 222 — 323 — 332 — 401 — 512 — 555 — 602 — 799 — 810 — 457 — 923 — 621 — 433 — 909

b) Geben Sie einem Partner / einer Partnerin die folgenden Preise auf Chinesisch an (in Kuai und Mao):

1.30 — 2.40 — 5.50 — 9.90 — 4.00 — 20.00 — 67.60 — 76.70 — 88.80 — 100.80 — 102.40 — 350.30 — 567.70 — 998.90 — 202.50 — 804.60 — 119.10

c) Lassen Sie sich nun nach der Menge der folgenden Waren fragen. Geben Sie eine beliebige Zahl davon an und verbinden Sie diese mit einem passenden Zählwort (ge / jiàn / tiáo / jīn / zhāng):

Beispiel: A: Duōshǎo diànchí? — B: Liù ge wǔ hào diànchí.

8-G-Speicherkarten — CD-Roms — Batterien — Fotoapparate — Hemden — Zeitungen — Krawatten — Jacken — Hosen — Äpfel — Bananen — Mandarinen — Zucker

2. Austauschübung

a) Nǐ yào mǎi shénme?

Wǒ xiǎng mǎi xiē diànchí.

xiē	guāngpán
xiē	lǐngdài
wǔ ge	xiāngjiāo
sān ge	4G chǔcúnkǎ
liǎng ge	hēibái jiāojuǎn

b) 2 G chǔcúnkǎ duōshǎo qián yī ge?

Èrshí kuài wǔ máo yī ge.

táng	yī jīn	12.60
píngguǒ	yī jīn	6.50
yángmáoshān	yī jiàn	104.80
diànchí	yī ge	8.60
zhè zhǒng zhàoxiàngjī	yī ge	302.00

c) Hái yào biéde ma?

Hái yào liǎng ge zhè zhǒng chǔcúnkǎ.

wǔ tiáo	zhè zhǒng lǐngdài
liǎng jīn	zhè zhǒng píngguǒ
sān jiàn	nà zhǒng chènshān
sì tiáo	nà zhǒng kùzi
liǎng ge	zhè zhǒng yōupán
sān jīn	zhè zhǒng xiāngjiāo

d) Nǐ yǒu zhè zhǒng diànchí ma?
Wǒ méiyǒu zhè zhǒng diànchí.

zhè zhǒng shū	jīntiān de bàozhǐ
Wǔhàn dìtú	shēnlán de lǐngdài
chǔcúnkǎ	tāmen de dìzhǐ

e) Yǒu mei yǒu dǎzhé de lǐngdài?
Yǒu.

dà	Yīngguó dìtú
xiǎo	zhàoxiàngjī
hǎo	píngguǒ
dà	chènshān
piányi	xiézi

f) Zhè tiáo shēnlán de búcuò, qǐng gěi wǒ kànkan.
.

nà ge	xiǎo de
zhè ge	dà de
nà tiáo	piányi de
nà zhǒng	lǜ de
nà tiáo	qiǎnhuī de
zhè zhǒng	qiǎnhóng de

3. Frage-Antwort-Übung

Ergänzen Sie die entsprechende Frage zur gegebenen Antwort, bzw. die entsprechende Antwort zur gegebenen Frage.

A: ....?
A: ....?

B: Wǒ xiǎng mǎi yī jīn júzi.
B: Hái yào liǎng jīn píngguǒ, liǎng jīn lí.

C: Zhè zhǒng diànchí ....?
C: Wǒ yào ....

D: Liù kuài wǔ (máo) yī ge, nǐ yào jǐ ge?

E: ....?
G: Nǐ yǒu mei yǒu zhè zhǒng dà diànchí?

F: Yīgòng sānbǎi èrshí kuài.
H: .... (Es tut mir leid...)

I: Wǒmen shénme shíhou qù nàr?
I: ....

J: Xiàwǔ qù zěnmeyàng?

A: Zhè zhǒng yánsè hǎokàn ma?
A: ....?
A: ....?

B: ....
B: Wǒ bú tài xǐhuān zhè zhǒng yánsè.
B: Wǒ xǐhuān lǜ de.

C: Hái yào biéde ma?
C: Yīgòng ....

D: Bú yào le, xièxie, zhèxiē ....?

4. Wie sagt man's auf Chinesisch?

a) Wieviel kostet eine von diesen Seidenkrawatten?
b) Tut mir leid, diese Sorte Speicherkarte habe ich nicht.
c) Schauen Sie (doch) in einem anderen Geschäft (nochmal) nach.
d) Was machen diese Bücher zusammen?
e) Bitte stellen Sie (mir) eine Quittung aus.
f) Haben Sie preislich herabgesetzte Jacken?
g) Lassen Sie mich mal schauen.
h) Lassen Sie mich mal diesen Fotoapparat anschauen.
i) Dieser ist zu klein. Haben Sie auch einen großen?
j) Wie wär's mit 150 Kuai für eine?
k) Würden Sie für 30 Kuai verkaufen?
l) Lass uns gehen.
m) Lass uns nach Hause (zurück)gehen.
n) Ist dein Stadtplan von Bejing da? — Tut mir leid, er ist bei Lehrer Wang.
o) Wie kommen wir zum Kaufhaus des Ostens? — Wie wäre es mit der U-Bahn? — Gut.

a) Sie wünschen? — Ich schaue erst mal.
b) Du kannst in einem anderen Kaufhaus / Einkaufszentrum (ja) mal schauen.
c) Du kannst (ja) mal zu Professor Wang gehen und ihn fragen.
d) Ist diese Batterie deine oder meine?
e) Diese Farbe sieht sehr gut aus.
f) Diese Farbe sieht nicht besonders gut aus und gefällt mir nicht besonders.
g) Sagen Sie, was es kostet (kosten soll).
h) Ich gehe in ein Geschäft, um einen USB-Stick und kleine Batterien zu kaufen. Eine junge Frau sagt, sie hätten in letzter Zeit keine kleinen Batterien. Sie sagt mir, dass andere Läden vielleicht welche haben und ich (ja) dort mal nachsehen kann.

5. Gelenkter Dialog

Übernehmen Sie die Rolle von A oder B (oder C) und führen Sie anhand der nachfolgenden Vorgaben einen Dialog mit einem Partner / einer Partnerin.

A grüßt den gerade hereingekommenen Kunden (B) und erkundigt sich nach seinen Wünschen. — **B** will sich erst umschauen. — **A** weist B lobend auf eine Obstsorte (Birnen) hin. — **B** fragt nach dem Preis pro Pfund. — **A** nennt ihn. — **B** fragt nach einem günstigen Angebot. — **A** zeigt B eine andere Obstsorte und nennt einen niedrigeren Preis pro Pfund. — **B** lässt sich das Obst erst zeigen und entschließt sich dann, drei Pfund davon zu kaufen. — **A** erkundigt sich, ob B sonst noch etwas braucht. — **B** möchte noch ein Pfund von den Orangen und fragt nach dem Gesamtpreis. — **A** rechnet zusammen. — **B** gibt eine bestimmte Geldsumme. — **A** gibt eine Summe heraus. — **A** und **B** verabschieden sich.

✌ **A** erkundigt sich bei B nach dem Preis eines Hemdes. — **B** nennt einen Preis. — **A** findet ihn zu hoch. — **B** fordert A auf, einen Preis vorzuschlagen. — **A** macht einen Vorschlag und fragt, ob B verkauft. — **B** hält den Preis für zu niedrig, schlägt ihr einen neuen vor und will wissen, was A davon hält. — **A** ist damit einverstanden. — **B** fragt A nach der Farbe und nennt ihr zwei zur Auswahl. — **A** gefallen beide nicht und sie fragt, ob B auch zwei helle andere Farben hat. — **B** verneint für jetzt, aber...

Versuchen Sie, das Gespräch selbstständig fortzuführen.

7. Frage, Antwort und Nacherzählung

Suchen Sie ein Foto oder eine lustige Werbeanzeige aus einer Zeitung bzw. Zeitschrift heraus, worauf eine Person abgebildet ist. Stellen Sie dann einem Partner bzw. einer Partnerin beliebige Fragen zu dieser Person (beziehen Sie dabei nach Möglichkeit auch einige Fragen aus Lektion 2–7 mit ein). Zum Beispiel:

Wer die Person ist und ob Ihr Partner bzw. Ihre Partnerin sie kennt — wie sie heißt — aus welchem Land sie kommt (bzw. ob sie aus dem Land X oder dem Land Y kommt) — ob sie die Sprache X oder Y (eine Fremdsprache) lernt / spricht — warum, wann und mit welchem Verkehrsmittel sie ins Land X fährt — wie lange sie vorhat, dort zu bleiben usw.

Nachdem alle Fragen beantwortet worden sind, fassen Sie selbst das Gesagte noch einmal zusammen.

Lektion 9: Einladungen und Verabredungen

Zielsätze

1. Wǒ qǐng nǐ qù chī fàn.
   我 请 你去吃 饭。
   Ich lade dich (ins Restaurant) zum Essen ein.
2. Nǐ wǎnshàng yǒu kòng ma?
   你 晚上 有 空 吗?
   Hast du am Abend Zeit / frei?
3. Wǒ kāi chē qù jiē nǐ.
   我 开 车 去 接你。
   Ich hole dich mit dem Auto ab.
4. Nǐ zài zuò shénme?
   你 在 做 什么?
   Was machst du gerade?
5. Wǒ (zhèng)zài dǎ duǎnxìn.
   我 (正) 在 打 短信。
   Ich schreibe gerade eine SMS.
6. Wǒ gēn nǐ yīqǐ qù.
   我 跟 你一起 去。
   Ich komme mit dir.
7. Diànyǐng (cóng) yī diǎn kāishǐ, dào sān diǎn
   电影 (从) 一 点 开始, 到 三 点
   jiéshù.
   结束。
   Der Film fängt um ein Uhr an und hört um drei Uhr auf. (Der Film geht von eins bis um drei.)

Dialog 1

Ein chinesischer Kollege (A) möchte Herrn Schumann (B) zum Mittagessen einladen:

A: Nǐ zhè ge zhōumò shàng bān ma?
你 这 个 周末 上 班 吗?
Arbeitest du an diesem Wochenende?

B: Wǒ shàng dào zhōngwǔ shí'èr diǎn.
我 上 到 中午 十二 点。
Ich arbeite bis mittags um 12 Uhr.

Yǒu shì ma?
有 事 吗?
Hast du etwas vor?

A: Wǒ qǐng nǐ qù Sìchuān Fàndiàn chī wǔfàn.
我 请 你去 四川 饭店 吃 午饭。
Ich lade dich zum Mittagessen ins Sichuan-Restaurant ein.

Was kommt heute Abend im Kino?

B: Ò, fēicháng bàoqiàn, wǒ xiàwǔ yǒu ge yuēhuì. 哦，非常 抱歉，我 下午 有 个 约会。	*Oh, das tut mir schrecklich leid, (aber) ich habe am Nachmittag eine Verabredung.*
A: Nàme, xīngqītiān zhōngwǔ nǐ yǒu kòng ma? 那么，星期天 中午 你有 空 吗？	*Hättest du denn dann am Sonntag Mittag frei?*
B: Yǒu, wǒmen zěnme jiànmiàn? 有，我们 怎么 见面？	*Habe ich. Wie treffen wir uns?*
A: Wǒ shí'èr diǎn kāi chē qù jiē nǐ. 我 十二 点 开 车 去 接 你。	*Ich hole dich um 12 Uhr mit dem Auto ab.*
B: Nà tài hǎo le, wǒmen xīngqītiān shí'èr diǎn jiàn. 那 太 好 了，我们 星期天 十二 点 见。	*Prima! (Dann) sehen wir uns am Sonntag um zwölf.*

Dialog 2

Frau Sand (A) ruft eine Freundin (B) an, um sich mit ihr für den Abend zu verabreden:

A: Xiǎo Lǐ, nǐ zài zuò shénme? 小 李，你在 做 什么？	*Kleine Li, was machst du gerade?*
B: Wǒ (zhèng) zài dǎ duǎnxìn. 我（正）在 打 短信。	*Ich schreibe gerade eine SMS.*

A: Zài xiǎng nán péngyǒu ba? Nǐ wǎnshàng 在 想 男 朋友 吧？你 晚上 yǒu shénme ānpái? 有 什么 安排？	*Du sehnst dich wohl nach (deinem) Freund?* *Was hast du am Abend vor?*
B: Xiǎng qù kàn Chéng Lóng de xīn diànyǐng. 想 去 看 成 龙 的 新 电影。 Tīngshuō zhè ge diànyǐng hěn yǒuyìsi. 听说 这 个 电影 很 有意思。	*Ich möchte mir den neuen Film von Jackie Chan anschauen gehen.* *Dieser Film soll sehr interessant sein.*
A: Wǒ gēn nǐ yīqǐ qù, hǎo ma? 我 跟 你一起去，好 吗？	*Ich komme mit (dir), einverstanden?*
B: Hǎo a. 好 啊。	*Einverstanden.*
A: Jǐ diǎn de diànyǐng? 几 点 的 电影？	*Um wieviel Uhr fängt der Film an?*
B: Zhè ge diànyǐng bú tài cháng, cóng jiǔ diǎn yī kè 这 个 电影 不 太 长， 从 九 点 一刻 kāishǐ, dào shíyī diǎn jiéshù. 开始， 到 十一 点 结束。	*Es ist kein sehr langer Film. Um Viertel nach* *neun fängt er an und geht bis um elf.*
A: Hǎo, wǒ jiǔ diǎn zài diànyǐngyuàn ménkǒu 好，我 九 点 在 电影院 门口 děng nǐ. 等 你。	*Gut, ich warte um neun Uhr am Kinoeingang* *auf dich.*

Neue Wörter und Ausdrücke

zhōumò	周末	*Wochenende*
shàng bān	上班	*zur Arbeit gehen* ☯ **xiàbān** 下班 *Feierabend machen*
shàng	上	Verb (☞ Anmerkungsteil) ☯ **xià** 下
zhōngwǔ	中午	*Mittag, mittags*
qǐng	请	*(jemanden) einladen*
Sìchuān Fàndiàn	四川饭店	*Sichuan-Restaurant*
Sìchuān	四川	Name einer chinesischen Provinz
fàndiàn	饭店	*Restaurant; Hotel*
chī (mit Objekt)	吃	*... essen*
chī fàn	吃饭	*essen*
fàn	饭	*Essen, Gericht; Küche*
wǔfàn	午饭	*Mittagessen, Lunch*
yuēhuì	约会	*Verabredung*
yǒu kòng	有空	*frei haben* ☯ **méi(yǒu) kòng** 没(有)空 *nicht frei haben*
jiànmiàn	见面	*sich treffen, sich sehen*
jiē	接	*(jemanden) abholen* (nur in Verbindung mit Personen)
jiàn	见	*sich sehen, sehen*

xiǎo	小	*klein, jung* (freundschaftliche Anrede) ☯ **lǎo** 老 *alt*
zuò	做	*machen, tun*
(zhèng)zài	(正)在	*gerade, gerade eben*
dǎ	打	*tippen, (auf dem Computer) schreiben*
duǎnxìn	短信	*SMS*
xìn	信	*Brief* (Zählwort: **fēng** 封) / **xìnfēng** 信封 *Briefumschlag*
nán péngyǒu	男朋友	*(fester) Freund*
nán	男	*Männer-, Herren-; männlich* ☯ **nǚ** 女 *Frauen-, Damen-, weiblich*
yǒu ānpái	有安排	*etwas vorhaben*
ānpái	安排	*arrangieren, organisieren*
Chéng Lóng	成龙	*Jackie Chan*
xīn	新	*neu* ☯ **jiù** 旧 *alt*
diànyǐng	电影	*Film*
yǒuyìsi	有意思	*interessant* ☯ **méiyǒuyìsi** 没有意思 *langweilig, uninteressant*
gēn / hé ... yīqǐ	跟 / 和 ... 一起	*mit ... zusammen*
Hǎo a.	好啊。	*okay, schön, in Ordnung*
cháng	长	*lang* ☯ **duǎn** 短 *kurz*
... yī kè	... 一刻	Nach Stundenangaben: *Viertel nach ...*
kāishǐ	开始	*anfangen, beginnen*
jiéshù	结束	*enden, beenden, aufhören*
diànyǐngyuàn	电影院	*Kino*
ménkǒu	门口	*Eingang*
děng	等	*warten, warten auf*

Anmerkungen und grammatische Erklärungen

1. Das Verb «**shàng**» drückt eine in einer bestimmten Zeitspanne ablaufende, meist berufliche Beschäftigung aus. «Shàng» ist immer mit einem näher erläuternden Objekt verbunden («shàng bān» – zur Arbeit gehen; «shàng kè» – Unterricht haben) und steht nur dann allein, wenn das entsprechende Objekt vorher schon genannt wurde.

2. Kupplungssätze

Zwei Handlungen können in einem Satz so eng miteinander verbunden sein, dass das Objekt der ersten Handlung zugleich Subjekt der zweiten Handlung ist. So ist etwa in dem Satz «Wǒ qǐng nǐ qù chī fàn» das Personalpronomen «nǐ» einmal Objekt der Handlung «Wǒ qǐng nǐ» (a) und gleichzeitig Subjekt der Handlung «nǐ qù chī fàn» (b).

Wǒ qǐng **nǐ** qù chī fàn.	*Ich lade **dich** zum Essen ein.*
a) Wǒ qǐng **nǐ**.	*Ich lade **dich** ein.*
b) **Nǐ** qù chī fàn.	***Du** gehst essen.*

Im Deutschen wird das Verb der zweiten Handlung entweder substantiviert (zum Essen) oder mit «zu» angeschlossen.

Tā yào wǒ gàosù tā ... — *Er bat mich, ihm zu sagen, dass ...*

3. Das Adjektiv «**xiǎo**» vor dem Familiennamen ist eine höfliche Anrede für jüngere Personen. Es wird aber auch freundschaftlich gegenüber (oft nur ein wenig jüngeren) Kollegen / Kolleginnen oder Freunden / Freundinnen benutzt. Der / die jeweils Ältere wird dagegen mit «**lǎo**» (alt) angesprochen.

4. Das Adverb «**(zhèng)zài**» kennzeichnet gerade stattfindende Handlungen. Im Deutschen kann man es mit «gerade (etwas tun)» oder «bei (etwas sein)» wiedergeben.

Wǒ **(zhèng)zài** chī fàn.	*Ich esse **gerade**. / Ich bin **gerade** beim Essen.*
Tā **bú zài** chī fàn, (tā) **zài** kàn shū.	*Er isst **gerade nicht**, sondern (er) liest ein Buch.*

Wird «zài» allerdings in einem Satz mit Vergangenheitscharakter verwendet, sind Handlungen gemeint, die zu dieser Vergangenheit gerade stattgefunden haben:

Nǐ zuótiān wǎnshàng jiǔ diǎn **zài** zuò shénme?	*Womit warst du gestern Abend um neun Uhr **gerade** beschäftigt?*
Wǒ **zài** kàn diànshì.	*Da habe ich **gerade** ferngesehen.*

5. Die Konstruktion «**gēn / hé ... yīqǐ**» ist dem deutschen Ausdruck «mit ... zusammen» sehr ähnlich. Das Pronomen oder Nomen muss immer zwischen «gēn / hé» und «yīqǐ» stehen.

Wǒ bù gēn tāmen yīqǐ qù Fǎlánkèfú.
Ich fahre nicht mit ihnen zusammen nach Frankfurt.

6. «**... jǐ diǎn de diànyǐng**»

Zeit- oder Datumsangaben können auch in Verbindung mit einem Fragewort attributiv gebraucht werden. Während also im Chinesischen nach einem «wieviel-Uhr-Film» gefragt werden kann, muss im Deutschen die Frage verbal aufgelöst werden: Um wieviel Uhr kommt der Film? / Wann fängt der Film an?

Wortfelder

Arbeit und Studium

shàng bān 上班	xià bān 下班
shàng 上	zǎobān / zhōngbān / rìbān / yèbān *(Früh- / Spät - / Tages- / Nachtschicht)* 早班 / 中班 / 日班 / 夜班
xià bān 下班	

shàng kè *(eine Unterrichtsstunde haben / beginnen)*
上课

shàng *(besuchen)* 上	Hànyǔ kè / Déyǔ kè / jīngjì kè *(einen Chinesisch- / Deutsch- / Wirtschaftskurs)* 汉语课 / 德语课 / 经济课

xià kè *(eine Unterrichtsstunde beenden)*
下课

Mahlzeiten

chī 吃	zǎofàn *(Frühstück)* 早饭	wǔfàn / zhōngfàn *(Mittagessen)* 午饭 / 中饭
	wǎnfàn *(Abendessen)* 晚饭	zǎo zhōngfàn *(Brunch)* 早中饭

Vorhaben

ānpái 安排	jìhuà *(Plan, planen)* 计划	dǎsuàn 打算

Unterhaltung

kàn 看	diànyǐng 电影	huàjù *(Theaterstück)* 话剧
	jīngjù *(Pekingoper)* 京剧	zájì *(Akrobatik)* 杂技
diànyǐngyuàn 电影院		jùyuàn / jùchǎng *(Theater, Opernhaus)* 剧院 / 剧场

Provinzen

Héběi 河北	Shāndōng 山东	Sìchuān 四川	Jiāngsū 江苏	Guǎngdōng 广东

Zu weiteren Provinzen vgl. die Karte am Anfang des Buches.

Eine chinesische Schachpartie – vieles ist anders als beim westlichen Schach.

Übungen

1. Basisübung

a) Lassen Sie sich von einem Partner / einer Partnerin analog zum unten stehenden Beispiel Fragen stellen:

Beispiel: A: Nǐ gēn shéi yīqǐ zǒu / qù? — B: Wǒ gēn tāmen yīqǐ zǒu / qù.

zur Arbeit fahren — in ein Geschäft gehen — nach Deutschland kommen — (etwas) machen — studieren — eine Schule besichtigen — reisen — eine Quittung suchen — einen Film anschauen — zu Mittag essen — zurückkommen — U-Bahn fahren — ihn abholen gehen

b) Bilden Sie mit den folgenden Zeitangaben Ausdrücke des Abschieds auf Chinesisch:

Beispiel: A: Bis Sonntag um 12 Uhr. B: (Wǒmen) xīngqītiān shí'èr diǎn jiàn.

zum Abend — 11 Uhr — morgen Nachmittag — nächsten Sonntag — zum 22. September — übernächste Woche — zum Winter 2015 — zum Sommer 2016 in Beijing

2. Austauschübung

a) Nǐ xiàwǔ yǒu kòng ma?
Wǒ xiàwǔ yǒu / méiyǒu kòng.

jīntiān wǎnshàng	shì
xīngqīyī wǎnshàng	ānpái
hòutiān xiàwǔ	shíjiān
yī hào zhōngwǔ	yuēhuì

b) Wǒ qǐng nǐ chī fàn.

Zhāng jiàoshòu	wǒmen	qù chī fàn
wǒ	nǐmen	kàn diànyǐng
lǎo Lǐ	tāmen	qù tā jiā chī fàn
Liú lǎoshī	wǒ	cānguān tāmen de xuéxiào

c) Zhè ge diànyǐng jǐ diǎn kāishǐ, jǐ diǎn jiéshù?
Bā diǎn kāishǐ, shí diǎn bàn jiéshù.

huìyì	1:30	3:00 zuǒyòu
zhǎnlǎnhuì	shàngwǔ 9:00	xiàwǔ 5:00
jīngjù	wǎnshàng 7:00	11:00
huàjù	xiàwǔ 2:00	dàgài 4:30

3. Frage-Antwort-Übung

Ergänzen Sie die entsprechende Frage zur gegebenen Antwort, bzw. die entsprechende Antwort zur gegebenen Frage.

A: Nǐ xīngqīliù shàng bān ma? — B: ....
A: Nǐ xīngqīliù xiàwǔ yǒu kòng ma? — B: ....

C: ....? — D: Wǒ míngtiān wǎnshàng méiyǒu shíjiān. Yǒu shì ma?
C: .... — D: Nà hòutiān wǎnshàng zěnmeyàng?

E: ....? — F: Jiànmiàn? Wǒ zài fàndiàn ménkǒu děng nǐ, hǎo ma?
E: Hǎo, ...? — F: Qī diǎn bàn ba.

G: Nǐ jīntiān wǎnshàng dǎsuàn zuò shénme? — H: ....

A: Nǐ hěn xiǎng jiā ba? — B: ....

C: Nǐ gēn shéi yīqǐ qù kàn diànyǐng? — D: ....
C: ....? — D: Wǒ hái bù zhīdào. Tīngshuō zhè shì Rìběn diànyǐng.

E: Xīngqītiān wǒmen qù kàn diànyǐng, hǎo ma? — F: ....
E: Wǒ qǐng nǐ. — F: Shì ma? ....!

4. Satzumwandlungen

Verwandeln Sie die nachfolgenden Sätze in Positiv-Negativ-Fragesätze (☞ Lektion 3, Grammatik Punkt 9) und geben Sie verneinte Antworten darauf.

a) Tā míngtiān wǎnshàng yǒu shì ma?
b) Tā xīngqītiān yǒu yuēhuì ma?
c) Tā xià xīngqītiān qǐng nǐ chī fàn ma?
d) Tā zuò fēijī qù ma?
e) Tā xǐhuān chī Zhōngguó fàn ma?
f) Tā jīntiān kàn DVD diànyǐng ma?
g) Nǐ xiǎng tāmen / jiā ma?
h) Tāmen míngtiān wǎnshàng kàn diànyǐng ma?
i) Nǐ míngtiān zhōngwǔ děng wǒ ma?
j) Nǐ zhè (ge) xīngqīwǔ shàng bān / kè ma?

5. Wie sagt man's auf Chinesisch?

a) Wie gehen / fahren wir hin? — Mit der Bahn.
b) Wie kommen sie hierher? — Mit dem Schiff.
c) Wie hole ich euch ab? — Du kannst uns mit dem Auto abholen.
d) Wie holst du uns ab? — Ich möchte euch mit der U-Bahn abholen.
e) Wie kommen (qù) wir zum Kino? — Wir laufen hin.
f) Wo warte ich auf sie? — Du kannst am Eingang des Kaufhauses auf sie warten.
g) Er isst gern chinesische Küche. — Ich esse gerne französische Küche.
h) Wir holen sie mit dem Auto ab. — Sie kommen mich mit dem Auto abholen.
i) Ich habe nachmittags eine Verabredung. — Er hat am Abend etwas vor.
j) Wir fahren zu ihrer Firma, um sie zu besichtigen. — Sie kommen zu unserem Geschäft, um es zu besichtigen.

a) Morgen Abend gehen wir essen, in Ordnung? Ich lade dich ein. — Prima!
b) Unser Film endet um neun. Ihr Film fängt um halb zehn an.
c) Es tut mit leid, (aber) ich habe morgen Abend eine Konferenz. Wie wäre es mit übermorgen Abend?
d) Herr Bauer will mich zum Essen einladen. Ich habe am Samstag keine Zeit, weil ich verabredet bin. Am Sonntag habe ich (noch) nichts vor. Er sagt, er kommt mich um 12 Uhr mit dem Auto abholen.

6. Gelenkter Dialog

Übernehmen Sie die Rolle von A oder B (oder C) und führen Sie anhand der nachfolgenden Vorgaben einen Dialog mit einem Partner / einer Partnerin.

A fragt B nach seinen Plänen fürs Wochenende. — **B** antwortet, dass am Samstag eine Freundin Geburtstag habe und er hingehen wolle. — **A** erkundigt sich nach dem Sonntag. — **B** hat an diesem Tag nichts vor, möchte aber am Nachmittag zu Hause ein Buch lesen. — **A** schlägt daher vor, am Abend in ein X-Restaurant essen zu gehen und will B einladen. — **B** stimmt erfreut zu und fragt nach der Art und Weise des Treffens. — **A** schlägt vor: Zunächst geht (fährt) A zu B, dann gehen (fahren) beide zusammen (zum Restaurant). — **B** fragt danach, wann A kommt. — A nennt eine ungefähre Zeit. — **B** ist einverstanden und will zu Hause auf A warten.

✌ **A** fragt B nach ihren Vorhaben für den Abend. — **B** und andere wollen ins Kino gehen. — **A** möchte wissen, mit wem sie dorthin geht. — **B** antwortet, mit zwei Freunden, die A kenne. Sie nennt zwei Namen. — **A** bestätigt, dass es zwei Bekannte von ihr sind. — **B** fragt A, ob sie auch mitkommen möchte. — **A** will wissen, was für ein Film es ist. — **B** meint, ein US-amerikanischer Film mit dem Titel «Die Firma». — **A** möchte auch mitkommen und fragt nach der Anfangszeit und in welchem Kino der Film kommt.

Versuchen Sie, das Gespräch selbstständig fortzuführen.

7. Frage, Antwort und Nacherzählung

Suchen Sie ein Foto oder eine lustige Werbeanzeige aus einer Zeitung bzw. Zeitschrift heraus, worauf eine Person abgebildet ist. Stellen Sie dann einem Partner bzw. einer Partnerin beliebige Fragen zu dieser Person (beziehen Sie dabei nach Möglichkeit auch einige Fragen aus Lektion 2 und 8 mit ein). Zum Beispiel:

Wer die Person ist und ob Ihr Partner bzw. Ihre Partnerin sie kennt — ob sie ein Kollege / eine Kollegin Ihres Partners oder Ihrer Partnerin ist oder ein Freund bzw. eine Freundin — wie sie heißt — aus welchem Land sie kommt (bzw. ob sie aus dem Land X kommt) — wo sie arbeitet / studiert — ob sie in letzter Zeit viel zu tun hatte oder nicht — wann sie Urlaub macht — was sie vorhat — warum sie eine Reise ins Land X macht — wie und mit wem sie dort hinfahren möchte — warum sie nicht dorthin fliegen möchte — wie lange sie dort bleiben will usw.

Nachdem alle Fragen beantwortet worden sind, fassen Sie selbst das Gesagte noch einmal zusammen.

Ein Modell des Naturkundemuseums in Shanghai

Lektion 10: Im Restaurant

Zielsätze

1. Zhèr bǐ nàr ānjìng. 这儿 比 那儿 安静。	*Hier ist es ruhiger als dort.*
2. Wǒ kàn bù dǒng càidān. 我 看 不 懂 菜单。	*Ich kann die Speisekarte nicht lesen.*
3. Nǐ néng bu néng jièshào yīxiē xīn shū? 你 能 不 能 介绍 一些 新 书?	*Könntest du mir einige neue Bücher empfehlen?*
4. Nǐ juéde Qīngdǎo píjiǔ zěnmeyàng? 你 觉得 青岛 啤酒 怎么样?	*Was hältst du von Qingdao-Bier?*
5. Nǐ cháng guo Máotái ma? 你 尝 过 茅台 吗?	*Hast du schon mal Maotai probiert?*
6. Dànshì wǒ gèng ài hē pútaojiǔ. 但是 我 更 爱 喝 葡萄酒。	*Aber noch viel lieber trinke ich Wein.*
7. Wèi wǒmen de hézuò gān bēi! 为 我们 的 合作 干 杯!	*Trinken wir auf unsere Zusammenarbeit.*

Dialog 1

Das Ehepaar Klee (A und B) betritt zur Mittagszeit ein Sichuan-Restaurant. Als sich beide gesetzt haben, kommt die Bedienung (C) an ihren Tisch:

A: Wǒmen zuò zhèr ba, zhèr bǐ nàr ānjìng. 我们 坐 这儿吧, 这儿比 那儿安静。	*Lass uns hier hinsetzen, hier ist es ruhiger als dort (drüben).*
C: Nǐmen hǎo, nǐmen xiǎng chī shénme? 你们 好, 你们 想 吃 什么?	*Guten Tag! Was möchten Sie essen?*
Qǐng kàn càidān. 请 看 菜单。	*Bitte werfen Sie einen Blick auf die Speisekarte.*
B: Bàoqiàn, wǒmen kàn bù dǒng càidān. 抱歉, 我们 看 不 懂 菜单。	*Tut uns leid, die Speisekarte können wir nicht lesen.*
Nǐ néng bu néng jièshào yīxià. 你 能 不 能 介绍 一下?	*Können Sie (uns) etwas empfehlen?*
C: Wǒmen zhèr de tèsè shì Sìchuān cài. 我们 这儿的 特色 是 四川 菜。	*Unsere Spezialität hier ist Sichuan-Küche.*

A: Yǒu mei yǒu sù de? Wǒmen bù chī ròu.
有 没 有 素的? 我们 不 吃 肉。

Haben Sie etwas Vegetarisches? Wir essen kein Fleisch.

C: Yǒu a. Yào jǐ ge cài?
有 啊。要 几 个 菜?

Ja. Wieviele Gerichte möchten Sie?

B: Lái liǎng ge sù de, yī wǎn suānlàtāng, tāng bú yào tài là.
来 两 个 素 的, 一 碗 酸辣汤, 汤 不 要 太辣。

Bitte bringen Sie uns zwei vegetarische Gerichte und eine Schüssel Sauer-Scharf-Suppe. Die Suppe darf aber nicht zu scharf sein.

C: Yào bu yào chángchang Sìchuān dàndànmiàn?
要 不 要 尝尝 四川 担担面?

Wollen Sie mal Dandan-Nudeln aus Sichuan probieren?

B: Hǎo, zài lái yī fèn dàndànmiàn.
好, 再 来 一 份 担担面。

Gut, bringen Sie uns auch eine Portion Dandan-Nudeln.

Dialog 2

Herr Schumann (B) und sein chinesischer Kollege (A) haben bereits gegessen und sitzen noch plaudernd beim Bier:

A: Nǐ juéde Qīngdǎo píjiǔ zěnmeyàng?
你 觉得 青岛 啤酒 怎么样?

Wie findest du das Qingdao-Bier?

B: Wèidào búcuò. Dànshì wǒ gèng ài hē zhèr de pútaojiǔ.
味道 不错。但是 我 更 爱 喝 这儿 的 葡萄酒。

Schmeckt nicht schlecht. Aber noch viel lieber trinke ich den Wein von hier.

A: Nǐ Máotáijiǔ cháng guo ma?
你 茅台酒 尝 过 吗?

Hast du schon mal Maotai probiert?

B: Méi cháng guo. Tīngshuō Máotái shì Zhōngguó zuì yǒumíng de jiǔ.
没 尝 过。听说 茅台 是 中国 最 有名 的 酒。

Noch nicht. Maotai soll ja Chinas berühmtester Schnaps sein.

A: Duì, Wǒmen jīntiān chángchang Máotái, zěnmeyàng?
对, 我们 今天 尝尝 茅台, 怎么样?

Stimmt. Wir probieren heute mal Maotai, wie wär's?

A: Xiānsheng, zài lái liǎng bēi Máotái.
先生, 再 来 两 杯 茅台。

Bedienung, bitte bringen Sie uns noch zwei Gläser Maotai.

B: Lái, wèi wǒmen de hézuò gān bēi!
来, 为 我们 的 合作 干 杯!

Komm, trinken wir auf unsere Zusammenarbeit.

A / B: Gān bēi!
干 杯!

Ex! – Auf ex!

A: Fúwùyuán, qǐng jié zhàng ba.
服务员, 请 结 账 吧。

Bedienung, die Rechnung bitte!

B: Bù, jīntiān wǒ qǐng nǐ, wǒ mǎidān!
不, 今天 我 请 你, 我 买单!

Nein, heute lade ich dich ein, ich bezahle!

Typische Speisen

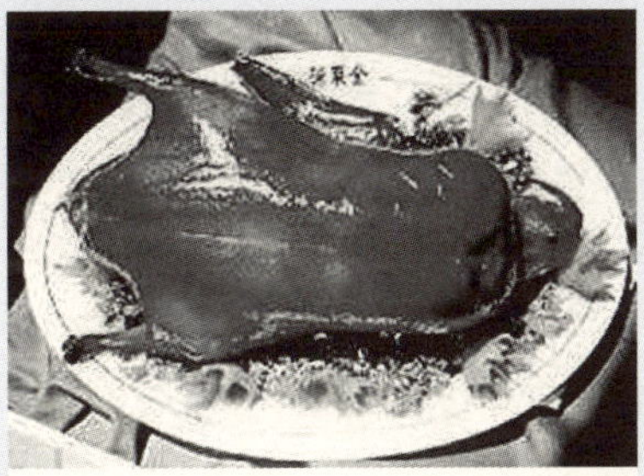

Pekingente: *Běijīng kǎoyā* 北京烤鸭

Hühnchenwürfel nach Palastwächterart:
gōngbǎo jīdīng 宫保鸡丁

Doufu nach Art der pockennarbigen alten Frau:
mápó dòufǔ 麻婆豆腐

Gebackenes Schweinefleisch in süß-saurer Soße:
tángcù lǐjǐ 糖醋里脊

Garnelen mit Cashews:
yāoguǒ xiārén 腰果虾仁

Fleischstreifen mit Fischgeschmack:
yúxiāng ròusī 鱼香肉丝

Neue Wörter und Ausdrücke

zuò	坐	*sitzen, sich setzen*
bǐ	比	*verglichen mit, als* (bei Vergleichen)
ānjìng	安静	*ruhig, still* ☯ **nào** 闹 *laut, unruhig*
càidān	菜单	*Speisekarte*
dǒng	懂	*verstehen*
néng	能	*können, bereit sein*
jièshào	介绍	*empfehlen; vorstellen*
tèsè	特色	*Spezialität*
cài	菜	*Küche* (eines Landes); *Gericht, Speise*
sù / sùcài	素 / 素菜	*vegetarisches Gericht* ☯ **hūn/hūncài** 荤/荤菜 *Fleisch- und Fischgerichte*
ròu	肉	*Fleisch*
wǎn	碗	*Schüssel; Schale*
suānlàtāng	酸辣汤	Name eines Gerichtes: *Sauer-Scharf-Suppe*
suān	酸	*sauer*
là	辣	*scharf*
tāng	汤	*Suppe* (Verb: *hē* – Suppe wird in China «getrunken»!)
cháng	尝	*probieren, kosten*
dàndànmiàn	担担面	Name eines Gerichtes: Nudeln mit scharfer Soße
fèn	份	*Portion*

juéde	觉得	*meinen, finden*
Qīngdǎo	青岛	Ortsname
píjiǔ	啤酒	*Bier*
zěnmeyàng	怎么样	*wie*
wèidào	味道	*Geschmack*
dànshì	但是	*aber*
gèng	更	*noch* … (Komparativ): **gèng hǎo** 更好 *noch besser*
ài	爱	*sehr gern (tun); lieben* ☯ **hèn** 恨 *hassen*
hē	喝	*trinken*
pútaojiǔ	葡萄酒	*Wein*
Máotái(jiǔ)	茅台（酒）	*Maotai* (ein chinesischer Schnaps)
guo	过	Partikel zum Ausdruck der unbestimmten Vergangenheit: *«schon, einmal» / «noch nie»* (☞ Lektion 17, Neue Wörter)
zuì	最	*am …sten* (Superlativ): **zuì hǎo** 最好 *am besten*
yǒumíng	有名	*berühmt, bekannt*
jiǔ	酒	*Spirituose, Alkohol* (Der Oberbegriff «jiǔ»wird in China oft Einzelbezeichnungen wie «Wein», «Schnaps» usw. vorgezogen.)
xiānsheng	先生	Anrede für männliche Bedienung ☯ **xiǎojiě** 小姐
bēi	杯	*Glas, Tasse*
wèi … gān bēi	为… 干杯	*auf … trinken*
hézuò	合作	*Zusammenarbeit; zusammenarbeiten*
gān bēi!	干杯！	*ex trinken; Prost!*
fúwùyuán	服务员	*Bedienung*
jié zhàng	结账	*die Rechnung ausstellen*
mǎidān	买单	(Im Restaurant): *die Rechnung bezahlen*

Anmerkungen und grammatische Erklärungen

1. «**Bǐ**» (verglichen mit) drückt einen Vergleich aus. Es steht immer zwischen zwei Vergleichsgegenständen (A und B), die die Länge ganzer Satzteile haben können. Das Vergleichsadjektiv (Adjektivprädikat) steht hinter der Folge «Vergleichsgegenstand A – *bǐ* – Vergleichsgegenstand B», also «A» *bǐ* «B» Adjektiv:

Zhè ge cài **bǐ** nà ge cài **piányì** ma?	***Ist*** *dieses Gericht* ***billiger als*** *das da?*
Zhè ge cài **bǐ** nà ge cài **piányì**.	*Dieses Gericht* ***ist billiger als*** *das da.*

2. Die Ergänzung der Fähigkeit
Diese Ergänzung drückt aus, ob jemandem eine Handlung möglich ist oder nicht. Sie besteht häufig aus einem (einsilbigen) Verb. Dieses Verb wird an das vorangehende Hauptverb entweder mit «**de**» angeschlossen – wenn die Handlung des Hauptverbs ausführbar ist (a) – oder mit «**bù**», wenn sie unausführbar ist (b).

Hauptverb Ergänzung	
a) Wǒ **kàn de dǒng** tā de xìn.	*Ich* ***kann*** *seinen Brief* ***lesen****.*
b) Wǒ **kàn bù dǒng** tā de xìn.	*Ich* ***kann*** *seinen Brief* ***nicht lesen****.*

Da die Ergänzung der Fähigkeit ein ziemlich kompliziertes sprachliches Phänomen ist, sollen hier nur seine einfachsten und gebräuchlichsten Beispiele vorgestellt werden. Dazu gehört auch das folgende:

Tāmen tīng bù dǒng Hànyǔ.	*Sie verstehen kein Chinesisch.*

Wörtlich: «Sie hören *(tīng)* Chinesisch, verstehen es aber nicht.» (Weil sie die Sprache nicht gelernt haben oder noch nicht genügend beherrschen.)

Tāmen tīng de dǒng Hànyǔ.	*Sie verstehen Chinesisch.*

3. Die Frage «**nín / nǐ néng bu néng ...**» (Könnten Sie vielleicht ...) ist eine höfliche Bitte an jemanden, etwas zu tun. Sie ist indirekter als die Aufforderung mit «qǐng» (☞ Lektion 15, Dialog 1).

4. Das Verb «**lái**» kann, insbesondere im Zusammenhang mit Bestellungen im Restaurant, die Bedeutung «(sich) etwas bringen (lassen), kommen lassen» annehmen. Das Subjekt fällt dabei weg.

Lái sān bēi kāfēi! — *Bringen Sie drei Becher Kaffee!*

«Lái» kann außerdem als ermunternder Aufruf (Komm!) am Anfang einer Aufforderung stehen (wie in Dialog B).

5. In China wünscht man sich beim Essen nicht «Guten Appetit», sondern der Gastgeber fordert seinen Gast höflich mit «qǐng» (bitte) oder «lái, chī ba» (bitte essen Sie / greifen Sie zu) zum Essen auf. Manchmal wird auch «mànman chī» (essen Sie langsam) oder «duō chī diǎn» (nehmen Sie sich noch ein bisschen mehr) hinzugefügt.

6. Neben seiner Fragefunktion bei Vorschlägen (☞ Lektion 8) kann «**zěnmeyàng**» (wie, was) sich auch nach der Eigenschaft von Dingen (a) oder nach der Art und Weise (b) erkundigen.

(a) Zhè ge fàndiàn de cài **zěnmeyàng**?	***Wie*** *ist das Essen in diesem Restaurant?*
(b) Tā de gōngzuò **zěnmeyàng**?	***Wie*** *ist ihre Arbeit?*

7. Der Partikel «**guo**» (eigentlich: «vorbeigehen») hinter einem Verb drückt aus, dass eine Handlung in der Vergangenheit schon einmal stattgefunden hat. Sätze mit «guo» werden mit «**méiyǒu**» oder «**méi**» verneint, wobei «guo» hinter dem verneinten Verb stehen bleibt. Um einen Positiv-Negativ-Fragesatz zu bilden, setzt man «méiyǒu» an das Ende des Aussagesatzes.

Nǐ	qù **guo** Bālí ma?	*Bist du* ***schon mal*** *in Paris gewesen?*
Nǐ	qù **guo** Bālí **méiyǒu**?	*Bist du* ***schon mal*** *in Paris gewesen?*
Wǒ	qù **guo** Bālí.	*Ich bin* ***schon mal*** *in Paris gewesen.*
Wǒ **méiyǒu**	qù **guo** Bālí.	*Ich bin* ***(noch) nie*** *in Paris gewesen.*

(☞ Vergleichen Sie zu «guo» außerdem Lektion 11, Punkt 3 der Anmerkungen.)

8. Soll ein Objekt besonders betont werden, kann es vor das Verb eines Satzes gestellt werden. Dabei folgt dem Objekt entweder die Subjekt-Prädikat-Stellung des einfachen Aussagesatzes (a) oder das Subjekt steht noch vor dem vorangestellten Objekt (b).

	Subjekt	Objekt	Subjekt	Prädikat	
(a)		Máotái	nǐ	cháng guo ma?	*Hast du schon mal Maotai probiert?*
(b)	Nǐ	Máotái		cháng guo ma?	*Hast du schon mal Maotai probiert?*
		Máotái	wǒ	méi cháng guo.	*Maotai habe ich noch nicht probiert.*

9. Die Steigerungswörter «**gèng**» und «**zuì**»

Das Wort «gèng» (mehr, noch mehr) steht vor Adjektiven oder wenigen – bestimmten – Verben (z.B. xiǎng, xǐhuān, ài, hèn ...) und bildet einen verstärkten Komparativ.

(☞ Vergleiche die Bildung des einfachen Komparativs mit «bǐ», Punkt 1)

Zuò qìchē kuài, zuò dìtiě gèng kuài.
Mit dem Auto ist man schnell, mit der U-Bahn noch schneller.

Tā xǐhuān hē jiǔ, dànshì gèng xǐhuān hē kělè.
Er trinkt gern Alkohol, aber noch lieber trinkt er Cola.

Der Superlativ «zuì» (am meisten) steht wie «gèng» vor Adjektiven oder wenigen – bestimmten – Verben.

Běijīng Dàxué shì Zhōngguó zuì yǒumíng de dàxué.
Die Peking-Universität ist Chinas berühmteste Universität.

Tā zuì bù xǐhuān zhōumò shàng bān.
Am meisten hasst sie es, am Wochenende zu arbeiten.

10. «**Gān bēi**» (wörtlich: das Glas leeren) wird in China nicht nur dann benutzt, wenn ex getrunken werden soll, sondern kann auch einfach «Prost!» heißen.

Wortfelder

Gastronomie

fàndiàn 饭店 jiǔdiàn *(Restaurant)* 酒店
jǐubā *(Bar)* 酒吧
kuàicāndiàn *(Schnellimbiss)* 快餐店
Màidāngláo *(McDonald's)* 麦当劳
Kěndéjī *(Kentucky Fried Chicken)* 肯德基
Bìshèngkè *(Pizza Hut)* 必胜客
Hāgēndásī *(Häagen-Dazs)* 哈根达斯
Xīngbākè *(Starbucks)* 星巴克

Beschreibung

ānjìng 安静 nào 闹
gānjìng *(sauber)* 干净
zāng *(schmutzig)* 脏

Geschirr

wǎn 碗 pánzi *(Teller)* 盘子
kuàizi *(Essstäbchen)* 筷子
dāochā *(Messer und Gabel)* 刀叉

Speisen

sùcài: 素菜
báicài *(Chinakohl)* 白菜
mógu *(Pilze)* 蘑菇
làjiāo *(Paprika)* 辣椒
tǔdòu *(Kartoffel)* 土豆
sèlā *(Salat)* 色拉

hūncài: 荤菜
zhūròu *(Schweinefleisch)* 猪肉
niúròu *(Rindfleisch)* 牛肉
niúpái *(Steak)* 牛排
yú *(Fisch)* 鱼
jī(ròu) *(Huhn)* 鸡（肉）
jīdàn *(Ei)* 鸡蛋

mǐfàn *(Reis)* 米饭
miànbāo *(Brot)* 面包
miàntiáo *(Nudel)* 面条
sānmíngzhì *(Sandwich)* 三明治
jiǎozi *(gefüllte Teigtaschen)* 饺子
húntún *(Suppe mit Fleischtaschen)* 馄饨
bāozi *(gedämpfte Teigklöße mit Füllung)* 包子
hànbǎobāo *(Hamburger)* 汉堡包
bǐsàbǐng *(Pizza)* 比萨饼
bīngjīlíng *(Eiscreme)* 冰激凌

Geschmacksrichtungen

suān 酸 tián *(süß)* 甜 kǔ *(bitter)* 苦 là 辣 xián *(salzig)* 咸 dàn *(wenig gewürzt; fade)* 淡

Beim Dämpfen von Teigtaschen

Spirituosen

píjiǔ 啤酒	pútaojiǔ 葡萄酒	báijiǔ *(Schnaps)* 白酒	xiāngbīnjiǔ *(Sekt)* 香槟酒	Máotáijiǔ 茅台酒
yī bēi 一杯	yī píng (Zählwort: *eine Flasche*) 一瓶		yī tīng / yī guàn *(eine Dose)* 一听 / 一罐	

Trinksprüche

Wèi 为 {
wǒmen de hézuò
我们 的 合作
wǒmen de yǒuyì *(unsere Freundschaft)*
我们 的 友谊
nín de jiànkāng *(Ihre Gesundheit)*
您 的 健康
} gānbēi! 干杯!

Übungen

1. Basisübung

a) Lassen Sie sich von einem Partner oder einer Partnerin die folgenden Speisen und Getränke nennen und bringen Sie diese mit dem passenden Verb «chī» / «hē» zusammen ins Chinesische:

Beispiel: A: Brot — B: chī miànbāo

Jiaozi — Bier — Nudeln — Sauer-scharf-Suppe — Reis — Fischsuppe — Wein — Fleisch — Ei — Eisuppe — Schnaps

b) Lassen Sie sich die folgenden Vergleichsobjekte nennen und bringen Sie diese mit einem passenden Adjektiv (z.B. groß, klein, viel, wenig, teuer, günstig, lecker, scharf, schön, lang, kurz, beschäftigt, müde, überfüllt usw.) ins Chinesische:

Beispiel: A: Beijing / Tianjin – B: Běijīng bǐ Tiānjīn měi.

China / Japan — Hemd / Krawatte — Bus / Zug — Lehrer / Studenten — Sekretärin / Manager — diese Hose / jene Hose — Sichuan-Küche / Guangdong-Küche — diese Suppe / jene Suppe — heute / gestern

2. Austauschübung

a) Zhèr bǐ nàr ānjìng ma?
Zhèr bǐ nàr ānjìng.

zhè ge	nà ge	xīn
chènshān	jiákè	piányì
Shīmìtè	Hú Píng	gāo
zuò fēijī	zuò huǒchē	fāngbiàn
zhè ge diànyǐng	nà ge diànyǐng	cháng
zhè zhǒng zhàoxiàngjī	nà zhǒng zhàoxiàngjī	hǎo

b) Nǐ kàn de dǒng càidān ma?
Wǒ kàn bù dǒng càidān.

kàn	tā de xìn
tīng	tā de Yīngwén
kàn	Jīngjì Xīnwén
tīng	Shūmàn de Déyǔ

c) Wǒ ài hē píjiǔ, dànshì (wǒ) gèng ài hē pútaojiǔ.

xiǎng	qù Lúndūn	qù Bālí
xǐhuān	chī táng	chī qiǎokèlì
xǐhuān	chī jiǎozi	chī húntun
xiǎng	chī niúròu	chī yú

d) Zhè ge diànyǐng hǎokàn.
Nà ge diànyǐng gèng hǎokàn.

hóng chènshān	piányì	lǜ chènshān
zhè ge diànshìjī	guì	nà ge Suǒní
wǒmen zhèr	máng	tāmen nàr
Nánjīng Fàndiàn	jìn	Sìchuān Fàndiàn

e) Nǐ cháng guo Sìchuān cài ma?
Méi cháng guo.

qù	tā nàr
huí	Déguó
kàn	tā de xìn
wèn	tā de tóngshì
mǎi	Zhōngguó yīfu
jiàn	nǐ nǚ péngyǒu de bàba māma

3. Frage-Antwort-Übung

Ergänzen Sie die entsprechende Frage zur gegebenen Antwort, bzw. die entsprechende Antwort zur gegebenen Frage.

A: Nǐmen zuò nǎr?	B: ....
C: Nǐ xiǎng chī / chángchang shénme?	D: ....
C: Lái jǐ ge?	D: .... (eine beliebige Zahl)
E: Nǐ juéde zhèr de píjiǔ zěnmeyàng?	F: ....
E: ....?	F: Wǒ? Wǒ zuì xǐhuān hē Fǎguó xiāngbīn(jiǔ).
G: Nín yào shénme cài?	H: .... (2–3 Speisen)
G: Yào shénme tāng?	H: ....
G: Lái shénme jiǔ?	H: .... (Flasche / Glas)
J: Nǐ qù guo nàr de fàndiàn ma?	Y: .... (ja)
J: Nàr de cài zěnmeyàng?	Y: ....
K: Nǐ kàn de dǒng tā de xìn ma?	L: .... (nein)
A: Nǐ chī guo jiǎozi ma?	B: .... (nein) und .... (Geschmack?)
A: Wèidào búcuò. .... (Macht den Vorschlag, mal welche zu probieren.)	B: Hǎo a. Jīntiān wǒ qǐng nǐ.

4. Wie sagt man's auf Chinesisch?

a) Bei mir ist es nicht besonders ruhig.
b) Bei mir ist es ruhiger als bei dir.
c) Er möchte seine Freundin nicht vorstellen.
d) Mein Kollege Herr Schumann isst kein Fleisch und ich esse keinen Fisch.
e) Sie isst gern scharfe Suppe, ich esse gern salzige.
f) Herr Liu hat schon mal Sichuan-Küche probiert, ich noch nicht.
g) Diesen Film habe ich noch nicht gesehen.
h) Seine Freundin versteht mein Englisch nicht.
i) Er trinkt die Spirituosen von hier nicht gerne.
j) Aber ich meine, das Bier von hier schmeckt nicht schlecht.
k) Wir lassen noch zwei Gläser Wein kommen, wie wär's damit?
l) Auf unsere Freundschaft!

Kandierte Früchte

a) Herr Zhang ist ein bekannter Mensch hier.
b) Maotai ist eine berühmte Spirituose in China.
c) Das ist auch ein bekanntes Gericht in China.
d) Ich meine, wir sollten noch einige Gerichte kommen lassen.
e) Die Suppe von hier ist zu scharf. Ich esse gerne eine wenig(er stark) gewürzte.
f) Ist England oder Deutschland größer?
g) Versteht er das Deutsch vom alten Wang?
h) Die Bedienung des Sichuan-Restaurants fragt uns, was wir essen möchten. (Weil) wir die Speisekarte nicht lesen können, empfiehlt sie einige Sichuan-Gerichte. Wir möchten vegetarische Gerichte probieren, weil wir kein Fleisch essen.

5. Gelenkter Dialog

Übernehmen Sie die Rolle von A oder B (oder C) und führen Sie anhand der nachfolgenden Vorgaben einen Dialog mit einem Partner oder einer Partnerin.

A schlägt B und C vor, sich an einen Platz zu setzen. — **B** ist einverstanden: Es ist dort ruhig und es sind nur wenig Leute dort. — **C** fragt, welche Spezialitäten das Guangdong-Restaurant hat. — **B** möchte zuerst die Speisekarte ansehen und fragt C, was dieser essen möchte. — **C** will kein Fleisch und wählt Fisch. — **B** will weder Fleisch noch Fisch essen. — **C** stellt daher fest, dass sie zusammen zwei vegetarische Gerichte und einen Fisch wollen. — **A** erkundigt sich, ob die Gäste Suppe möchten. — **B** bejaht und bestellt.

A fragt B nach seiner Beurteilung des Fisches. — **B** sagt, dass es ihm schmeckt und fragt A, ob er kosten möchte. — **A** lehnt dankend ab, da er Vegetarier ist. — **B** erinnert sich und fragt A nach dem Geschmack von dessen Gericht. — **A** drückt (große) Zufriedenheit aus. — **B** fragt, ob sie noch ein alkoholisches Getränk bestellen wollen. — **A** stimmt zu und bestellt zwei Gläser Wein.

Versuchen Sie, das Gespräch selbstständig fortzuführen, zum Beispiel durch einen Trinkspruch oder einige Sätze über das Getränk.

+ Freier Dialog: Im Restaurant

Vorschläge zum Inhalt:

Begrüßen von neuen Gästen — Platzempfehlung oder Zuweisung — Frage nach einer «lesbaren» Speisekarte oder einer Empfehlung — Bestellen von Getränken und Gerichten — Nachbestellungen — Bezahlen

Lektion 11: Wetter und Gesundheit

复旦大学附属中山医院
ZHONGSHAN HOSPITAL FUDAN UNIVERSITY

Zielsätze

1. Nǐ hǎoxiàng gǎnmào le?
   你 好像 感冒 了?
   Sie scheinen sich erkältet zu haben.
2. Tāmen zìjǐ dài le yào.
   他们 自己 带 了 药。
   Sie haben selber Medikamente mitgebracht.
3. Wǒmen hái bù xíguàn zhèr de fàn.
   我们 还 不 习惯 这儿的 饭。
   Wir haben uns noch nicht an das Essen hier gewöhnt.
4. Tā méiyǒu shēng bìng.
   他 没有 生 病。
   Sie ist nicht krank geworden.
5. Tāmen měi tiān hěn máng.
   他们 每 天 很 忙。
   Sie haben jeden Tag viel zu tun.
6. Wǒ hái děi dǎ yī ge diànhuà.
   我 还 得 打 一 个 电话。
   Ich muss noch einen Anruf machen.
7. Tā zuìhǎo bié qù le.
   他 最好 别 去 了。
   Er sollte am besten nicht hingehen.

Dialog 1

Frau Bauer (A) sitzt noch nicht lange an ihrer Arbeit, als sie plötzlich mehrmals hintereinander niesen muss. Ein Kollege (B) spricht sie darauf teilnahmsvoll an:

B: Bào'ěr gōngchéngshī, nín hǎoxiàng gǎnmào le?
鲍尔 工程师, 您 好像 感冒 了?
Frau Ingenieur Bauer, Sie scheinen sich erkältet zu haben?!

A: Duì, wǒ yǒudiǎn bù shūfu.
对, 我 有点 不 舒服。
Ja, ich fühle mich ein bisschen unwohl.

B: Yào bu yào qù kànkan yīshēng?
要 不 要 去 看看 医生?
Wollen Sie nicht einen Arzt aufsuchen?

A: Xièxie, búyòng le, wǒ zìjǐ dài le yào.
谢谢, 不用 了, 我 自己 带 了 药。
Danke, nicht nötig, ich habe selber Medikamente mitgebracht.

B: Kànlái, nín bú tài xíguàn zhèr de shēnghuó.
看来, 您 不 太 习惯 这儿的 生活。
So wie es aussieht, haben Sie sich noch nicht ganz an das Leben hier gewöhnt.

A: Duì, wǒ dì yī cì lái Shěnyáng, hái bú tài xíguàn. 对，我第一次来 沈阳， 还 不 太 习惯。	*Genau, da ich das erste Mal in Shenyang bin, habe ich mich noch nicht ganz umgestellt.*
B: Zhèr bǐ nǐmen nàr lěng ma? 这儿比 你们 那儿 冷 吗？	*Ist es hier kälter als bei Ihnen?*
A: Gēn wǒmen nàr yīyàng lěng, dànshì zhèr měi 跟 我们 那儿 一样 冷， 但是 这儿 每 tiān xià xuě. 天 下 雪。	*Genauso kalt wie bei uns, aber hier* *schneit es jeden Tag.*

Dialog 2

Nachdem Herr Rohde (A) schon einen halben Tag lang ohne Unterbrechung an seinem Schreibtisch gearbeitet hat, lässt er sich plötzlich ermattet in einen Sessel fallen:

B: Luódé xiānsheng, nǐ zěnme le? 罗德 先生， 你 怎么 了？ Shēng bìng le? 生 病 了？	*Herr Rohde, was ist los mit Ihnen?* *Sind Sie krank?*
A: Méibìng, zhǐ shì yǒudiǎn lèi. 没病， 只 是 有点 累。	*Nicht krank, ich bin nur ein bisschen müde.*
B: Nǐ měi tiān zhème máng. 你 每 天 这么 忙。	*Sie sind (auch) jeden Tag dermaßen im Stress!*
A: Shì a, jīntiān shìqing tèbié duō. 是啊，今天 事情 特别 多。	*Ja, heute gibt es besonders viel zu tun.*
B: Nà nǐ zǎo diǎn huí jiā xiūxi xiūxi. 那 你 早 点 回 家 休息 休息。	*Dann gehen Sie doch ein wenig früher nach Hause und ruhen sich etwas aus.*
A: Méi guānxi, wǒ hái děi dǎ ge diànhuà, fā ge 没 关系， 我 还 得 打 个 电话， 发 个 yīmèir. Wǎnshàng de yīnyuèhuì jǐ diǎn kāishǐ? 伊妹儿。 晚上 的 音乐会 几 点 开始？	*Es geht schon. Ich muss noch einen Anruf machen und eine E-Mail abschicken.* *Um wieviel Uhr beginnt das Konzert am Abend?*
B: Nǐ tài lèi le, zuìhǎo bié qù le. 你 太 累了， 最好 别 去 了。	*So müde wie Sie sind, sollten Sie am besten nicht hingehen.*
A: Méi shì, tīng yīnyuè yě shì yī zhǒng xiūxi. 没 事， 听 音乐 也 是 一 种 休息。	*Nicht so schlimm. Musik zu hören ist auch eine Art, sich zu entspannen.*

Neue Wörter und Ausdrücke

gōngchéngshī	工程师	*Ingenieur, -in*
hǎoxiàng	好像	*scheinen; anscheinend*
gǎnmào	感冒	*sich erkälten; Erkältung*
le	了	Perfektsuffix
yǒudiǎn	有点	*etwas, ein bisschen (zu)*
shūfu	舒服	*sich wohl fühlen*
kàn yīshēng	看医生	*einen Arzt aufsuchen*
yīshēng	医生	*Arzt*
Búyòng le.	不用了。	*nicht nötig sein, (etwas) nicht (zu tun) brauchen*
zìjǐ	自己	*selbst, selber; eigener, -e, -es*
dài	带	*mitbringen, mitnehmen*
yào	药	*Medikament, Medizin* (Verb: **chī** 吃 *«einnehmen»*)
kànlái	看来	*offenbar, anscheinend*
xíguàn	习惯	*sich gewöhnen, anpassen, umstellen; Gewohnheit*
shēnghuó	生活	*Leben; leben*
dì	第	Vorsilbe zur Bildung von Ordnungszahlen
cì	次	~ mal
lěng	冷	*kalt, kühl* ☯ **rè** 热 *heiß, warm*
gēn ... yīyàng	跟 ...一样	*ebenso wie ...*
yīyàng	一样	*gleich, genauso*
měi	每	*jede, -r, -s*
xià xuě	下雪	*schneien*
Nǐ zěnme le?	你怎么了?	*Was haben Sie denn? Was ist los mit Ihnen?*
shēng bìng	生病	*krank werden*
bìng	病	*krank*
lèi	累	*müde*
zhème	这么	*so, dermaßen*
tèbié	特别	*besonders, außerordentlich*
zǎo	早	*früh* ☯ **wǎn** 晚 *spät*
(yī)diǎn	(一)点	*ein bisschen, ein wenig*
xiūxi	休息	*sich ausruhen, entspannen, Pause machen; Pause*
děi	得	*müssen* ☯ **búyòng** 不用 *nicht nötig sein, nicht müssen*
dǎ diànhuà	打电话	*telefonieren, einen Anruf machen*
fā	发	*abschicken* (Fax, E-Mail)
yīmèir	伊妹儿	*Email*
yīnyuèhuì	音乐会	*Konzert*
zuìhǎo	最好	*am besten; es wäre am besten, wenn ...*
bié	别	*(etwas) nicht (tun)*
Méi shì.	没事。	*Nicht so schlimm! Macht nichts!*
tīng	听	*hören, anhören, zuhören*
yīnyuè	音乐	*Musik*

Anmerkungen und grammatische Erklärungen

1. «**Nín hǎoxiàng gǎnmào le?**» (Sie scheinen sich erkältet zu haben?!) In China wird jemandem, der niest, nicht «Gesundheit!» zugerufen. Man erkundigt sich stattdessen allenfalls, ob er oder sie etwa krank wird oder geworden ist.

2. Der Partikel «**le**» kann sehr unterschiedliche Funktionen haben. Im Folgenden sollen zwei der wesentlichsten Verwendungen vorgestellt werden.

a) «**Le**» kann als Perfektsuffix die Abgeschlossenheit einer Handlung bezeichnen.

Es wird in diesem Fall im Deutschen mit dem Perfekt wiedergegeben. Die Verneinung erfolgt mit «**méiyǒu**» oder «**méi**», wobei der Partikel «le» wegfällt. Um einen Positiv-Negativ-Fragesatz zu bilden, setzt man nur «méiyǒu» an das Ende des Aussagesatzes.

Vor dem Objekt des Satzes steht dabei meistens eine Mengenbezeichnung oder eine attributive Ergänzung.

Tā mǎi le jǐ běn shū?	*Wieviele Bücher hat sie gekauft?*
Tā mǎi le sān běn shū.	*Sie hat drei Bücher gekauft.*
Tā mǎi le hěnduō shū.	*Sie hat sich viele Bücher gekauft.*
Tā mǎi le shénme shū?	*Was für ein Buch hat sie gekauft?*
Tā mǎi le Hànyǔ shū.	*Sie hat ein Chinesischlehrbuch gekauft.*
Tā mǎi le nà běn shū ma?	*Hat er das Buch gekauft?*
Tā mǎi le nà běn shū **méiyǒu?**	*Hat er das Buch gekauft?*
Tā mǎi le nà běn shū.	*Er hat das Buch gekauft.*
Tā **méiyǒu** mǎi nà běn shū.	*Er hat das Buch **nicht** gekauft.*

b) «**Le**» kann außerdem ausdrücken, dass sich eine Situation verändert hat und ein neuer Zustand eingetreten ist. In dieser Bedeutung steht «le» am Satzende. Im Deutschen kann man es mit «denn nun» oder «denn jetzt» wiedergeben.
Auch hier wird mit «**méiyǒu**» oder «**méi**» verneint und «le» fällt weg.
Ein Positiv-Negativ-Fragesatz wird wie in a) gebildet.

Tā mǎi nà běn shū **le** ma?	*Hat er das Buch **(denn jetzt)** gekauft?*
Tā mǎi nà běn shū **le méiyǒu**?	*Hat er das Buch **(denn jetzt)** gekauft?*
Tā mǎi nà běn shū **le**.	*Er hat das Buch **(jetzt)** gekauft.*
Tā **méiyǒu** mǎi nà běn shū.	*Er hat das Buch **(jetzt) nicht** gekauft.*
Tā jīnnián sānshí suì le.	*Sie ist dieses Jahr 30 Jahre alt geworden.*
Xiànzài píngguǒ dōu guì le.	*Jetzt sind die Äpfel alle teuer geworden.*

3. Verb + «**le**» und Verb + «**guo**» im Vergleich

Ein Verb mit nachfolgendem «le» bezeichnet eine Handlung, die zu einem bestimmten Zeitpunkt in der Vergangenheit erfolgt ist.

Wǒ zuótiān cháng **le** Máotái. — *Gestern **habe** ich Maotai probiert.*

Ein Verb mit angehängtem «guo» bedeutet dagegen, dass etwas irgendwann einmal erlebt, erfahren oder getan worden ist.

Wǒ yǐqián cháng **guo** Máotái. — *Ich **habe** früher **schon mal** Maotai probiert.*

Der Inhalt eines Satzes mit dem Partikel «le» kann mit der Gegenwart noch in Beziehung stehen (a), während «guo» eine Handlung bezeichnet, die nicht mehr in die Gegenwart hineinreicht (b).

a) Tā **qù le** Běijīng.	*Sie **ist** nach Peking **gefahren**.* [Und ist noch immer da.]
b) Tā **qù guo** Běijīng.	*Sie **ist schon** in Peking **gewesen**.* [Und ist längst zurück.]

Beachten Sie: Die Verneinungen von a) und b) lauten:

a) Tā **méi(yǒu) qù** Běijīng.	*Sie ist **nicht** nach Peking **gefahren**.*
b) Tā **méi(yǒu) qù guo** Běijīng.	*Sie ist noch **nie** in Peking **gewesen**.*

4. «**Yǒudiǎn**» (ein bisschen, etwas) steht in der Regel vor Adjektiven und drückt oft unangenehme Empfindungen aus. (☞ Seite 133, Punkt 10)

yǒudiǎn bù shūfu: *ein bisschen unwohl*; yǒudiǎn bù gāoxìng: *etwas ärgerlich*

5. Das Wort «**zìjǐ**» kann, je nachdem ob es adjektivisch gebraucht wird und einem (Pro-)Nomen nachgestellt ist (a) oder selbst Pronomen ist (b), die Bedeutungen «eigen, persönlich» oder «selbst, selber» annehmen.

a) Zhè shì wǒ zìjǐ de zhàoxiàngjī. — *Das ist mein eigener Fotoapparat.*
b) Xīngqītiān tā zìjǐ yǒu ge yuēhuì. — *Am Sonntag hat sie selbst eine Verabredung.*

6. «**Kànlái**» (anscheinend, offenbar) kann als feste Wendung am Satzanfang stehen.

Kànlái tā xǐhuān Zhōngguó cài, bù xǐhuān Rìběn cài.
Offenbar mag er chinesisches, aber kein japanisches Essen.

Es kann aber auch als Einschub verwendet werden.

Tā hái méiyǒu hē guo píjiǔ; tā kànlái bù hē jiǔ.
Er hat noch kein Bier getrunken; offenbar trinkt er keinen Alkohol.

7. Die Konstruktion «**... gēn / hé ... yīyàng**» (... ist ebenso / dasselbe wie ...) bezeichnet das Gleichsein von Dingen oder Sachverhalten. Die Verneinung erfolgt mit «bù», das in der Regel unmittelbar vor «yīyàng» steht.

Nǐ de zhàoxiàngjī **hé** wǒ de **yīyàng**.	*Dein Fotoapparat ist **der gleiche wie** meiner.*

Wird eine gemeinsame Eigenschaft angegeben, steht das Adjektiv immer hinter «yīyàng».

Zhèr de dōngtiān **gēn** Běijīng de (dōngtiān) **yīyàng** lěng.
*Der Winter hier ist **genauso** kalt **wie** der in Peking.*

8. Folgt «**nǐ zěnme le?**» eine Frage nach dem Befinden (z. B. «Nǐ shēng bìng le ma?» — *Sind Sie krank?*), drückt es Anteilnahme aus: «Was haben Sie denn? Was ist denn los?». Steht «nǐ zěnme le?» dagegen allein, bedeutet es soviel wie «Was ist denn in Sie gefahren?».

9. «**Měi**» (jede, -r, -s) benötigt ein Zählwort, wenn es in Verbindung mit einem Substantiv steht.
Tā měi ge xīngqī kàn diànyǐng. — *Sie geht jede Woche ins Kino.*

Nach «měi» darf man das Zählwort «ge» auch nicht vor «tiān» oder «nián» stellen:

Wǒmen zhèr měi nián xià xuě.	*Bei uns schneit es jedes Jahr.*
Tā zuìjìn měi tiān chī yào.	*Er nimmt das Medikament zur Zeit jeden Tag.*

10. «**(Yī)diǎn**» hat die Bedeutung «ein wenig, etwas» (a). Wenn es hinter Adjektiven steht, drückt es den Komparativ dieser Adjektive aus (b). Die erste Silbe «yī» fällt in der Umgangssprache oft weg.

a) Nǐ zài hē yīdiǎn píjiǔ ba.	*Trink noch ein bisschen Bier.*
b) Nǐ yǒu mei yǒu piányì diǎn de?	*Haben Sie auch ein bisschen billigere?*

11. Das Verb «**děi**» (müssen) bezeichnet eine subjektive oder objektive Notwendigkeit. In dieser Bedeutung ist seine Negation «**búyòng**» (nicht brauchen, nicht nötig sein).

Wǒ děi bāng(zhù) tā.	*Ich muss ihm helfen.*
Nǐ búyòng bāng(zhù) tā.	*Du brauchst ihm nicht zu helfen.*

12. «**Bié**» (nicht) steht in Aufforderungssätzen und kann entweder den Charakter einer Überredung besitzen (a) oder eine Warnung, ein Verbot ausdrücken (b). In beiden Fällen bedeutet «bié» soviel wie «bú yào» (nicht sollen, nicht dürfen).

a) Bié zǒu, zài zhèr chī fàn ba! — *Geh (noch) nicht, iß hier etwas.*
b) Nǐ bié gàosù tā wǒ hái zài zhèr. — *Du darfst ihr nicht sagen, dass ich noch hier bin.*

Das grüne Logo der chinesischen Apotheken

Wortfelder

Gesundheit

gǎnmào 感冒	késòu *(Husten)* 咳嗽	fāshāo *(Fieber haben)* 发烧	lādùzi *(Durchfall haben)* 拉肚子

tóuténg / wèiténg / yáténg *(Kopf- / Magen- / Zahnschmerzen haben)*
头疼 / 胃疼 / 牙疼

Im Krankenhaus

yīyuàn *(Krankenhaus)* 医院	yīshēng / dàifu *(Arzt)* 医生 / 大夫	bìngrén *(Patient)* 病人
hùshì *(Krankenschwester)* 护士	yàodiàn *(Apotheke)* 药店	

kàn yīshēng / dàifu / bìng *(einen Arzt aufsuchen)*
看医生 / 大夫 / 病

Wetter

tiānqì *(Wetter)* 天气	qíngtiān *(klar)* 晴天	yīntiān *(bewölkt)* 阴天	
fēng *(Wind)* 风	táifēng *(Taifun)* 台风	guā fēng *(es ist windig)* 刮风	
yǔ *(Regen)* 雨	xuě (*Schnee*) 雪	xià yǔ *(regnen)* 下雨	xià xuě 下雪
lěng 冷	rè 热	liáng *(kühl)* 凉	nuǎnhuo *(warm, mild)* 暖和

Vergleichsangaben

gēn ... yīyàng 跟 ... 一样	gēn ... bù yīyàng *(anders als, nicht so wie)* 跟 ... 不一样

gēn ... chàbuduō *(ungefähr wie)*
跟 ... 差不多

Elektronische Kommunikation

gěi rén dǎ dian huà *(jemanden anrufen)* 给人打电话	gěi rén fā duǎnxìn *(jemandem eine SMS schicken)* 给人发短信

gěi rén fā yīmèir / diànzǐ yóujiàn *(jemandem eine E-mail schicken)*
给人发伊妹儿 / 电子邮件

Musik

liúxíng(yīn)yuè *(Unterhaltungsmusik)* 流行(音)乐		yáogǔn(yīn)yuè *(Rockmusik)* 摇滚(音)乐
jiāoxiǎng(yīn)yuè *(Symphonie)* 交响(音)乐		juéshì(yīn)yuè *(Jazz)* 爵士(音)乐
dísīkē *(Disko)* 迪斯科	gējù *(Oper)* 歌剧	yīnyuètīng *(Konzerthalle)* 音乐厅

Übungen

1. Basisübung

a) Lassen Sie sich von einem Partner oder einer Partnerin die folgenden Substantive nennen und bringen Sie diese mit dem Wort «měi» und dem passenden Zählwort (ge / bēi / zhāng / jīn / píng / tiáo / jiàn / wǎn) zusammen ins Chinesische:

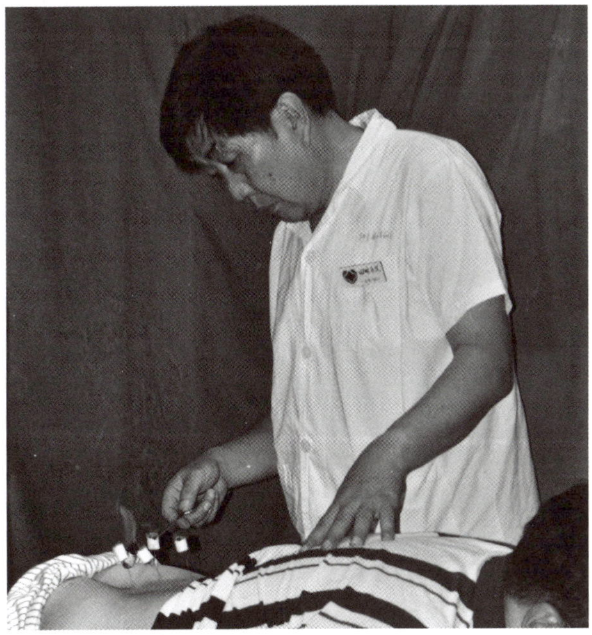

Beispiel: A: Freund — B: Měi ge péngyǒu

Wein — Kollege — Dandan-Nudeln — Suppe — Sekretärin — Tag — Bluse — Fotoapparat — Geschäft — Mensch — Bier — Sommer — Zeitung — Banane — Vormittag — Jacke — Mandarinen — Übersetzer — Jahr — Deutsche — Quittung — Büro — Firma — vegetarisches Gericht — Woche — Maotai — Stadt — Ort — Stunde — Krawatte — Ausstellung — Monat — Stadtplan — Telefon — Äpfel — Supermarkt — SMS — Universität — Adresse

b) Lassen Sie sich nun unter Verwendung der folgenden Verben Fragen stellen, die Sie negativ beantworten müssen:

Beispiel: A: Tā shuō le ma? — B: Tā méiyǒu shuō.

lesen — suchen — weggehen — kommen — ankommen — fragen — sagen — essen — trinken — probieren — übersetzen — besichtigen — ausruhen — arbeiten — sich gewöhnen — lernen — krank werden

2. Austauschübung

a) Nǐ zhīdào Kèlè chǎngzhǎng zài nǎr?
Kèlè chǎngzhǎng hǎoxiàng zǒu le.

huí jiā	qù jiē nǐ
xià bān	qù kàn diànyǐng
qù yīyuàn	qù xiǎomàibù

b) Tā zìjǐ mǎi yīfu.
Shì ma?

zuò yīfu	kāi chē shàng bān
zuò fàn	qù jīchǎng
dài shū	qù yīyuàn kàn bìng

c) Nǐ xíguàn zhèr de qiūtiān ma?
Bú tài xíguàn.

zhèr de gōngzuò	bǐjiào xíguàn
Déguó de tiānqì	xíguàn le
zhèr de shēnghuó	hái bú tài xíguàn
Zhōngguó fàn	hěn bù xíguàn

d) Tā shēng bìng le ma?
Tā méiyǒu shēng bìng.

dào	wèn
lái	zuò fàn

e) Tā zuìjìn měi tiān hěn wǎn huílái ma?
Duì, tā měi tiān hěn wǎn huílái.

yǒu yuēhuì	zìjǐ zuò fàn
hěn máng	qù yīyuàn
chī yào	yǒu Zhōngwén kè

f) Zhōngwén gēn Rìwén yīyàng nán ba?
Bù, Zhōngwén bǐ Rìwén nán.

tā de Yīngyǔ	Fǎyǔ	hǎo
Déguó	Yīngguó	dà
zhèr de dìtiě	qìchē	jǐ
tā	Wáng Jiàn	gāo
Sìchuān Fàndiàn	Guǎngdōng Fàndiàn	dà
mìshū	fānyì	máng

g) Nǐ hái yǒu shì ma?
Wǒ hái děi dǎ yī ge diànhuà.

zhǎo yīxià bàozhǐ	qù Shūmàn xiānsheng nàr
huí bàngōngshì	xiān chī diǎn shénme
mǎi yī zhāng dìtú	xiě liǎng fēng xìn

h) Nǐ zuìhǎo zǎo diǎn lái.

qù kànkan yīshēng	wènwen Zhāng lǎoshī
bié hē jiǔ	kànkan dìtú
zuò chē qù	xué diǎn Rìyǔ

3. Frage-Antwort-Übung

Ergänzen Sie die entsprechende Frage zur gegebenen Antwort, bzw. die entsprechende Antwort zur gegebenen Frage.

A: Nǐ hǎoxiàng yǒudiǎn bù shūfu? — B: .... (ja)
A: Nǐ yào bu yào qù kàn yīshēng? — B: ....

C: Nǐ zěnme le? Shēng bìng le? — D: ....
C: ....? — D: Wǒ hái bú tài xíguàn zhèr de fàn.

E: Nǐ zài jiā chī shénme? — F: ....
G: Jǐ diǎn de yīnyuèhuì? — H: ....
I: Yīnyuèhuì jǐ diǎn kāishǐ? — J: ....
K: Nǐ měi tiān wǎnshàng chī shénme? — L: ....

A: Nǐ dài le yào ma? — B: .... (ein bisschen)
A: ....? — B: Wǒ zhǐ yǒu gǎnmào de yào.

C: Nǐ qù guo Zhōngguó ma?
C: Qù guo jǐ cì?
C: ....?!

D: ....
D: .... (vier Mal)
D: Duì, zhè cì shì dì wǔ cì.

E: Nǐ jīntiān yào chī guo ma?
E: Chī guo jǐ cì?

F: ....
F: ....

G: Nǐ yào chī le ma?

H: .... (noch nicht)

4. Wie sagt man's auf Chinesisch?

a) Schumann scheint gegangen zu sein.
b) Sie hat sich nicht erkältet, ich habe mich erkältet.
c) Er muss jeden Tag Medizin einnehmen.
d) Neulich war das Wetter nicht besonders gut und wir haben uns alle ein bisschen unwohl gefühlt.
e) Er möchte keinen Arzt aufsuchen. Er sagt, er hat selber Medikamente gegen Erkältung («Erkältungs-Medikamente») mitgebracht.
f) Offenbar müssen sie alle zum Arzt gehen.
g) Ich habe mich (noch) nicht ganz an das Essen hier gewöhnt.
h) Jede Stadt hat ihre eigene Spezialität.
i) Sie kommt jeden Tag sehr früh in die Firma.

a) Das ist mein eigener Fotoapparat.
b) Diese Videokamera ist meine eigene.
c) Das ist seine Sache, wir fragen am besten nicht.
d) Es wäre am besten, wenn es morgen nicht regnet. Dann könnten wir hinlaufen.
e) Ich bin heute besonders müde und möchte ein bisschen früher nach Hause gehen.
f) Drinnen und draußen ist es gleichermaßen heiß.
g) Nein, drinnen ist (es) nicht so wie draußen. Drinnen ist es heiß, draußen ist es kalt.
h) Sie trinkt jeden Abend Alkohol.
i) Gestern und heute hatte ich viel zu tun und bin ziemlich müde. Frau Zhang meint, ich gehe am besten früher nach Hause und ruhe mich aus. Ich möchte mich nicht zu Hause ausruhen, (sondern) ich möchte (mir) ein Konzert anhören gehen. Musik zu hören ist auch eine sehr gute Erholung.

5. Gelenkter Dialog

Übernehmen Sie die Rolle von A oder B (oder C) und führen Sie anhand der nachfolgenden Vorgaben einen Dialog mit einem Partner oder einer Partnerin.

A fragt B, ob er Medikamente gegen Erkältung hat. — **B** bejaht und erkundigt sich besorgt, ob A sich erkältet habe. — **A** bestätigt, dass sie sich nicht wohl fühlt. — **B** schlägt ihr vor, zum Arzt zu gehen. — **A** meint, dass ein Arzt nicht nötig ist. — **B** erinnert daran, dass es die Woche über jeden Tag geregnet hat. Auch er hat sich sehr unwohl gefühlt. — **A** erkundigt sich nach dem Wetter des kommenden Tages. — **B** schätzt, dass es schön wird. — **A** ist überrascht und äußert Begeisterung.

Versuchen Sie, das Gespräch selbstständig fortzuführen, indem beide sich zum Beispiel über Pläne für den kommenden Tag unterhalten.

A will von B wissen, ob dieser sich schon an die Arbeit hier gewöhnt hat. — **B** sagt, noch nicht sehr. — **A** meint zu sehen, dass B müde ist. — **B** bestätigt und ergänzt, dass er gerade besonders viel zu tun hat. — **A** möchte wissen, ob das jeden Tag so ist. — **B** entgegnet, dass es nur an zwei bestimmten Wochentagen so ist. — **A** rät B, sich (am Wochenende) mal auszuruhen. — **B** gibt A recht, setzt aber zu einem Einwand an. — **A** fragt nach der Ursache. — **B** nennt ihm den Grund, weshalb er sich am Wochende erstmal noch nicht ausruhen kann: Er muss noch ...

Versuchen Sie, das Gespräch selbstständig fortzuführen, indem Sie den Grund von B angeben (eine Konferenz, eine Besichtigung oder ähnliches).

+ Freier Dialog: Wetter / Gesundheit

Vorschläge zum Inhalt:

1. Unterhaltung über die Umstellung auf ein bestimmtes Klima. Vergleich des Wetters Deutschland / China.
2. Bestimmte körperliche Beschwerden und wie man ihnen abhelfen könnte.

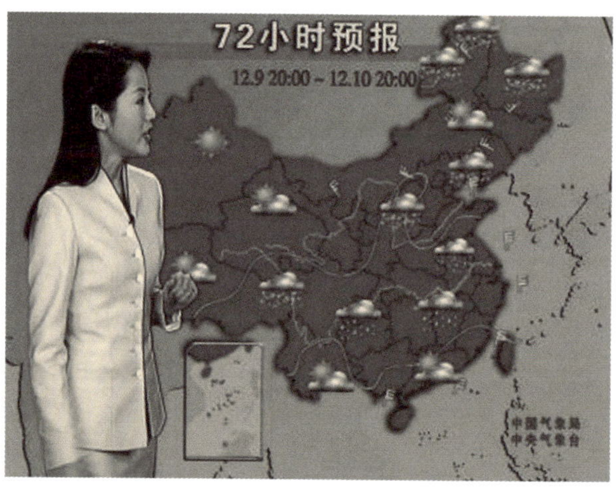

Lektion 12: Besuche

Zielsätze

1. Nǐmen zhèr bù hǎo zhǎo.
   你们 这儿 不 好 找。
   Ihr seid hier nicht (sehr) leicht zu finden.
2. Tā chūqù mǎi dōngxi le.
   他 出去 买 东西 了。
   Er ist etwas einkaufen gegangen.
3. Wǒ jīnnián èrshíyī suì.
   我 今年 二十一 岁。
   Ich bin (dieses Jahr) 21 Jahre alt.
4. Tā yībiān kàn shū, yībiān tīng yīnyuè.
   他 一边 看 书， 一边 听 音乐。
   Sie hört Musik beim Lesen.
5. Nǐ gāngcái zài zuò shénme?
   你 刚才 在 做 什么？
   Was hast du gerade eben gemacht?
6. Kěxī tā zhè cì tī de bù hǎo.
   可惜他 这次踢得不 好。
   Leider hat er dieses Mal nicht gut gespielt.
7. Méi xiǎng dào nǐ shì ge zúqiúmí.
   没 想 到 你 是 个 足球迷。
   Ich hätte nicht gedacht, dass du ein Fußballfan bist.

Dialog 1

Frau Klee (A) besucht ihre Bekannte Frau Wang (B) zu Hause. Nachdem diese Frau Klee begrüßt hat, bittet sie sie herein und führt sie ins Wohnzimmer:

B: Hǎojiǔ bú jiàn le, jìnlái zěnmeyàng?
好久 不 见 了，近来 怎么样？
Wir haben uns lange nicht gesehen. Wie geht es Ihnen in letzter Zeit?

A: Lǎoyàngzi. Nǐ shēntǐ hǎo ma?
老样子。 你 身体 好 吗？
(Danke), ganz wie immer. Sind Sie bei guter Gesundheit?

B: Yě shì lǎoyàngzi. Wǒmen zhèr hǎo zhǎo ma?
也 是 老样子。 我们 这儿 好 找 吗？
Auch wie sonst. Waren wir hier leicht zu finden?

A: Hái kěyǐ, lùshàng wǒ wèn le jǐ ge rén.
还 可以，路上 我 问 了几个 人。
Es ging so. Ich habe unterwegs einige Leute (nach dem Weg) gefragt.

B: Lái, qǐng zuò. Chōu yān ma?
来，请 坐。 抽 烟 吗？
Kommen Sie, setzen Sie sich bitte. Eine Zigarette?

A: Bù, xièxie, wǒ bù chōu yān.
不，谢谢，我 不 抽 烟。
Nein danke, ich rauche nicht.

B: Hē diǎn shénme? Kāfēi háishì kělè?
喝 点 什么？ 咖啡 还是 可乐？
Was möchten Sie trinken? Kaffee oder Cola?

A: Suíbiàn. Nǐ àiren ne?
随便。你 爱人 呢？
Egal. – Wo ist (denn) Ihr Mann?

B: Tā chūqù mǎi dōngxi le, děngyīhuìr jiù huílái.
他 出去 买 东西 了，等一会儿 就 回来。
Mein Mann ist weggegangen, um etwas einzukaufen. Er wird gleich zurück sein.

A: Zhè shì nǐ nǚ'ér ba? Jīnnián duō dà le?
这 是 你 女儿 吧？今年 多 大了？
Jiéhūn le ma?
结婚 了 吗？
(Weist auf ein an der Wand hängendes Foto:) *Das ist Ihre Tochter, nicht wahr? Wie alt ist sie (dieses Jahr)? Ist sie (schon) verheiratet?*

B: Tā èrshíwǔ suì, hái méiyǒu jiéhūn, tā zài dàxué
她 二十五 岁，还 没有 结婚，她 在 大学
xué qǐyè guǎnlǐ.
学 企业 管理。
Sie ist 25 und noch nicht verheiratet. Sie studiert Betriebswirtschaft an der Universität.

Dialog 2

Frau Liu (A) besucht ihren Kollegen Herrn Sand (B). Weil sie den Weg nicht gut kennt, verspätet sie sich um zwanzig Minuten:

A: Sāngdé xiānsheng, duìbuqǐ, wǒ lái wǎn le.
桑德 先生，对不起，我 来 晚 了。
Entschuldigen Sie Herr Sand, ich habe mich verspätet.

B: Méi guānxi, wǒ yībiān kàn diànshì,
没 关系，我 一边 看 电视，
yībiān děng nǐ.
一边 等 你。
Macht nichts. Ich habe ferngesehen, während ich auf Sie gewartet habe.

A: Nǐ gāngcái zài kàn shénme jiémù?
你 刚才 在 看 什么 节目？
Was haben Sie sich gerade für eine Sendung angeschaut?

B: Zuótiān de zúqiú bǐsài.
昨天 的 足球 比赛。
Das Fußballspiel von gestern.

A: Mùlè yě cānjiā le ba?
穆勒 也 参加 了吧？
Hat Müller auch daran teilgenommen?

B: Duì, kěxī tā zhè cì tī de bú tài hǎo.
对，可惜 他 这 次 踢得 不 太 好。
Ja. Leider hat er dieses Mal nicht besonders gut gespielt.

A: Méi xiǎng dào nǐ shì ge zúqiúmí.
没 想 到 你 是 个 足球迷。
Ich hätte nicht gedacht, dass Sie ein Fußballfan sind.

B: Nǐ xǐhuān shénme tǐyù yùndòng?
你 喜欢 什么 体育 运动？
Was mögen Sie (denn) für Sport?

A: Wǒ jīngcháng pǎobù, yóuyǒng.
我 经常 跑步，游泳。
Ich laufe und schwimme regelmäßig.

Neue Wörter und Ausdrücke

Hǎojiǔ bú jiàn le.	好久不见了。	*Wir haben uns lange nicht gesehen.*
Jìnlái zěnmeyàng?	近来怎么样？	*Wie geht's dir / Ihnen in letzter Zeit?*
jìnlái	近来	*neulich, seit Kurzem, seit letzter Zeit*
lǎoyàngzi	老样子	*so wie sonst / immer*
Nǐ shēntǐ hǎo ma?	你身体好吗？	*Bist du / sind Sie bei guter Gesundheit?*
shēntǐ	身体	*Körper*
hǎo zhǎo	好找	*leicht zu finden*
hǎo + Verb	好	*leicht zu ..., bequem zu ...* ☯ **nán ...; bù hǎo ...** 难；不好 *schwierig zu ...*
hái kěyǐ	还可以	*es geht so*
lùshàng	路上	*unterwegs*
jǐ	几	*einige*
chōu yān	抽烟	*rauchen*
kāfēi	咖啡	*Kaffee*
(kěkǒu-)kělè	(可口)可乐	*(Coca-)Cola*
suíbiàn	随便	*egal; «irgendwas»*
àiren	爱人	*(Ehe-)Frau; (Ehe-)Mann*
chūqù	出去	*hinausgehen, weggehen* ☯ **jìnlái** 进来 *hereinkommen*
mǎi dōngxi	买东西	*etwas einkaufen*
dōngxi	东西	*Ding, Sache*
děngyīhuìr	等一会儿	*in einem Augenblick, gleich*
yīhuìr	一会儿	*in einem Augenblick, gleich*
jiù	就	*gleich (danach), sofort*
nǚ'ér	女儿	*Tochter*
dà	大	hier: *alt*
jiéhūn	结婚	*heiraten* ☯ **líhūn** 离婚 *sich scheiden lassen; Scheidung*
suì	岁	*Jahr* (Lebensalter)
xué(xí)	学(习)	*lernen, studieren*
qǐyè guǎnlǐ	企业管理	*Betriebswirtschaft*
qǐyè	企业	*Betrieb, Unternehmen*
yībiān ..., yībiān ...	一边 ...， 一边 ...	*gleichzeitig etwas tun, beim ...*
kàn diànshì	看电视	*fernsehen*
diànshì	电视	*Fernseher*
gāngcái	刚才	*gerade, eben* (etwas getan haben)
jiémù	节目	*Programm, Sendung*
zúqiú	足球	*Fußball*
bǐsài	比赛	*Wettkampf, Match, Turnier*
Mùlè	穆勒	Eigenname: *Müller*
cānjiā	参加	*teilnehmen, mitmachen*
kěxī	可惜	*leider; bedauerlicherweise; schade, dass ...*
tī	踢	*spielen* (mit dem Fuß)

de	得	Partikel zur Bildung der Ergänzung des Grades (Grammatische Erklärung ☞ Lektion 13, Punkt 2)
méi xiǎng dào ...	没想到 ...	*Ich hätte nicht gedacht, dass ...*
mí	迷	*～Fan*
tǐyù	体育	*Sport*
yùndòng	运动	*Sport; Bewegung*
jīngcháng	经常	*häufig; regelmäßig*
pǎobù	跑步	*joggen, laufen*
yóuyǒng	游泳	*schwimmen*

Anmerkungen und grammatische Erklärungen

1. «**Jǐ**» (einige) gibt eine unbestimmte, geringe Menge an. Nach «jǐ» muss ein Zählwort stehen.

Nàr yǒu jǐ zhāng zhǐ. — *Dort liegen einige Blatt Papier.*

(☞ Unterscheiden Sie «jǐ» als Fragewort in der Bedeutung «wieviele», Lektion 6, Grammatik Punkt 5.)

2. «**Suíbiàn**» (egal, irgendetwas) wird auf Alternativangebote oder (vorschlagende) Fragen geantwortet, wenn man mit allen Möglichkeiten gleichermaßen einverstanden ist.

Wǒmen jīntiān wǎnshàng qù nǎr? — Suíbiàn (qù nǎr).
Wohin gehen wir heute Abend? — *(Wir können) irgendwo hin(gehen).*

3. «**Nǐ àiren ne?**» (Wo ist denn Ihr Mann?) Steht der Fragepartikel «ne» nach einem (Pro-)Nomen, kann er danach fragen, wo eine Person oder ein Gegenstand ist: «Wo ist denn ...?» / «Wo sind denn ...?»
Heutzutage benutzt man in der Volksrepublik China wieder häufig die Wörter «**tàitai**» (Ehefrau) und «**xiānsheng**» (Ehemann), die seit Ende der vierziger Jahre als «bürgerlich» galten.
«**qīzi**» (Ehefrau) und «**zhàngfu**» (Ehemann) werden dagegen meist in offizielleren Situationen verwendet (☞ Wortfelder dieser Lektion).

4. Das Adverb «**jiù**» (gleich, sofort) kann betonen, dass eine Handlung innerhalb kurzer Zeit oder unmittelbar nach einem genannten Zeitraum ausgeführt wird.

Wǒ **jiù** qù.	*Ich komme / gehe* ***gleich***.
Tā míngtiān **jiù** huílái.	*Sie kommt morgen* ***sofort*** *zurück.*

5. Die Frage «**duō dà le?**» (wörtlich: wie groß?) fragt nach dem Alter einer Person.

Zu beachten ist, dass Lebensjahre grundsätzlich mit «**suì**» hinter der Zahl angegeben werden und nie mit «nián» (Kalenderjahr). Bei der Nennung des Alters wird meistens «jīnnián» (dieses Jahr) hinzugefügt.

Wǒ jīnnián wǔshí suì. — *Ich bin (dieses Jahr) fünfzig Jahre (alt).*

6. «**Yībiān ..., yībiān ...**» steht vor (zwei) Handlungen, die das Subjekt zur gleichen Zeit ausführt. Im Deutschen wird es mit «bei» oder «während» wiedergegeben.

Tā yībiān chī fàn, yībiān kàn bàozhǐ. — *Sie liest beim Essen Zeitung.*

7. Nǐ gāngcái zài kàn shénme jiémù?

Zu «**zài**» in Sätzen mit Vergangenheitscharakter vgl. Lektion 9, Punkt 4.

8. «**Gāngcái**» (gerade, eben) steht nur vor Handlungen oder Ereignissen, die unmittelbar vor ihrer Erwähnung stattgefunden haben.

Nǐ gāngcái qù nǎr le? / Gāngcái nǐ qù nǎr le?	*Wohin bist du gerade gegangen?*
Gāngcái lái guo yī ge diànhuà.	*Soeben ist ein Anruf gekommen.*

9. Das Adverb «**kěxī**» (leider, bedauerlicherweise) steht immer vor dem Subjekt des Satzes.
Wǒ hěn xiǎng qù Xī'ān kànkan, kěxī wǒ méiyǒu shíjiān.

Ich würde sehr gerne mal Xi'an anschauen fahren, aber leider habe ich keine Zeit.

10. Der Ausdruck «**méi xiǎng dào**» (Ich hätte nicht gedacht, dass ...) wird wie eine Wendung gebraucht. Das Wort «dào» ist eine sogenannte Ergänzung des Resultats. Diese Ergänzung wird einem Verb angehängt, um das konkrete Ergebnis der Handlung dieses Verbs zu benennen. (☞ Lektion 13, Punkt 6 der Anmerkungen) «Dào» drückt entweder aus, dass eine Person oder Sache an einem Ort angekommen ist (a) oder dass eine Handlung erfolgreich ausgeführt wurde (b).

a) Tā huí dào Déguó le. — *Sie ist nach Deutschland zurückgekehrt.*
b) Wǒ mǎi dào nà běn shū le. — *Ich habe das Buch kaufen können / bekommen.*

Häufige Ergänzungen des Resultats mit «dào» sind:

tīng dào	*gehört haben*	xué dào	*erlernt haben*
zhǎo dào	*gefunden haben*	lái dào	*gekommen sein*
kàn dào	*erblickt haben*	huí dào	*zurückgekehrt sein*
jiè dào	*geliehen haben*	xiǎng dào	*gedacht haben*

Verneint wird die Ergänzung mit «**méi(yǒu)**» vor dem Verb. «**Le**» fällt weg.

Nǐ zhǎo dào tā le ma?	*Hast du ihn gefunden?*
Nǐ zhǎo dào tā méiyǒu?	*Hast du ihn gefunden?*
Wǒ zhǎo dào tā le.	*Ich habe ihn gefunden.*
Wǒ méi(yǒu) zhǎo dào tā.	*Ich habe ihn nicht gefunden.*

Wortfelder

Getränke

chá *(Tee)*
茶

lǜchá *(grüner Tee)*
绿茶

hóngchá *(schwarzer Tee)*
红茶

kāfēi
咖啡

kěkǒu-kělè
可口可乐

chéngzhī *(Orangensaft)*
橙汁

niúnǎi *(Milch)*
牛奶

yēnǎi *(Kokosmilch)*
椰奶

shuǐ *(Wasser)*
水

kuàngquánshuǐ *(Mineralwasser)*
矿泉水

kāishuǐ *(abgekochtes Wasser)*
开水

Familienmitglieder (2) (☞ Wortfeld Lektion 2)

àiren
爱人

qīzi / tàitai *(Ehefrau)*
妻子 / 太太

zhàngfu / xiānsheng *(Ehemann)*
丈夫 / 先生

háizi *(Kind)*
孩子

érzi *(Sohn)*
儿子

nǚ'ér
女儿

Studium

xuéxí *(studieren)*
学习

yánjiū *(forschen)*
研究

shíxí *(ein Praktikum machen)*
实习

xué(xí)
学(习)

jīngjì *(Wirtschaft)*
经济

yīxué *(Medizin)*
医学

qǐyè guǎnlǐ
企业管理

wàimào *(Außenhandel)*
外贸

xìnxīxué *(Informatik)*
信息学

fǎlǜ *(Jura)*
法律

Häufigkeit

yīzhí *(immer)*
一直

jīngcháng
经常

yǒushí *(manchmal)*
有时

hěnshǎo *(selten)*
很少

cónglái bù / cónglái méiyǒu *(nie)*
从来不 / 从来没有

Sportarten

pǎobù
跑步

yóuyǒng
游泳

sànbù *(spazierengehen)*
散步

dǎ *(mit der Hand spielen)*
打

lánqiú *(Basketball)*
篮球

páiqiú *(Volleyball)*
排球

wǎngqiú *(Tennis)*
网球

pīngpāngqiú *(Tischtennis)*
乒乓球

gāo'ěrfū *(Golf)*
高尔夫

tī *(mit dem Fuß spielen)*
踢

zúqiú *(Fußball)*
足球

Übungen

1. Basisübung

a) Lassen Sie sich von einem Partner oder einer Partnerin die folgenden Verben nennen und formulieren Sie damit Positiv-Negativ-Fragesätze. Ihr Partner / Ihre Partnerin gibt darauf verneinende Antworten:

Beispiel: A: Wǒ jiā hǎo bu hǎo zhǎo? — B: Bù hǎo zhǎo.

lernen — schreiben — laufen — mitnehmen — machen — verkaufen — kaufen — organisieren — übersetzen

b) Lassen Sie sich nun nach dem Alter einer Person fragen und benutzen Sie die in Klammern gesetzten Angaben als Antworten:

Beispiel: A: Tā duō dà le? — B: (Tā) shíyī suì le. / (Tā) jiǔ ge yuè le.

(Jahre:) 11 — 34 — 3 — 45 — 65 — 12 — 90 — 99 — 20 — 29
(Monate:) 6 — 12 — 3 — 7 — 2

2. Austauschübung

a) Huǒchēzhàn hǎo zhǎo ma?
Bú tài hǎo zhǎo.

Rìyǔ	xué
Zhōngguó fàn	zuò
zhè ge dōngxi	dài
nà zhǒng lùxiàngjī	mǎi
tā de gōngzuò	ānpái
zhè zhǒng chē	kāi

b) Shīmìtè xiānsheng ne?
Tā chūqù mǎi dōngxi le.

chī fàn	kàn péngyǒu
sànbù	pǎobù
cānguān zhǎnlǎnhuì	kāi huì

c) Tā duō dà le?
Èrshí suì le. / Tā jīnnián èrshí suì.

nǐ	shí'èr
nín	bāshísì
nǐ māma	liùshíjiǔ
nǐ nǚ'ér	jiǔ

d) Wǒ yībiān kàn shū, yībiān tīng yīnyuè.

chī fàn	kàn bào
lǚyóu	xué Hànyǔ
xuéxí	tīng yīnyuè
hē jiǔ	kàn diànshì

Teetrinken auf der Straße

e) Nǐ gāngcái zài zuò shénme?
Wǒ gāngcái zài kàn diànshì.

dǎ diànhuà	kāi huì
mǎi dōngxi	kàn zhàopiàn
chī fàn	hē jiǔ

f) Kěxī tā tī de bú tài hǎo.

méi lái	shēng bìng le
bú zài	bù dǒng Rìwén
zài kāi huì	bù néng hé wǒmen yīqǐ qù

g) Nà ge rén nǐ kàn dào le ma?
Wǒ kàn dào le.

tā de jièshào	tīng
piányì de yīfu	mǎi
nà zhāng dìtú	zhǎo
tā de dìzhǐ	wèn

3. Frage-Antwort-Übung

Ergänzen Sie die entsprechende Frage zur gegebenen Antwort, bzw. die entsprechende Antwort zur gegebenen Frage.

☝ A: (Nǐ) jìnlái zěnmeyàng? B: ...., nǐ ne?
A: ....

C: Duìbuqǐ, jīntiān wǒ lái wǎn le.
C: Jīntiān de diànshì yǒu shénme hǎo jiémù?
C: Wǎnshàng bā diǎn yǒu shénme bǐsài?

D: ....
D: ....
D: ....

E: Lǎo Wáng gāngcái zài nǎr?
G: Lùshàng nǐ kàn dào shéi le?
I: ....?
K: ....?
M: Nǐ mǎi le shénme dōngxi?

F: ....
H: ....
J: Wǒ bàba jīnnián liùshí (suì) le.
L: Tā zài dàxué xué yīxué.
N: ....

A: Nǐ yě cānjiā huìyì ma?
C: Wǒ jīngcháng tīng liúxíng yīnyuè, nǐ ne?
E: Nǐ wèishénme bú qù kàn zúqiú bǐsài?
G: Lùshàng yào liǎng ge xiǎoshí ba?
I: Nǐ xǐhuān bu xǐhuān tǐyù jiémù?
K: Lǎo Zhāng de míngpiàn ne?
M: Nǐ juéde Zhōngwén hǎo xué ma?

B: .... (nein)
D: ....
F: (Weil) ....
H: ....
J: ....
L: .... (hier)
N: ....

4. Wie sagt man's auf Chinesisch?

a) Leider versteht sie kein Japanisch.
b) Ich hätte nicht gedacht, dass Sie auch bei der Firma ZKES arbeiten.
c) Er hat dort einige berühmte Leute gesehen.
d) Sie hat in China schon einige bekannte Teesorten getrunken.
e) Ich trinke in Deutschland schwarzen Tee, in China grünen Tee.
f) Herr Schumann geht übermorgen eine Wirtschaftsausstellung besichtigen.
g) Wir gehen bald einkaufen. Kommst du auch mit?
h) Manager Wan kommt gleich wieder.
i) Die Leute der Firma ASIEN kommen gleich morgen an.
j) Wann beginnt das Fußballspiel?
k) Gefällt dir das Musikprogramm oder das Sportprogramm?
l) Findest du, dass Japanisch leicht zu erlernen ist? — Es ist schwer zu erlernen. — Und Französisch? — Das ist auch schwer zu erlernen.
m) Hier regnet es immer / oft / nie / selten / manchmal.

a) Kaffee und Cola mag ich nicht. Ich trinke gerne Tee.
b) Er suchte eine halbe Ewigkeit [*Chinesischer Ausdruck:* «Einen halben Tag»] und hatte das Foto noch nicht gefunden.
c) Herr Wu fährt morgen nach Shanghai, um an einer Konferenz teilzunehmen.
d) Dieses Mal hat sie vor, am Tennisturnier teilzunehmen.
e) Unterwegs hat er eine ehemalige Kommilitonin gesehen.
f) Im Zug probierte sie Qingdao-Bier und Maotai.
g) Er sagt, er kann im Flugzeug die Zeitung lesen.
h) Er spielt selbst keine Ballspiele, aber er sieht sich gern Ballspiele an.
i) Ich habe heute Herrn Sand besucht. Weil es unterwegs zu viele Autos gab, habe ich mich verspätet. Während Herr Sand auf mich wartete, sah er fern: das gestrige Fußballspiel. Er sagte mir, er sähe sich gerne die Wettkämpfe von Müller an.

5. Gelenkter Dialog

Übernehmen Sie die Rolle von A oder B (oder C) und führen Sie anhand der nachfolgenden Vorgaben einen Dialog mit einem Partner oder einer Partnerin.

☝ Klee (A) besucht seinen Freund Wang (**B**), der die Tür öffnet, A begrüßt und ihn hereinbittet. — **A** antwortet höflich. — **B** fordert A zum Setzen auf und erkundigt sich nach der Schwierigkeit, seine Adresse zu finden. — **A** antwortet. — **B** fragt A, was er trinken möchte. — **A** überlässt B die Wahl. — **B** schlägt Tee vor. — **A** ist damit einverstanden. — **B** fragt nach der Teesorte (schwarz oder grün?). — **A** trinkt lieber grünen Tee, weil er in Deutschland häufig schwarzen Tee trinkt. — **B** lädt A dazu ein, einen berühmten Tee aus Hangzhou zu probieren.

✌ **A** fragt B, welchen Sport er bevorzugt. — **B** nennt ein Ballspiel, das er mag und welches er regelmäßig spielt. — **A** erkundigt sich nach weiterem. — **B** nennt noch zwei Sportarten und fragt dann (mit einer einfachen Frageform) zum selben Thema zurück. — **A** nennt ihrerseits ihr Lieblingsballspiel. — **B** will wissen, ob A diesen Sport selbst betreibt. — **A** meint, früher ja, aber jetzt nicht mehr. — **B** fragt vermutend, ob sie sich regelmäßig Wettkämpfe dieser Sportart anschaut.

Versuchen Sie, das Gespräch selbstständig fortzuführen (Beide unterhalten sich zum Beispiel über ein Spiel im Fernsehen oder einen Sportler).

☝ + ✌ Freier Dialog: Familie / Nach dem Einkaufen

Vorschläge zum Inhalt:

1. Wo man wohnt (in der Nähe von ...). Die Mitglieder der Familie – wie alt sie sind, was sie arbeiten oder studieren und ob sie mit ihrem Studium / ihrer Arbeit zufrieden sind.

2. (Un-)Zufriedenheit mit den Preisen. Vergleich mit dem, was Nachbarn oder Kollegen gekauft haben. Ehemalige und jetzige Preise.

"Zhōnggúo jiāyóu" – «Vorwärts, China!»

Lektion 13: Verständigung in Sprache und Schrift

Zielsätze

1. Zhè jǐ ge zì shì shénme yìsi?
   这 几个字是 什么 意思?
   Was bedeuten diese paar Schriftzeichen?
2. Zhè jǐ ge cí zěnme fāyīn?
   这 几 个 词 怎么 发音?
   Wie spricht man diese paar Wörter aus?
3. Nǐ Zhōngwén shuō de búcuò.
   你 中文 说 得 不错。
   Sie sprechen ganz gut Chinesisch.
4. Wǒ bú huì xiě Hànzì.
   我 不 会 写 汉字。
   Ich kann keine chinesischen Schriftzeichen schreiben.
5. Wǒ jiè yīxià zhè běn cídiǎn, xíng ma?
   我 借 一下 这 本 词典, 行 吗?
   Ich leihe mir mal das Wörterbuch aus, geht das?
6. Yīngwén "computer" Zhōngwén zěnme shuō?
   英文 "computer" 中文 怎么 说?
   Wie sagt man das englische (Wort) «computer» auf Chinesisch?
7. "Computer" de yìsi shì "jìsuànjī" huòzhě "diànnǎo".
   "Computer" 的 意思 是 "计算机" 或者 "电脑"。
   «Computer» heißt «jisuanji» oder «diannao».

Dialog 1

Herrn Bauer (A) fällt schon seit Längerem ein Spruchband auf, das an mehreren Stellen der Fabrik aufgehängt ist. Bei Gelegenheit fragt er einen Angestellten (B):

A: Qǐngwèn, zhè jǐ ge zì shì shénme yìsi?
请问, 这 几个字是 什么 意思?
Eine Frage bitte: Was bedeuten diese paar Schriftzeichen?

B: Yìsi shì "zhìliàng zuì zhòngyào".
意思是 "质量 最 重要"。
Sie bedeuten «Qualität ist am wichtigsten».

A: Zěnme fāyīn?
怎么 发音?
Wie spricht man das aus?

B: "Zhìliàng dì yī". Nǐ zài xué Hànyǔ ba?
"质量 第一"。你 在 学 汉语 吧?
«Zhiliang di yi». Sie lernen Chinesisch, nicht wahr?

Xué le duō jiǔ le?
学了多久了?

Wie lange lernen Sie (es) schon?

A: Zhǐ xué le jǐ ge yuè.
只学了几个月。

Ich lerne (es) erst einige Monate.

B: Nǐ Zhōngwén xué de hěn kuài,
你中文学得很快,
shuō de yě búcuò.
说得也不错。

Sie lernen schnell Chinesisch und sprechen es auch ziemlich gut.

A: Shì ma? Wǒ juéde hái bú tài hǎo.
是吗? 我觉得还不太好。

Wirklich? Ich meine, (es ist) noch nicht besonders gut.

B: Nǐ juéde Hànyǔ nán ma?
你觉得汉语难吗?

Finden Sie Chinesisch schwierig?

A: Bú tài róngyì. Wǒ huì shuō yīdiǎn, dànshì hái bú huì xiě Hànzì.
不太容易。我会说一点,但是还不会写汉字。

Besonders einfach ist es nicht. Ich kann ein bisschen was sprechen, aber ich kann noch keine Schriftzeichen schreiben.

Dialog 2

Eine chinesische Kollegin (A) von Herrn Klee (B) tritt mit einer Bitte an seinen Schreibtisch:

A: Zāogāo, wǒ wàng le dài cídiǎn. Jiè yīxià zhè běn cídiǎn, xíng ma?
糟糕,我忘了带词典。借一下这本词典,行吗?

So was Blödes, ich habe vergessen, das Wörterbuch mitzunehmen. Ich leih mir mal dieses, geht das?

B: Xíng, nǐ yòng ba.
行,你用吧。

Ja, benutzen Sie es (ruhig).

A: Xièxie, wǒ děngyīhuìr huán nǐ.
谢谢,我等一会儿还你。

Ich gebe es Ihnen bald wieder zurück, danke.

B: Āi, wǒ yǒu ge wèntí: “computer” Zhōngwén zěnme shuō?
哎,我有个问题: “computer” 中文怎么说?

Ach, ich habe mal eine Frage: Wie sagt man «Computer» auf Chinesisch?

A: “Jìsuànjī” huòzhě “diànnǎo”, liǎng ge dōu kěyǐ.
“计算机”或者“电脑”,两个都可以。

«Jisuanji» oder «diannao». Beides ist möglich.

B: Nǐ yǒu bǐ ma? Wǒ jì yīxià pīnyīn.
你有笔吗? 我记一下拼音。
Zhèyàng xiě duì bu duì?
这样写对不对?

Haben Sie einen Stift? Ich schreibe mir das mal in Lautschrift auf.
Ist es so richtig geschrieben?

A: “Chi” xiě cuò le. Zhèr yīnggāi shì “ji”, bú shì “chi”.
“Chi” 写错了。这儿应该是 “ji”, 不是 “chi”。

«Chi» ist falsch. Hier muss es «ji» heißen und nicht «chi».

B: Duì, duì, xièxie nǐ de bāngzhù.
对,对,谢谢你的帮助。

Richtig, klar. Danke für Ihre Hilfe.

Neue Wörter und Ausdrücke

zì	字	*Schriftzeichen*
... shì shénme yìsi?	... 是什么意思？	*Was bedeutet ...?*
yìsi	意思	*Bedeutung, Sinn*
zhìliàng	质量	*Qualität*
zhòngyào	重要	*wichtig*
fāyīn	发音	*aussprechen; Aussprache*
Xué le duō jiǔ le?	学了多久了？	*Wie lange lernen Sie (es) schon?*
kuài	快	*schnell* ☯ **màn** 慢 *langsam*
nán	难	*schwierig*
róngyì	容易	*einfach, leicht*
huì	会	*können, beherrschen* (☞ Lektion 16, Grammatik Punkt 7)
xiě	写	*schreiben*
Hànzì	汉字	*Schriftzeichen, chinesische Schrift*

zāogāo	糟糕	*So was Blödes! Verdammt!*
wàng(jì)	忘（记）	*vergessen* ☯ **jìde** 记得 *sich erinnern*
cídiǎn	词典	*Wörterbuch*
jiè	借	*leihen, sich ausleihen*
běn	本	Zählwort für Bücher, Hefte, Zeitschriften
xíng	行	*es geht*
yòng	用	*benutzen, verwenden* (☞ Lektion 14, Grammatik Punkt 5)
huán	还	*zurückgeben*
wèntí	问题	*Frage, Problem* ☯ **dá'àn** 答案 *Lösung*
jìsuànjī	计算机	*Computer*
huòzhě	或者	*oder* (in Aussagesätzen)
diànnǎo	电脑	*PC, Computer*
bǐ	笔	*Stift*
jì	记	*aufschreiben, notieren*
pīnyīn	拼音	*Lautschrift*
zhèyàng	这样	*so, auf diese Weise; solche, -r, -s*
cuò	错	*falsch*
bāngzhù	帮助	*Hilfe; helfen*

Anmerkungen und grammatische Erklärungen

1. **Xué le duō jiǔ le?** – Sätze mit Zeitdauerangaben und zwei «**le**».

Im Chinesischen gibt es Sätze mit einer Zeitdauerangabe (oder der Frage nach einer Zeitdauer), in denen «le» gleich zweimal verwendet wird – einmal direkt hinter dem Verb und einmal am Ende des Satzes. Damit wird betont, dass bis zum Augenblick der Satzäußerung die betreffende Handlung bereits eine bestimmte Zeit lang ohne Unterbrechung stattfindet.

Wǒ xué le liǎng nián Yīngwén le. — *Ich lerne (schon) zwei Jahre lang Englisch.*

2. Die Ergänzung des Grades

Über die Ergänzung des Grades wird eine Handlung in ihrem Wesen oder in ihrem Ausmaß näher bestimmt (wie wird etwas getan?). Diese nähere Bestimmung besteht häufig aus einem einzelnen Adjektiv oder einem Adjektiv mit Adverb. Die Ergänzung wird immer mit dem Partikel «**de**» an das jeweilige Verb angeschlossen.

Tā chī de kuài	*Er isst schnell.*
Tā hē de gèng kuài.	*Er trinkt noch schneller.*
Tā chē kāi de fēicháng màn.	*Er fährt sehr langsam.*

Verneint wird mit «**bù**», das vor dem Adjektiv steht. (☞ Unterscheiden Sie hierzu die Verneinung der Ergänzung der Fähigkeit, Lektion 10, Punkt 2 der Anmerkungen.)

Wǒ lái de zǎo.	*Ich kam früh.*
Wǒ lái de bù zǎo.	*Ich kam nicht früh (ziemlich spät).*

Steht das Verb in Verbindung mit einem Objekt, dann muss direkt nach dem Objekt das Verb wiederholt werden. Erst dann kann die von «de» eingeleitete Ergänzung folgen. Das erste Verb kann dann (wie im Rahmen dieses Buches) auch weggelassen werden.

Nǐ (xiě) Hànzì xiě de búcuò. — *Chinesische Schriftzeichen schreibst du recht gut.*

3. Das Verb «**huì**»

«Huì» (können) bezeichnet eine erworbene, erlernte Fähigkeit. «Huì» kann sowohl als Modalverb verwendet werden (a) als auch als Vollverb eines Satzes (b).

a) Tā huì xiě Hànzì.	*Sie kann chinesische Schriftzeichen schreiben.*
b) Wǒmen dōu huì Déwén.	*Wir können alle Deutsch.*

4. «**(~wén) ... Zhōngwén zěnme shuō?**» (Wie sagt man ... auf Chinesisch?) ist eine mögliche Konstruktion, um nach dem chinesischen Äquivalent für ein Wort aus einer anderen Sprache zu fragen. Die vorherige Benennung dieser Sprache kann auch wegfallen.

5. Im Gegensatz zu «háishì» (☞ Lektion 2, Grammatik Punkt 5) wird «**huòzhě**» (oder) meistens in Aussagesätzen verwendet.

A: Wǒ yīnggāi wèn lǎo Wáng	**háishì**	xiǎo Wáng?
B: Wèn lǎo Wáng	**huòzhě**	xiǎo Wáng dōu kěyǐ.
A: Soll ich den alten	***oder***	*den jungen Wang fragen?*
B: Frage den alten	***oder***	*den jungen Wang, es geht beides.*

6. «**Zhèyàng**» (so, auf diese Weise) bezieht sich auf Handlungen oder Situationen und steht stellvertretend für diese.

Zhèyàng bù hǎo. — *So ist es nicht gut.*

«Zhèyàng» kann aber auch adjektivisch (solche, -r, -s) gebraucht werden.

Zhèyàng de jiákè hěn nán mǎi dào. — *Solche Jacken sind schwer zu bekommen.*

7. Die Ergänzung des Resultats
Die Ergänzung kann nicht nur ein Verb sein (☞ «dào» in Lektion 12, Punkt 10 der Anmerkungen und das folgende Beispiel a), sondern auch ein Adjektiv (b). In der gesprochenen Sprache folgt ihr häufig ein «le».

a) Tā **xué huì** le kāi chē. — *Sie hat Auto fahren **gelernt**.*
Wörtlich: *Sie hat gelernt (xué) und kann (huì le) deshalb jetzt Auto fahren.*

b) Wǒ shuō **cuò** le. — *Ich habe mich **ver**sprochen / habe **etwas Falsches** gesagt.*
Zhè ge zì xiě **duì** le. — *Dieses Zeichen ist **richtig** geschrieben.*

Wortfelder

Sprache + Schrift

shuō / shuō huà *(sprechen)*
说 / 说话

huà *(Sprache; Wort, Rede)*
话

Pǔtōnghuà *(Chinesische Hochsprache)*
普通话

Guǎngdōnghuà *(Kantonesisch)*
广东话

Shànghǎihuà *(Shanghai Dialekt)*
上海话

pīnyīn
拼音

sìshēng *(die vier Töne)*
四声

fāyīn
发音

kǒuyǔ *(Umgangssprache)*
口语

yǔfǎ *(Grammatik)*
语法

niàn *(vorlesen)*
念

jiěshì *(erklären)*
解释

xiě
写

yī ge Hànzi
一个汉字

yī ge cí *(Wort)*
一个词

yī jù huà / yī jù jùzi (*Satz*)
一句话 / 一句句子

Wörterbücher

Dé-Hàn cídiǎn *(Deutsch-Chinesisches Wörterbuch)*
德汉词典

Hàn-Dé cídiǎn *(Chinesisch-Deutsches Wörterbuch)*
汉德词典

Yīng-Hàn cídiǎn *(Englisch-Chinesisches Wörterbuch)*
英汉词典

Schreibbedarf

zhǐ *(Papier)*
纸

xìnzhǐ *(Briefpapier)*
信纸

běnzi *(Heft)*
本子

bǐjìběn *(Notizbuch)*
笔记本

bǐ
笔

qiānbǐ *(Bleistift)*
铅笔

gāngbǐ *(Füller)*
钢笔

yuánzhūbǐ *(Kugelschreiber)*
圆珠笔

xiàngpí *(Radiergummi)*
橡皮

Computer und Zubehör

jìsuànjī / diànnǎo
计算机 / 电脑

bǐjìběn (diànnǎo) *(Notebook)*
笔记本（电脑）

píngbǎn diànnǎo (*Tablet-PC*)
平板电脑

wàijiē yìngpán *(externe Festplatte)*
外接硬盘

chéngxù *(Programm)*
程序

ruǎnjiàn (*Software*)
软件

dǎyìnjī *(Drucker)*
打印机

Übungen

1. Basisübung

a) Lassen Sie sich von einem Partner oder einer Partnerin die folgenden Verben zusammen mit passenden (verneinten) Adjektiven nennen und bringen Sie beides ins Chinesische:

Beispiel: A: schnell + sprechen — B: shuō de kuài (shuō de bú kuài)

lesen — schreiben — lernen — machen — übersetzen — essen — trinken — gehen — fahren — sehen + schnell — langsam — nicht schlecht

b) Ergänzen Sie nun die angegebenen Substantive zusammen mit den entsprechenden Verben:

Beispiel: A: Buch — B: jiè shū

Fahrzeug — Stift — Landkarte — Wörterbuch — Fotoapparat — Foto — Buch — Fußball — Zeitung — Kleidung — Batterie — Laptop — Stuhl — Tennis — lesen — kaufen — ausleihen — spielen — zurückgeben — verkaufen

2. Austauschübung

a) Zhè jǐ ge zì shì shénme yìsi?
"Yìsi shì qǐng bú yào chōu yān".

zhèxiē zì	"xiànzài xiūxi"
zhè jù huà	"tā méiyǒu qián le"
zhè jǐ ge zì	"hǎokàn" huòzhě "měi"
zhè ge jùzi	"nǐ yīnggāi qù nàr"

b) Tā Hànyǔ shuō de zěnmeyàng?
Shuō de búcuò.

Hànzì	xiě	hěn hǎo
Rìyǔ	shuō	fēicháng hǎo
chē	kāi	fēicháng kuài
cài	zuò	hái kěyǐ
Yīngyǔ	shuō	bǐjiào màn
Fǎyǔ	xué	bú tài hǎo

c) Nǐ huì bu huì shuō Pǔtōnghuà?
Huì. / Huì yīdiǎn. / Bú huì.

shuō	Shànghǎihuà
xiě	Hànzì
xiě	"nín hǎo"
kāi	chē
yòng	diànnǎo
shuō	Guǎngdōnghuà

d) Wǒ jiè yīxià nǐ de cídiǎn, xíng ma?

Xíng. / Kěyǐ. / Xiànzài bù xíng.

jiè	bàozhǐ
yòng	chē
kàn	dìtú
tīng	yīnyuè guāngpán
dǎ	shǒujī
kàn	lǚyóu shū

e) Zhèyàng shuō duì bu duì?

Duì. / Bú duì.

xiě	fānyì
niàn	zuò
fāyīn	jiěshì

f) Déyǔ “Satz” Zhōngwén zěnme shuō?

Zhōngwén shì “jùzi”.

«Wörter»	“cí”
«Aussprache»	“fāyīn”
«Grammatik»	“yǔfǎ”
«Umgangssprache»	“kǒuyǔ”
«erklären»	“jiěshì”
«Rede» oder «reden»	“huà” huòzhě “shuō huà”

3. Frage-Antwort-Übung

Ergänzen Sie die entsprechende Frage zur gegebenen Antwort, bzw. die entsprechende Antwort zur gegebenen Frage.

A: ....? B: Tāmen lái le. / Tāmen hái méiyǒu lái.
C: Tāmen qù Běijīng le ma? D: ....
E: Lǎo Hú cānguān zhǎnlǎnhuì le ma? F: ....
G: ....? H: Lǐ nǚshì qù lǚyóu le. / Tā méiyǒu qù lǚyóu.
I: ....? J: Wǒ wèn Wáng xiānsheng le. / Wǒ méi wèn.
K: ....? L: (Zhè ge cí wǒ) méiyǒu xué guo.

M: “Míngrén” de yìsi shì shénme? N: ....
M: “Míngchéng” shì shénme yìsi? N: ....

O: Nǐ zhīdào zhè ge cí de yìsi ma? P: .... (weiß es auch nicht)
Q: Nǐ huì shuō Shànghǎihuà ma? R: .... (nein / ein bisschen)
Q: ....? R: (Tā Shànghǎihuà) shuō de hě hǎo.

S: Tā Hànzì xiě de hǎo bu hǎo? T: ....
U: Néng bu néng jiè yīxià nǐ de cídiǎn? V: ....

A: Zhèyàng fāyīn duì bu duì? B: ....
C: Zhèyàng jiěshì nǐ dǒng le ma? D: ....
E: Hànzì róngyì / hǎo xué ma? F: ....

G: Zhè ge cí hěn nán niàn ba?
H: ....
I: Wǒ xiǎng jiè yīxià nǐ de Yīng-Hàn cídiǎn, xíng ma?
J: ....
K: Tā lánqiú dǎ de hǎo bu hǎo?
L: ....
M: Shénme? Nǐ Hànyǔ zhǐ xué le bàn nián?!
N: ....
O: ....?
P: Zhè ge zì niàn "míng", "míngpiàn" de "míng" huòzhě "yǒumíng" de "míng".

4. Wie sagt man's auf Chinesisch?

☝ a) Der junge Wan spricht ziemlich langsam Kantonesisch.
b) Ihre Tochter isst ziemlich gut.
c) Das Englisch der jungen Liu ist besser als das der jungen Zhang.
d) Ich hätte nicht gedacht, dass er ganz gut Deutsch spricht.
e) Ich kann Chinesisch sprechen, aber ich kann es nicht schreiben.
f) Kannst du Auto fahren?
g) Hast du noch Fragen?
h) Hast du noch andere Fragen?
i) Was bedeutet «fujin»?
j) Könnte ich dein Auto mal benutzen?
k) Haben Sie ein Deutsch-Chinesisches Wörterbuch? Ich möchte mal (etwas) nachschauen.
l) Dieses Buch leihe ich heute aus und gebe es morgen zurück.
m) Was schreibst du gerade? — Ich notiere mir gerade ein Wort.
n) Dieses Zeichen ist falsch (geschrieben).

✌ a) Sie hat eine Frage gestellt.
b) Seine Tochter stellt sehr gerne Fragen.
c) Könntest du mal die Bedeutung dieses Schriftzeichens erklären?
d) (Obwohl) Schumann ziemlich langsam Englisch spricht, versteht es der alte Wang (immer) noch nicht.
e) Entschuldigung, könntest du mir mal helfen?
f) Verflixt, ich habe vergessen, die heutige Zeitung mitzubringen!
g) Ich kann schwimmen, aber der Arzt hat gesagt, dass ich nicht schwimmen darf, denn ich bin gerade krank.
h) Ich lerne gerade ungefähr drei Monate Chinesisch und kann ein bisschen was sprechen, aber ich kenne noch keine Schriftzeichen. Meine Freunde sagen alle, ich lerne sehr schnell und spreche auch nicht schlecht. Aber ich finde, mein Chinesisch ist noch nicht besonders gut.

5. Gelenkter Dialog

Übernehmen Sie die Rolle von A oder B (oder C) und führen Sie anhand der nachfolgenden Vorgaben einen Dialog mit einem Partner oder einer Partnerin.

☝ **A** fragt B, ob er Chinesisch spricht. — **B** kann ein bisschen Chinesisch sprechen. — **A** will wissen, wie lange B die Sprache bereits lernt. — **B** gibt eine ungefähre Zeitdauer an. — **A** will es nicht glauben: Seit so kurzer Zeit?! — **B** bestätigt. — **A** lobt B. — **B** wehrt bescheiden ab. — **A** erkundigt sich, ob B das Lernen leicht oder schwer fällt. — **B** findet die Schriftzeichen schwierig. — **A** fragt nach der Zahl der Zeichen, die B kennt. — **B** kann nur einige Zeichen und den eigenen Namen schreiben.

A fragt B, ob er ein Englisch-Chinesisches Wörterbuch besitzt. — **B** bejaht und will wissen, ob es A benutzen will. — **A** möchte es kurz ausleihen und fragt, ob dies möglich ist. — **B** meint ja, erkundigt sich aber danach, ob A es am nächsten Tag zurückgeben kann. — **A** verspricht es. Sie fragt ihn nebenbei, wie das Wort «Umgangssprache» auf Chinesisch heißt. — **B** nennt ihr die Entsprechung. — **A** will außerdem das Wort «üben» wissen. [Einfacher Fragepartikel]. — **B** beantwortet auch diese Frage. — **A** fragt, ob man dann sagen kann "wǒ liànxí kǒuyǔ". — **B** lobt A. — **A** fragt nach Papier und Stift. — **B** gibt ihr beides. — **A** dankt und will sich (den Satz) notieren.

+ Freier Dialog: Dinge ausleihen / Sprachen lernen

Vorschläge zum Inhalt:

1. Man hat etwas vergessen und will es sich woanders ausleihen. Weshalb hat man es vergessen? Bei wem kann man es sich leihen? Wer braucht es selbst und warum? Wo könnte man es stattdessen kaufen?
2. Zur selben Zeit lernt man zwei Sprachen. Wie lange schon? Welche ist schwieriger? Warum lernt man diese Sprachen? Will man noch weitere Sprachen lernen? Weshalb?

Lektion 14: Buchungen und Reservierungen

Zielsätze

1. Wǒ yǐjīng yùdìng le yī ge fángjiān.
   我 已经 预订 了一个 房间。
   Ich hatte bereits ein Zimmer bestellt.

2. Nín shì jǐ hào lái Shànghǎi de?
   您 是几号 来 上海 的?
   Am Wievielten bist du nach Shanghai gekommen?

3. Tā zhè běn shū shì zài wǎngshàng mǎi de.
   他 这 本 书 是 在 网上 买 的。
   Dieses Buch hat er übers Internet gekauft.

4. Zhèr nín kěyǐ wúxiàn shàng wǎng.
   这儿 您 可以 无线 上 网。
   Hier können Sie drahtlos online gehen.

5. Nà shì wǒ jiè de shū.
   那 是 我 借 的 书。
   Das ist das Buch, das ich mir ausgeliehen habe.

6. Lái de rén dōu shì zúqiúmí.
   来 的 人 都 是 足球迷。
   Die Leute, die gekommen sind, sind alle Fußballfans.

7. Wǒ yòng xìnyòngkǎ fù (qián).
   我 用 信用卡 付 (钱)。
   Ich bezahle mit Kreditkarte.

Dialog 1

Auf einer Urlaubsreise betreten Herr Schumann (A) und seine Freundin ein Hotel, in dem sie ein Zimmer vorgebucht hatten. Sie wenden sich an eine junge Frau an der Rezeption (B):

A: Nín hǎo, wǒmen yào yī ge shuāngrén fáng.
　您 好, 我们 要 一个 双人 房。
Guten Tag. Wir möchten ein Doppelzimmer.

B: Jīntiān de fángjiān dōu mǎn le, méiyǒu
　今天 的 房间 都 满 了, 没有
　kòng de le, bù hǎoyìsi.
　空 的了, 不 好意思。
Für heute sind unsere Zimmer alle ausgebucht, es ist keins mehr frei, tut mir leid.

A: Wǒ yǐjīng yùdìng le yī ge shuāngrén fáng.
　我 已经 预订 了一个 双人 房。
Ich hatte bereits ein Doppelzimmer bei Ihnen bestellt.

B: Hǎo, wǒ chácha. Qǐng děng yīxià. …
　好, 我 查查。请 等 一下。…
　Zěnme méiyǒu? … Nín shì jǐ hào yùdìng de?
　怎么 没有? … 您 是几号 预订 的?
Gut, ich überprüfe das schnell. Bitte warten sie kurz …
Nichts, wie gibt's das denn? …
Am Wievielten hatten Sie gebucht?

A: Wǒ shì 3 hào zài wǎngshàng yùdìng de.
　我 是 3 号 在 网上 预订 的。
Ich hatte am Dritten online gebucht.

B: Yǒu le, zài zhèr. Nǐmen zhù liǎng ge wǎnshàng?
有 了, 在这儿。你们 住 两 个 晚上?
… Qǐng tián yīxià biǎo.
… 请 填 一下 表。

Jetzt habe ich's, hier ist es. Sie bleiben für zwei Nächte?
Bitte füllen Sie kurz das Formular aus.

A: Hǎo. ... Hǎo le.
好。…好 了。

Gut. ... Fertig.

B: Nǐmen de fángjiān shì 505 hào, zhè shì yàoshi, diàntī zài yòubiān. Zài fángjiān lǐ nǐmen kěyǐ miǎnfèi wúxiàn shàng wǎng.
你们 的 房间 是 505 号, 这 是 钥匙, 电梯 在 右边。在 房间 里 你们 可以 免费 无线 上 网。

Ihr Zimmer hat die Nummer 505. Dies ist der Schlüssel. Der Aufzug ist auf der rechten Seite. Das Zimmer verfügt über eine drahtlose Internetverbindung, die Sie kostenlos benutzen können.

Dialog 2

Frau Sand (A) betritt eine Verkaufsstelle für Flugtickets, in dem sie ein Flugticket kaufen möchte.

A: Nín hǎo, wǒ xiǎng yùdìng yī zhāng qù Xī'ān de jīpiào.
您 好, 我 想 预订 一 张 去 西安 的 机票。

Guten Tag, ich möchte ein Flugticket nach Xi'an bestellen.

B: Nín yào jǐ hào de?
您 要 几 号 的?

Für welchen Tag?

A: 18 hào, yǒu mei yǒu zhōngwǔ de hángbān?
18 号, 有 没 有 中午 的 航班?

Für den Achtzehnten. Gibt es Flüge am Mittag?

B: Yǒu. Yào bu yào guóháng de, qī zhé jīpiào?
有。要 不 要 国航 的, 七 折 机票?

Ja. Möchten Sie ein Ticket der Air-China zu dreißig Prozent Rabatt?

A: Xíng.
行。

Okay.

B: Nín guì xìng?
您 贵 姓?

Wie ist Ihr werter Name?

A: Wǒ xìng Sāngdé, jiào Lěinàtè Sāngdé.
我 姓 桑德, 叫 蕾娜特•桑德。

Ich heiße Sand, Renate Sand mit ganzem Namen.

B: Nín de hángbān shì CA 1502, 18 hào 11:40 fēi wǎng Xī'ān, piàojià 1000 yuán, qī zhé 700.
您 的 航班 是 CA1502, 18 号 11:40 飞 往 西安, 票价 1000 元, 七 折 700。
Nín zěnme fù qián? Yòng xiànjīn háishì shuākǎ?
您 怎么 付 钱? 用 现金 还是 刷卡?

Gut, Ihr Flug CA 1502 geht am Achtzehnten um 11:40 nach Xi'an. Das Ticket kostet 1000 Yuan, also 700 mit dreißig Prozent Nachlass.
Wie möchten Sie bezahlen? In bar oder mit Karte?

A: Wǒ yòng xìnyòngkǎ.
我 用 信用卡。

Ich zahle mit Kreditkarte.

B: Qǐng zài zhèr qiān zì. … Zhè shì diànzǐ jīpiào hào.
请 在 这儿 签 字。… 这 是 电子 机票 号。

Bitte unterschreiben Sie hier. ... Dies ist die Nummer des E-Tickets.

Neue Wörter und Ausdrücke

shuāngrén fáng(jiān)	双人房(间)	*Doppelzimmer* ☯ **dānrén fáng(jiān)** 单人房(间) *Einzelzimmer*
fángjiān	房间	*Zimmer*
mǎn	满	*ausgebucht, voll* ☯ **kòng** 空 *frei, leer*
Bù hǎoyìsi.	不好意思。	*Entschuldigung; Es tut mir leid.*
yǐjīng	已经	*bereits, schon*
yùdìng	预订	*(vor)bestellen, buchen, reservieren lassen*
chá	查	*überprüfen, untersuchen; nachschlagen*
Qǐng děng yīxià.	请等一下。	*Einen Augenblick bitte.*
zěnme	怎么	*warum, wieso; wie kann es sein, dass …? / wie gibt es das?* (Erstaunte Frage)
wǎngshàng	网上	*online, im Internet*
zhù	住	*wohnen; bleiben* (im Hotel, im Krankenhaus)
wǎnshàng	晚上	*Abend, abends*
tián	填	*ausfüllen*
biǎo	表	*Formular*
Hǎo le.	好了。	*Fertig; Das wär's.*
yàoshi	钥匙	*Schlüssel*
diàntī	电梯	*Aufzug, Fahrstuhl*
yòubiān	右边	*rechts* ☯ **zuǒbiān** 左边 *links*
kěyǐ	可以	*es ist möglich / erlaubt; dürfen*
miǎnfèi	免费	*kostenlos*
wúxiàn	无线	*drahtlos*
shàng wǎng	上网	*online gehen, ins Internet gehen*

Xī'ān	西安	Ortsname
(fēi)jīpiào	(飞)机票	*Flugticket*
fēijī	飞机	*Flugzeug*
piào	票	*Ticket, Fahrkarte*
hángbān	航班	*(planmäßiger) Flug; Flugnummer*
guóháng	国航	*Air China*
Nín guì xìng?	您贵姓?	*Wie ist Ihr werter Name?*
Lěinàtè	蕾娜特	Eigenname: *Renate*
fēi wǎng …	飞往 …	*nach … fliegen* ☞ **kāi wǎng** … 开往 … *nach … fahren*
piàojià	票价	*Ticketpreis*
fù (qián)	付(钱)	*bezahlen*
yòng	用	*mit;* Verb: *benutzen*
xiànjīn	现金	*Bargeld*
shuākǎ	刷卡	*mit Karte zahlen, Kartenzahlung* (wörtlich: «die Karte schwenken» – geschwenkt wird sie über dem elektronischen Scanner)
xìnyòngkǎ	信用卡	*Kreditkarte*
qiān zì	签字	*unterschreiben*
diànzǐ	电子	*elektronisch*

Anmerkungen und grammatische Erklärungen

1. Die «**shì ... de**»-Konstruktion
Sie kann die Funktion haben, bestimmte Aspekte einer Handlung, die bereits abgeschlossen wurde, besonders hervorzuheben. Diese Aspekte können betreffen: die Zeit (a), den Ort (b) und die Art und Weise oder die näheren Umstände der Handlung (c).

a) Tā **shì** shénme shíhou lái Zhōngguó	**de**?	*Wann ist er nach China gekommen?*
Tā **shì** qùnián lái Zhōngguó	**de**.	*Er ist letztes Jahr nach China gekommen.*
b) Tā **shì** cóng nǎr lái	**de**?	*Woher ist sie gekommen?*
Tā **shì** cóng Déguó lái	**de**.	*Sie ist aus Deutschland gekommen.*
c) Nǐ **shì** zěnme qù	**de**?	*Wie bist du hingekommen?*
Wǒ **shì** zuò fēijī qù	**de**.	*Ich bin mit dem Flugzeug hingekommen.*

2. Neben der Bedeutung «können» (☞Lektion 7, Grammatik Punkt 5) kann «**kěyǐ**» auch die Bedeutung «dürfen, erlaubt sein» annehmen. In verneinten Aussagesätzen werden «**bù kěyǐ**» oder «**bù néng**» verwendet.

Nǐmen bù néng yòng zhèr de diànhuà. — *Sie dürfen das Telefon von hier nicht benutzen.*

Bei einfachen Antworten auf Fragen nach dem Erlaubtsein steht dagegen «**bù xíng**».

Zhèr kěyǐ chōu yān ma? — *Darf man hier rauchen?*
Bù xíng. — *Das geht nicht.*

3. Verben und Verb-Objekt-Konstruktionen als Attribut
Einzelne Verben und Verben mit Objekten (a), Verbkombinationen (b) oder Subjekt-Prädikat-Konstruktionen (c) können im Chinesischen Attribute sein. Alle drei Attributformen werden dem jeweiligen Nomen vorangestellt und mit «de» angeschlossen.

a) Nàr **mǎi dōngxi** de rén shǎo, **kàn** de rén duō.
Dort gibt es (nur) wenige Menschen, ***die einkaufen****, aber viele,* ***die sich umschauen****.*

b) Zhōumò **qù lǚyóu** de rén hěn duō.
Am Wochenende ***machen*** *viele Leute* ***Ausflüge / eine Reise.***

c) **Wǒ mǎi** de diànshìjī hěn hǎo.
Der Fernseher, ***den ich gekauft habe****, ist sehr gut.*

Ein Attribut mit nachfolgendem «de» kann auch ohne Nomen stehen.

Wǒ **(yù)dìng** de shì qù Běijīng de piào.
Das ***von mir bestellte*** *(Ticket) ist das Ticket nach Peking.*

4. «**Nín guì xìng?**» (Wie ist Ihr werter Name?) ist die respektvollste Frageweise nach dem Familiennamen (a). Eine weniger formelle Variante, auf die man nur mit dem Nachnamen antworten kann, lautet «**Nǐ xìng shénme?**» (b).

a) Nín guì xìng? — Wǒ xìng Liú.
b) Nǐ xìng shénme? — Wǒ xìng Zhāng.

Zwei weitere, häufig verwendete Frageweisen sind:

c) Nǐ xìng shénme? Jiào shénme? — Wǒ xìng Liú, jiào Liú Jiàn.
d) Nǐ jiào shénme míngzì? — Wǒ jiào Liú Jiàn.

5. «**Yòng**» kann außer seiner Bedeutung als Vollverb (benutzen, verwenden) auch präpositionsähnliche Funktion haben. Es entspricht dann dem deutschen «mit». In diesem Fall folgt «yòng» ein zweites Verb.

Tā yòng kuàizi chī fàn. — *Sie isst mit Stäbchen.*

Wortfelder

Hotel

lǚguǎn *(Hotel)* 旅馆 | jiǔdiàn 酒店 | fàndiàn *(Restaurant; Hotel)* 饭店 | qīngnián lǚguǎn *(Jugendhotel)* 青年旅馆

fúwùtái *(Rezeption)* 服务台 | cāntīng *(Speiseraum)* 餐厅 | wǔtīng *(Tanzsaal)* 舞厅 | jiǔbā *(Bar)* 酒吧

cèsuǒ / wèishēngjiān *(Toilette)* 厕所 / 卫生间 | yùshì *(Dusche / Bad)* 浴室

ànmó *(Massage)* 按摩 | sāngná *(Sauna)* 桑拿

fángjiān 房间 | dānrén fáng(jiān) 单人房(间) | shuāngrén fáng(jiān) 双人房(间)

dài yùshì de fángjiān *(Zimmer mit Bad)* 带浴室的房间 | tuì fángjiān *(auschecken)* 退房间

chī fàn 吃饭 | qǐchuáng *(aufstehen)* 起床 | shuìjiào *(schlafen)* 睡觉

Internet

hùliánwǎng / yīntèwǎng *(Internet)* 互联网 / 因特网 | wǎngzhǐ *(Internetadresse)* 网址

zhǔyè *(Homepage)* 主页 | liànjiē *(Link)* 链接

shàng wǎng *(online gehen)* 上网 | wǎngshàng *(online)* 网上

sōusuǒ *(suchen)* 搜索 | xiàzǎi *(herunterladen)* 下载

yīmèir / diànzǐ yóujiàn *(E-mail)* 伊妹儿/电子邮件 | duǎnxìn (*SMS*) 短信

Verkehrsmittel + Tickets

fēijī + (fēi)jīpiào 飞机 + (飞)机票 | huǒchē + huǒchēpiào 火车 + 火车票 | qìchē + chēpiào 汽车 + 车票

chuán + chuánpiào 船 + 船票 | yùdìng / mǎi / qǔ *(abholen)* / tuì *(zurückgeben)* 预订 / 买 / 取 / 退 | piào 票

Fluggesellschaften

Hànshā 汉莎 — Hànshā Hángkōng Gōngsī (*Lufthansa*) 汉莎航空公司

Guóháng 国航 — Zhōngguó Guójì Hángkōng Gōngsī (*Air China*) 中国国际航空公司

Dōngháng 东航 — Zhōngguó Dōngfāng Hángkōng Gōngsī (*China Eastern Airlines*) 中国东方航空公司

Nánháng 南航 — Zhōngguó Nánfāng Hángkōng Gōngsī (*China Southern Airlines*) 中国南方航空公司

Übungen

1. Basisübung

a) Fragen Sie sich mit einem Partner oder einer Partnerin die folgenden Attribut-Substantiv-Kombinationen ab:

Beispiel: A: die Leute, die (her)kommen — B: lái de rén

die Leute, die studieren — die Schwimmenden — die Kollegen, die hingehen — die Leute, die nicht studieren — die Betrachtenden — die zuhörenden Studentinnen — der arbeitende Freund — die Leute, die nicht studieren — die, die nicht arbeiten — die, die nicht hingehen — die Studenten, die nicht schwimmen

b) Bringen Sie nun die folgenden Kombinationen ins Chinesische:

Beispiel: A: die, die Bücher lesen — B: kàn shū de rén

der, der das Auto kauft — das Geschäft, welches Autos verkauft — die, die zurückkommen — der Ort, an dem (man) isst — der, der telefoniert — der Ort, an dem (man) Bücher kauft — die Studentinnen, die sich den Wettkampf anschauen — der Kollege, der im dritten Stock wohnt — der Manager, der in Hongkong ist — die Freundin, die eine Reise macht — die, die nicht rauchen — der, der keinen Alkohol trinkt

Beispiel: A: der Computer, den er gekauft hat — B: tā mǎi de diànnǎo

der Stift, den sie benutzt — das Sofa, das du geliehen hast — der Kaffee, den ich trinke — der Freund, den sie vorstellt — die Adresse, die du gegeben hast — die Disko, in die ich gehe — die Suppe, die er gemacht hat — die Schriftzeichen, die ich kenne — die Reise, die du organisierst — der Ort, zu dem ich nicht gehe — die Musik, die ich nicht gerne höre

2. Austauschübung

a) Wǒ xiǎng yùdìng yī ge fángjiān.

yī běn xīn shū	jǐ běn zázhì
wǔ zhāng jīpiào	sānshí zhāng huǒchēpiào

b) Nǐ yào zhù jǐ tiān?
Wǒ xiǎng zhù sān tiān.

shénme fángjiān	dānrén fángjiān
jǐ lóu	sān lóu
nǎr	lǚguǎn
duō jiǔ	yī ge xīngqī
nǎ ge fángjiān	007 hào fángjiān
nǎ ge lǚguǎn	Běijīng Fàndiàn

c) Wǒ kěyǐ yòng yīxià diànnǎo ma?
Kěyǐ. / Bù xíng.

chángchang	bú qù
jièyòng yīxià	hé nǐmen yīqǐ qù
chōu yān	wèn jǐ ge wèntí

d) Nǐ shì shénme shíhou yù dìng de?

Shàng xīngqīyī yùdìng de.

jǐ hào	mǎi	shàng ge yuè sān hào.
zài nǎr	jiè	zài wǒ tóngxué nàr
zěnme	qù	zuò dìtiě
zài nǎr	chī	zài Zhōngguó fàndiàn
zěnme	lái	zǒu
shénme dìfang	xué	zài Àodìlì

e) Wǒ yòng xìnyòngkǎ fù qián.

Wǒ bú yòng xìnyòngkǎ fù qián.

Wǒ méiyǒu yòng xìnyòngkǎ fù qián.

kuàizi	chī fàn
shǒujī	shàng wǎng
Fǎyǔ	xiě xìn
diànnǎo	xiě shū

3. Frage-Antwort-Übung

Ergänzen Sie die entsprechende Frage zur gegebenen Antwort, bzw. die entsprechende Antwort zur gegebenen Frage.

A: Nǐ xiǎng zhù sān ge wǎnshàng ma? — B: Nein, zwei ....
A: Tāmen xiǎng zhù jǐ / duōshǎo tiān? — B: .... (etwa eine Woche)
A: Nǐ yào zhù nǎr? — B: .... (in der Wohnung des Freundes)
A: Tāmen ne? — B: .... (bei Herrn Zhang)
A: Wáng jīnglǐ zhù zài nǎr? — B: .... (im Hotel)

C: Zhèxiē Àodìlì rén yào zhù jǐ / duōshǎo tiān? — D: .... (ca. zehn Tage)
C: Tāmen yǐjīng zhù le jǐ tiān? — D: ....
C: Tāmen yǐqián zhù guo zhèr ma? — D: .... (nein)
C: Tāmen wèishénme yào zhù zhèr? — D: .... (es gefällt ihnen)

E: Wǒ yùdìng liǎng zhāng qù Xī'ān de jīpiào. — F: Nǐ yào jǐ hào de jīpiào?
E: .... (für den Zehnten) — F: Shí hào de yǐjīng méiyǒu le.
E: ....? (für den Elften) — F: Shíyī hào de zhǐ yǒu wǎnshàng de.
E: ....? (wann?) — F: Wǎnshàng jiǔ diǎn de.
E: .... (O.K.) — F: ....

A: ....? (Schlüssel?) — B: Zhè shì nǐ de fángjiān yàoshi.
A: Fángjiān yàoshi wǒ yǐjīng yǒu le. — B: .... (Hätte ich nicht gedacht.)

C: Zhè zhāng biǎo zěnme tián? — D: .... (Weiß ich auch nicht.)

E: Qǐngwèn, ...? (Bahnkarte / für den Dritten / nachTianjin) — F: Sān hào de yǐjīng méiyǒu le. Nǐ yào bu yào sì hào huòzhě wǔ hào de?
E: O.K. ....? (Preis?) — F: Liùshíwǔ kuài. Nǐ yào jǐ zhāng?
E: .... (Drei) — F: Yīgòng yībǎi jiǔshí wǔ kuài.
E: .... (200 Kuai) — F: Zhǎo nǐ wǔ kuài.

G: Zhèr yào bu yào qiān zì? — H: .... (nein)
I: Yǒu mei yǒu èrshíyī hào xiàwǔ fēi wǎng Fǎlánkèfú de jīpiào? — J: .... (Ja, 14:30)

4. Satzumwandlungen

Fassen Sie jeweils zwei Sätze in einen Satz mit einem komplexen Attribut zusammen.

Beispiel: Nà ge péngyǒu qù Běijīng. + Tā jiào Lǐ Gāng.
⇨ Qù Běijīng de péngyǒu jiào Lǐ Gāng. / Jiào Lǐ Gāng de péngyǒu qù Běijīng.

a) Fùjìn yǒu yī ge shāngdiàn. + Nà ge shāngdiàn mài qìchē.
b) Yī ge rén zài dǎ diànhuà. + Nà ge rén shì xiǎo Wàn.
c) Wǒ jiè le yī běn shū. + Nà běn shū búcuò.
d) Nàxiē rén bù hē jiǔ. + Tāmen hē chá.
e) Tā kàn le yī ge diànyǐng. + Nà ge diànyǐng jiào "Chūntiān".

5. Wie sagt man's auf Chinesisch?

a) Wieviele Tage hast du vor, in Hong Kong zu wohnen? Und wo willst du wohnen?
b) Eine Frage bitte: Wie füllt man dieses Formular aus?
c) Wo soll ich unterschreiben?
d) Kann ich hier rauchen? / Kann man hier rauchen? — Nein.

Übersetzen Sie mit Verb- und Verb-Objekt-Konstruktionen als Satzattribut:
e) Heute ist es kalt und es gibt wenige Leute, die schwimmen.
f) Das Geschäft ist groß, aber es gibt sehr wenige, die dort hingehen.
g) Ein Kino ist ein Ort, an dem man Filme anschaut.
h) Es gibt dort viele (nicht wenige), die Alkohol trinken.
i) Das dort sind alles Leute, die am Wettkampf teilnehmen.
j) Das Auto, das er gekauft hat, gefällt mir nicht.
k) Die Zeitung, die sie wollte, ist hier.
l) Er ist nicht der, den ich suchen will.
m) Der Film, den wir gestern gesehen haben, hieß «Die Firma».

*Übersetzen Sie mit «**shì ... de**»-Konstruktion:*
n) Wann ist sie angekommen? — Gestern Abend ist sie angekommen.
o) Wo bist du geschwommen? — An der Universität.
p) Wie sind sie hingefahren? — Sie sind mit dem Flugzeug hingeflogen.
q) Wann bist du in die Schweiz gefahren? — Im Sommer 2008.
r) Wo hast du Englisch gelernt? — Ich habe in London Englisch gelernt.
s) Wie hat er (es) geschrieben? — Er hat (es) mit dem Computer geschrieben.

a) Am liebsten esse ich das Essen, das meine Mutter macht.
b) Von wem ist dieses Buch entliehen? — Es ist von mir entliehen.
c) Die Sachen, die er gekauft hat, sind alle teuer.
d) Dieser Computer ist nicht schlecht, aber zu teuer. — Deshalb gibt es viele, die ihn sich anschauen, (aber nur) wenige, die ihn kaufen.
e) Sie haben nicht im Restaurant gegessen, sie haben bei einem Kollegen zu Hause gegessen. («shì ... de»-Konstruktionen)
f) Er ist heute krank, deshalb fahre ich selbst das Auto.
g) Nächstes Wochenende fahre ich mit einem Bekannten nach Hangzhou, (daher) habe ich heute online die Flugtickets und das Hotel gebucht. Die Flugtickets gab es zu einem (= waren ein) Sonderpreis, (zu) 40 Prozent Rabatt. Das Hotel, das wir gefunden (= gesucht) haben, war ein

Jugendhotel im Stadtzentrum. Leider waren die Doppelzimmer schon alle ausgebucht, (daher) konnten wir nur zwei Einzelzimmer buchen. In diesem Hotel kann man für umsonst drahtlos ins Internet. Das ist sehr wichtig, weil wir jeden Tag viele E-Mails schreiben müssen.

6. Gelenkter Dialog

Übernehmen Sie die Rolle von A oder B (oder C) und führen Sie anhand der nachfolgenden Vorgaben einen Dialog mit einem Partner oder einer Partnerin.

A (ein Gast) und **B** (an der Hotelrezeption) grüßen sich. — **A** fragt nach einem Zimmer. — **B** will wissen, ob eines reserviert worden ist. — **A** verneint. — **B** fragt, wieviele Personen sie insgesamt sind. — **A** gibt zwei Personen an. — **B** will erstmal nachsehen. Es gibt kein Doppelzimmer mehr, nur noch Einzelzimmer. Ob A damit einverstanden ist? — **A** stimmt zu. — **B** fragt nach der geplanten Anzahl der Nächte. — **A** will X Nächte bleiben. — **B** gibt A ein Formular zum Ausfüllen. — **A** nimmt es in Empfang. — **B** teilt A die Zimmernummern mit, gibt ihm die Schlüssel und zeigt ihm den Speiseraum. — **A** bedankt sich.

A spricht B darauf an, dass B letzten Monat nach Shanghai gefahren ist. — **B** bestätigt, dass er / sie für drei Tage dort gewesen ist. — **A** möchte wissen, ob er / sie den Zug genommen hat oder hingeflogen ist. — **B** antwortet, dass er / sie geflogen sei. — **A** fragt, ob Flugtickets momentan teuer sind. — **B** meint, sie seien es nicht, wenn man online buchen würde. — **A** fragt weiter, wo B (in Shanghai) übernachtet (= gewohnt) habe. — **B** meint, in einem Jugendhotel unweit des Stadtzentrums. — **A** will wissen, wo er / sie dieses Hotel gefunden habe. — **B** nennt das Internet als Quelle und fragt A, ob er / sie auch eine Fahrt nach Shanghai plane. Für diesen Fall könne er / sie A die Internetadresse des Jugendhotels geben.

+ Freier Dialog: Ein Formular ausfüllen / Im Hotel

Vorschläge zum Inhalt:

1. Fragen zum Ausfüllen von verschiedenen Feldern und Antworten: Gesamtname, Wohnort, Telefon, Geburtstag, Studienort und Fach, Arbeitsstelle und Beruf, eigene Unterschrift ...
2. Ein Hotelier zeigt einem Gast das Zimmer: Dusche, WC, Speisesaal usw. Vergleich von verschiedenen Zimmern in Ausstattung und Preis.

Lektion 15: Post und Bank

Zielsätze

1. Qǐng dǎ yīxià zhè fèn wénjiàn. 请 打一下 这 份 文件。	*Bitte geben Sie dieses Schriftstück in den Computer ein.*
2. Néng bu néng mǎshàng fā chuánzhēn? 能 不 能 马上 发 传真?	*Könnten Sie sofort ein Fax abschicken?*
3. Wǒ qù jiào tāmen lái xiūlǐ. 我 去 叫 他们 来 修理。	*Ich bitte sie, (es) reparieren zu kommen.*
4. Wǒ jì guàhàoxìn. 我 寄 挂号信。	*Ich schicke den Brief per Einschreiben.*
5. Zhèxiē hái bú gòu. 这些 还 不 够。	*Diese reichen noch nicht.*
6. Wǒ xiǎng yòng Ōuyuán huàn Rénmínbì. 我 想 用 欧元 换 人民币。	*Ich möchte Euro in Renminbi umtauschen.*
7. Yī bǐ qī diǎn bā èr. 一比 七 点 八 二。	*Eins zu sieben Komma acht zwei.*

Dialog 1

Herr Klee (A) legt seiner chinesischen Sekretärin (B) einige handgeschriebene Seiten auf den Schreibtisch:

A: Helen, qǐng dǎ yīxià zhè fèn wénjiàn. Helen, 请 打 一下 这 份 文件。	*Helen, bitte geben Sie dieses Schriftstück in den Computer ein (und drucken Sie es aus)*
B: Hǎo. … Kèlè xiānsheng, zhèyàng xíng ma? 好。... 克勒 先生, 这样 行 吗?	*In Ordnung.* (Nach einer Weile:) *Herr Klee, geht es so?*
A: Xíng, xiān fùyìn qī fèn. Néng bu néng mǎshàng fā chuánzhēn? 行, 先 复印 七 份。能 不 能 马上 发 传真?	*Ja, machen Sie zuerst sieben Kopien. Könnten Sie es (dann) sofort als Fax ab schicken?*

Neben der staatlichen China Post gibt es auch private Anbieter wie DHL oder UPS.

B: Wǒmen de fùyìnjī huài le.
我们 的复印机坏 了。
Unser Kopiergerät ist kaputtgegangen.

A: Shénme? Yòu huài le? Nà zài qǐng xiūlǐgōng
什么? 又 坏 了? 那 再 请 修理工
lái xiū yīxià.
来 修 一下。
Was, schon wieder kaputt? Dann bitten Sie den Reparaturdienst nochmal her.

B: Wǒ yǐjīng jiào guo le. Wǒ xiān qù duìmiàn
我 已经 叫 过 了, 我 先 去 对面
de yóujú fùyìn ba.
的 邮局 复印 吧。
Ich habe ihn schon gerufen. Ich gehe vorerst ins Postamt gegenüber, um zu kopieren.

A: Hǎo, shùnbiàn jì yīxià zhèxiē xìn, dōu jì guàhào.
好, 顺便 寄 一下 这些 信, 都 寄 挂号。
Gut, geben Sie bei dieser Gelegenheit diese Briefe auf. Alle per Einschreiben.

B: Wǒmen hái yǒu xiē yóupiào ba?
我们 还 有 些 邮票 吧?
Wir haben noch einige Briefmarken, nicht wahr?

A: Wǒ kànkan ..., yīgòng wǔshí jǐ kuài, dàgài gòu le.
我 看看 ..., 一共 五十 几 块, 大概 够 了。
Ich sehe mal nach ... zusammen mehr als 50 Kuai, das reicht wahrscheinlich.

B: Yào bu yào zài mǎi yīxiē?
要 不 要 再 买 一些?
Soll ich noch mal ein paar kaufen?

A: Hǎo a, zài mǎi shí zhāng yī kuài èr de yóupiào.
好啊, 再 买 十 张 一 块 二的 邮票。
Okay, kaufen Sie nochmal zehn Briefmarken zu einem Kuai zwanzig.

Dialog 2

Frau Bauer (A) hat kein Bargeld mehr und muss zur Bank. Da es bereits später Nachmittag ist, fragt sie ihre Freundin (B), wann die Bank zumacht:

A: Yínháng jǐ diǎn guān mén? 银行 几 点 关 门?	*Um wieviel Uhr macht die Bank zu?*
B: Liù diǎn guān mén. 六 点 关 门.	*Sie schließt um sechs Uhr.*
A: Nǐ hǎo, wǒ xiǎng yòng Ōuyuán huàn Rénmínbì. 你 好, 我 想 用 欧元 换 人民币。	(In der Bank) *Guten Tag. Ich möchte Euro in Renminbi eintauschen.*
C: Nǐ yào huàn duōshǎo? 你 要 换 多少?	*Welchen Betrag wollen Sie eintauschen?*
A: Sānbǎi Ōuyuán. Jīntiān de huìlǜ shì duōshǎo? 三百 欧元。今天 的 汇率 是 多少?	*Dreihundert Euro. Wie ist der heutige Kurs?*
C: Yī bǐ qī diǎn bā èr wǔ qī. Néng bu néng kànkan 一比七 点 八二五七。能 不 能 看看	*Eins zu sieben Komma acht zwei fünf sieben.*
nín de hùzhào? 您 的 护照?	*Könnte ich Ihren Pass mal sehen?*
A: Kěyǐ. 可以。	*Ja.*
C: Qǐng zài zhèr qiān zì. 请 在 这儿 签 字。	*Bitte unterschreiben Sie hier.*
A: Hǎo. Néng bu néng duō gěi wǒ diǎn língqián? 好。能 不 能 多 给 我 点 零钱?	*Gut. – Können Sie mir ein bisschen mehr Kleingeld geben?*
C: Kěyǐ. Zhè shì liǎngqiān sānbǎi sìshí qī kuài 可以。这 是 两千 三百 四十 七 块 qī máo yī fēn Rénmínbì. 七 毛 一分 人民币。	*Ja. Das sind 2347 Kuai 71 (Renminbi).*

Neue Wörter und Ausdrücke

dǎ(zì)	打(字)	*tippen, abtippen*
fèn	份	Zählwort für Schriftstücke und Zeitungen
wénjiàn	文件	*Dokument, Schriftstück; Datei*
fùyìn	复印	*kopieren*
mǎshàng	马上	*sofort*
huài le	坏了	*kaputt sein, defekt sein*
fùyìnjī	复印机	*Kopiegerät*
yòu	又	*wieder*
xiūlǐgōng	修理工	*Reparaturdienst*
xiū(lǐ)	修(理)	*reparieren; Reparatur*
jiào	叫	*(her-)rufen; bitten, (etw. tun) lassen*
duìmiàn	对面	*gegenüber*
yóujú	邮局	*Postamt*
jì	寄	*(ab)schicken, senden, aufgeben*
guàhào	挂号	*per Einschreiben*
yóupiào	邮票	*Briefmarke (*Zählwort: **zhāng** 张*)*
dàgài	大概	*wahrscheinlich*
gòu	够	*(aus)reichen; genug*

yínháng	银行	*Bank*
guān mén	关门	*(ein Geschäft u.ä.) schließen* ☯ **kāi mén** 开门 *öffnen*
guān	关	*zumachen, schließen* ☯ **kāi** 开 *öffnen, aufmachen*
mén	门	*Tür, Tor*
huàn	换	*(Geld) tauschen, (um-)wechseln*
Rénmínbì (RMB)	人民币	chinesische Währung (wörtlich: *Volkswährung*)
Ōuyuán	欧元	*Euro*
huìlǜ	汇率	(amtlicher) *(Wechsel-)Kurs*
... bǐ ...	... 比 ...	... *zu* ... (bei Wechselkursangaben und ähnlichen Zahlenvergleichen)
diǎn	点	*Komma* (wörtlich: *Punkt*) (bei Zahlenangaben)
hùzhào	护照	*Pass*
língqián	零钱	*Kleingeld*
qiān	千	*tausend*
fēn	分	Währungseinheit: *Fen* (10 Fen = 1 Jiao)

Anmerkungen und grammatische Erklärungen

1. Die Adverbien «**yòu**» (wieder) und «**zài**» (wieder, nochmal)
«Yòu» bezeichnet in der Regel die Wiederholung einer Handlung; es bezieht sich also vor allem auf die Vergangenheit.

Tā yòu mǎi le yī píng niúnǎi. — *Sie hat wieder eine Flasche Milch gekauft.*

«Zài» dagegen verwendet man dann, wenn die Wiederholung einer Tätigkeit erst (in der Zukunft) stattfinden soll.

Nín xīngqīyī xiàwǔ zài lái ba. — *Bitte kommen Sie am Montag Nachmittag wieder.*

Leichter zu merken ist der Unterschied zwischen beiden Adverbien, wenn man an das chinesische Wort für «auf Wiedersehen» denkt: zàijiàn.

2. Neben der Bedeutung «rufen» (a) kann «**jiào**» außerdem (b) die Veranlassung einer Person zu einer Handlung bezeichnen (jemanden bitten, etwas zu tun; jemanden etwas tun lassen).

a) Wǒmen yǐjīng **jiào** guo tā le.	*Wir haben sie schon **(her)gerufen**.*
b) Tā **jiào** wǒ jìnqù.	*Er **bittet** mich herein. / Er **lässt** mich eintreten.*

3. «**Jǐ**» (einige) kann auch in Verbindung mit Zahlen stehen. Geht es den Zahlen 10, 100 oder 1000 unmittelbar voran, drückt es ein unbestimmtes Mehrfaches dieser Zahlen aus.

jǐ bǎi ge rén: *einige hundert Menschen* jǐ shí běn shū: *einige Dutzend Bücher*

Folgt «jǐ» einer Zahlen- oder Mengenangabe, meint es «und einige mehr» und kann mit «über» wiedergegeben werden.

Tā yǐjīng èrshí jǐ suì le. — *Er ist schon über zwanzig.*

4. Bei einer chinesischen Dezimalzahl wird statt einem Komma ein Punkt benutzt. Die Zahlen hinter dem Punkt («**diǎn**») der chinesischen Dezimalzahl müssen als Einzelstellen gelesen werden. Die Zahlen vor dem Punkt können dagegen als ganze Zahl gelesen werden.

104.202: "Yībǎi líng sì diǎn èr líng èr" oder "Yī líng sì diǎn èr líng èr".

5. Im Satz «**Néng bu néng duō gěi wǒ diǎn língqián?**» (Können Sie mir ein bisschen mehr Kleingeld geben?) drückt «néng» keine Bitte aus, sondern erkundigt sich nach einer von objektiven Bedingungen abhängigen Möglichkeit oder Fähigkeit. «Néng» kann auch danach fragen, ob etwas gestattet ist.

Zhèr néng chōu yān ma? — Bù néng.
Kann man hier rauchen? — *Nein.*

6. Die Währungseinheit Fen
Dem Fen als kleinster Währungseinheit begegnet man in China mittlerweile nur noch in Banken beim Tausch von Fremdwährungen in Yuan. Im Handel mit Waren und Dienstleistungen wird er bereits nicht mehr verwendet.

Wortfelder

Offizielle Dokumente

tōngzhī *(Mitteilung, Rundschreiben)*
通知

wénjiàn
文件

cáiliào *(Unterlagen)*
材料

yuánjiàn *(Original)*
原件

fùyìnjiàn *(Kopie)*
复印件

biǎogé *(Formular)*
表格

tǒngjìbiǎo *(Statistik)*
统计表

Post

jì
寄

xìn
信

píngxìn *(einfacher Brief)*
平信

míngxìnpiàn *(Postkarte)*
明信片

hángkōngxìn *(Luftpostbrief)*
航空信

guàhàoxìn *(Einschreibebrief)*
挂号信

bāoguǒ *(Paket)*
包裹

yóupiào
邮票

xìnfēng *(Briefumschlag)*
信封

Währung

Rénmínbì
人民币

Gǎngbì *(Hk-Dollar)*
港币

Měiyuán *(US-Dollar)*
美元

Ōuyuán
欧元

Yīngbàng *(Pfund Sterling)*
英镑

Rìyuán *(Yen)*
日元

Ruìshì Fǎláng *(Schweizer Franken)*
瑞士法郎

Zahlungsformen

xiànjīn *(Bargeld)*
现金

língqián
零钱

yínhángkǎ *(Bankkarte)*
银行卡

xìnyòngkǎ
信用卡

lǚxíng zhīpiào *(Reisescheck)*
旅行支票

zhīpiào *(Scheck)*
支票

zhuǎnzhàng *(überweisen)*
转帐

shuākǎ
刷卡

Papiere

zhèngjiàn *(Papiere)*
证件

shēnfènzhèng *(Personalausweis)*
身份证

hùzhào
护照

qiānzhèng *(Visum)*
签证

gōngzuòzhèng *(Arbeitsausweis)*
工作证

xuéshēngzhèng *(Studentenausweis)*
学生证

jiàshǐ zhízhào *(Führerschein)*
驾驶执照

Übungen

1. Basisübung

a) Geben Sie die folgenden Zahlenvergleiche auf Chinesisch an:

0:1 — 1:0 — 1:2 — 2:3 — 5:7 — 1:02 — 1:1.1 — 1:1.37 — 1:3.65 — 1 : 5.45 — 0 : 0.01

b) Lassen Sie sich von einem Partner oder einer Partnerin nach den folgenden Briefmarkenwerten und -mengen fragen. Wechseln Sie sich dabei mit dem Fragen bzw. Antworten ab:

Beispiel: A: eine Acht-Mao-Marke — B: yī zhāng bā máo de yóupiào

zwei Sechs-Mao-Marken, drei Acht-Mao-Marken, fünf Fünf-Mao-Marken, sieben 1.50-Kuai-Marken, zwölf Ein-Kuai-Marken, fünfzehn 1.20-Kuai-Marken, zweiundzwanzig Zwei-Kuai-Marken, zehn 4.50-Mao-Marken

2. Austauschübung

a) Qǐng zhǎo yīxià jīntiān de bàozhǐ.

wèn	tāmen de diànhuà
qiān	(nǐ de) míngzì
tián	biǎo
chá	tāmen de wǎngzhǐ

b) Wǒ qù jiào tā lái xiūlǐ.
Hǎo. / Xíng.

kànkan	jièshao jièshao
chī fàn	chángchang

c) Néng bu néng shùnbiàn jì yīxià xìn?
Kěyǐ.

wèn yīxià	huàn xiē Rénmínbì
mǎi xiē yóupiào	kànkan Bào'ěr tàitai

d) Nǐ yào huàn duōshǎo?
Wǒ yào huàn 1000 kuài Rénmínbì.

500 Ōuyuán	1500 Měiyuán
350 Měiyuán	700 Ōuyuán
5000 Gǎngbì	650 Yīngbàng

e) Jīntiān Ōuyuán de huìlǜ shì duōshǎo?
Shì 1 : 7.886.

Měiyuán	1 : 6.297
Yīngbàng	1 : 9.9234
Ruìshì Fǎláng	1 : 6.683
Rìyuán	1 : 0.078

3. Frage-Antwort-Übung

Ergänzen Sie die entsprechende Frage zur gegebenen Antwort, bzw. die entsprechende Antwort zur gegebenen Frage.

A: Kèlè nǚshì, zhèyàng dǎ xíng ma?	B: .... (O.K.)
C: Wǒmen de chē huài le.	D: .... (Was, schon wieder?!)
C: Yào bu yào qǐng rén lái xiū yīxià?	D: .... (O.K.)
E: Nǐ de diànshì ne?	F: .... (kaputt)
E: Shì ma? Wǒ kànkan.	F: ....?
E: Wǒ huì xiū. Wǒ xiū guo hěnduō diànshì.	
G:	H: Nǐ kěyǐ jiào xiūlǐgōng lái xiū yīxià.
I: ....? (Euro zu RMB)	J: Shì 1 : 8.079.
I: ....? (US $ zu RMB)	J: Jīntiān de huìlǜ shì 1 : 6.378.
I: Nǐ yào huàn duōshǎo Měiyuán?	J: ....
K: Néng bu néng kànkan nín de hùzhào?	L: ....
M: Nín hùzhào dài le ma?	N: ....
O: Qǐng fùyìn yīxià zhè fèn cáiliào.	P: Hǎo. ....? (wie viele?)
P: .... (Fünf Exemplare)	
Q: Helen, qǐng	R: Yào bu yào jì guàhào?
Q: .... (Ja)	
S: Qǐngwèn, zài nǎr qiān zì?	T: .... (hier)
A: Shéi jiào wǒ?	B: ....
C: Nǐmen jiào shéi lái xiū?	D: ....
C: Xiūlǐgōng bú huì xiū zhè zhǒng fùyìnjī.	D: Nà .... (wer?)
C: Wǒ xiǎng Wáng gōngchéngshī huì xiū.	D: Nà ....
E: Xiū diànnǎo de rén lái le ma?	F: .... (noch nicht)
E: Wèishénme hái méi lái?	F: .... (Ich frage telefonisch.)
G: Nǐ yǒu mei yǒu língqián?	H: .... (Ja. Wieviel?)
G: Wǒ xiǎng huàn shí kuài.	H: .... (O.K.)

4. Wie sagt man's auf Chinesisch?

a) Könntest du (es) ihnen sofort mitteilen?
b) Könnten Sie sie sofort bitten, herzukommen?
c) Ist das so richtig geschrieben? — (So ist es) richtig / falsch.
d) Geht das, so geschrieben? — (So) geht es / ist es nicht sehr gut.
e) Hat euer Geschäft solche Kleidung?
f) Sie bittet mich, mal hinzugehen.
g) Der Kopierer ist kaputt. Ich bestelle den alten Wang her, (ihn sich) mal anzuschauen.
h) Wann schließt das Restaurant? — Nachts um zwölf.
i) Bitte kaufe bei der Gelegenheit zwei Flaschen Bier.
j) Ich möchte sie bei dieser Gelegenheit mal besuchen gehen.
k) Reicht dein Geld? — Danke, es reicht aus.
l) Ich möchte etwas Kleingeld eintauschen. — Tut mir leid, ich habe kein Kleingeld.
m) Eine Frage bitte: Wo kann man in der Nähe US-Dollar umwechseln?
n) Ich möchte Reiseschecks in Renminbi eintauschen.
o) Er möchte Euro in Renminbi umwechseln.
p) Wie ist der heutige Kurs?
q) Wie ist der heutige Euro-Kurs?
r) Ich habe gehört, dass sie nochmal nach Hongkong gefahren ist.
s) Ich fahre nächstes Jahr wieder nach Berlin (Bólín).

a) A: Er bittet dich, zu ihm zu kommen.
B: Wer bittet mich?
A: Der alte Li bittet dich.
B: Was gibt es denn? (Was für eine Angelegenheit?)
A: 1) Er bittet dich, mal zu ihm zu kommen.
2) Er bittet dich, ihm mal zu helfen.

b) A: Das Kopiergerät des Büros ist kaputtgegangen.
B: Was? Schon wieder kaputt?! Wo ist es defekt?
A: Ich weiß es auch nicht.
B: 1) Dann rufen Sie sie [Plural] nochmal, (es) reparieren zu kommen.
2) Anscheinend müssen wir ein Neues kaufen.
3) Dann gehen Sie erst mal in den ersten Stock zum Kopieren.

c) A: Haben Sie Ihren Pass da?
B: 1) Heute habe ich meinen Pass nicht mitgenommen. Ginge es (auch) mit meinem Führerschein?
2) Oh, heute habe ich meinen Pass nicht mitgenommen. Ginge es (auch) mit meinem Arbeitsausweis?
3) Oh, ich habe heute vergessen, meinen Pass mitzunehmen. Ginge es (auch) mit meinem Personalausweis?
A: Das geht.

d) Dieses Schriftzeichen ist wieder falsch geschrieben. — Dann schreibe ich es nochmal.

e) (Weil) unser Kopiergerät kaputt ist, muss ich zum Postamt gehen, um etwas zu kopieren. Herr Klee will, dass ich bei dieser Gelegenheit einige Einschreibebriefe aufgebe. Wir haben einige Briefmarken, aber die reichen noch nicht. Ich muss noch ein paar Briefmarken kaufen.

5. Gelenkter Dialog

Übernehmen Sie die Rolle von A oder B (oder C) und führen Sie anhand der nachfolgenden Vorgaben einen Dialog mit einem Partner oder einer Partnerin.

A (in der Hand ein Schriftstück) bittet seine Sekretärin, X Kopien zu machen. — **B** wendet ein, dass der Kopierer des Büros kaputt ist. — **A** ist sehr erstaunt darüber. — **B** meint, sie habe schon jemanden vom Reparaturdienst verständigt. — **A** möchte wissen, wann dieser kommen will. — **B** nennt eine ungefähre Zeit und will die Kopien erst mal woanders machen. — **A** stimmt zu und fragt, sich plötzlich erinnernd, ob einige Einschreibebriefe schon abgeschickt worden seien. — **B** bestätigt. — **A** weist auf zwei weitere Briefe hin und fragt B, ob sie diese sofort abschicken könnte. — **B** meint ja und fragt, ob auch per Einschreiben. — **A** bestätigt.

A fragt auf der Straße nach einem Ort in der Nähe, wo man RMB tauschen kann. — **B** verweist sie nach «da vorne» auf eine Bank, wo sie tauschen könne. — **A** (nun in der Bank) will US-Dollar in RMB umtauschen. — **C** fragt sie nach der Summe. — **A** möchte X-100 Dollar tauschen und fragt nach dem aktuellen Wechselkurs. — **C** nennt ihr 1:Y. — **A** übergibt das Geld und bittet um etwas Kleingeld. — **C** sagt, dass sich das machen lässt, übergibt ihr die Summe von Z RMB und bittet, nachzuzählen. — **A** bedankt sich.

+ Freier Dialog: Reparatur / Geld tauschen

Vorschläge zum Inhalt:

1. Das Telefon von A ist kaputt, es erreicht nur noch B. Warum ist es kaputt? Wer soll / kann es reparieren? (ein Freund, Nachbar, Verwandter?) Was wird die Reparatur kosten? Soll man lieber ein neues Gerät kaufen?!
2. A und B wollen beide Geld tauschen. Doch die Bank hat schon geschlossen. A will Währung X in Währung Y tauschen, B genau umgekehrt. Also kann einer dem anderen helfen. Wieviel tauschen sie? Wie ist der Kurs?

UnionPay ist die einzige Kreditkartenorganisation in der Volksrepublik China. Chinesische Touristen im Ausland benutzen meist UnionPay.

Lektion 16: Telefonieren

Zielsätze

1. Nín néng bu néng zài shuō yī biàn?
   您 能 不能 再 说 一 遍?
   Könnten Sie es noch einmal wiederholen?
2. Qǐng màn diǎn shuō.
   请 慢 点 说。
   Bitte sprechen Sie etwas langsamer.
3. Tā gāng chūqù.
   他 刚 出去。
   Er ist soeben hinausgegangen.
4. Wǒ yǒu jí shì zhǎo tā.
   我 有 急事 找 他。
   Ich suche ihn in einer dringenden Angelegenheit.
5. Tā huílái yǐhòu, wǒ ràng tā gěi nǐ dǎ diànhuà.
   他 回来 以后, 我 让 他 给 你 打 电话。
   Wenn er zurück ist, werde ich ihn bitten, Sie anzurufen.
6. Tā jīntiān huì bu huì huílái?
   他 今天 会 不 会 回来?
   Wird er heute (noch) zurückkommen?
7. Qǐng nǐ gēn tā liánxì yīxià.
   请 你 跟 她 联系 一下。
   Bitte setzen Sie sich mit ihr in Verbindung.

Dialog 1

Frau Klee (A) möchte Herrn Wan von der Marketingabteilung einer Firma sprechen, verwählt sich aber zunächst:

B: Wéi.
喂。
Hallo.

A: Wéi, nǐ shì shìchǎngbù ma?
喂, 你 是 市场部 吗?
Hallo, ist dort die Marketingabteilung?

B: Bú shì, nǐ dǎ cuò le. Zhèr shì rénshìbù, shìchǎngbù de diànhuà shì 11243187.
不 是, 你 打 错 了。这儿 是 人事部, 市场部 的 电话 是 11243187。
Nein, Sie haben sich verwählt. Hier ist die Personalabteilung. Die Marketingabteilung hat die Nummer 11243187.

A: Duìbuqǐ, wǒ de Zhōngwén bú tài hǎo, néng bu 对不起，我 的 中文 不太 好，能 不 néng zài shuō yī biàn? 能 再 说 一 遍？	*Verzeihung, mein Chinesisch ist nicht besonders gut.* *Könnten Sie es noch einmal wiederholen?*
B: Hǎo, wǒ màn diǎn shuō, shìchǎngbù de diànhuà 好，我 慢 点 说，市场部 的 电话 shì 11243187. 是 11243187。	*Gut, ich spreche etwas langsamer. Die Nummer der Marketingabteilung ist 11243187.*
C: Wéi, nǐ zhǎo shéi? 喂，你 找 谁？	*Hallo, mit wem möchten Sie sprechen?*
A: Wàn Jīngléi xiānsheng zài ma? 万 惊雷 先生 在 吗？	*Ist Herr Wan Jinglei da?*
C: Qǐng děng yīxià, … Wàn xiānsheng gāng chūqù. 请 等 一下，… 万 先生 刚 出去。 Nǐ shì nǎlǐ? 你 是 哪里？	*Bitte warten Sie einen Augenblick ...* *Herr Wan ist soeben hinausgegangen.* *Mit welcher Stelle spreche ich?*
A: Wǒ jiào Kèlè, zài Chángchéng Jiǔdiàn 202 fángjiān. 我 叫 克勒，在 长城 酒店 202 房间。 Wǒ yǒu jí shì zhǎo tā. 我 有 急事 找 他。	*Ich heiße Klee und bin im Hotel Große Mauer, Zimmer 202.* *Ich suche ihn in einer dringenden Angelegenheit.*
C: Hǎo, tā huílái yǐhòu, wǒ ràng tā gěi nǐ dǎ diànhuà. 好，他 回来 以后，我 让 他 给 你 打 电话。	*Gut, wenn er zurück ist, werde ich ihn bitten, Sie anzurufen.*
A: Xièxie, zàijiàn. 谢谢，再见。	*Danke. Auf Wiederhören.*

Dialog 2

Herr Rohde (A) will Herrn Liu von der Reparaturabteilung der Ostasien-Gruppe in einer geschäftlichen Angelegenheit sprechen:

A: Wéi, Dōngyà jítuán zǒngjī ma? 喂，东亚 集团 总机 吗？	*Hallo, Vermittlung der Ostasien-Gruppe?*
Qǐng zhuǎn 17 hào fēnjī. 请 转 17 号 分机。	*Bitte verbinden Sie mich mit dem Anschluss Nummer 17.*
B: Qǐng shāo děng ... Wéi, xiànzài zhàn xiàn, qǐng 请 稍 等 ... 喂，现在 占 线，请 děngyīhuìr zài dǎ ba. 等一会儿 再 打吧。	*Bitte warten Sie einen Moment ... Hallo, es ist gerade besetzt. Bitte rufen Sie später nochmal an.*
A: Wéi, xiūlǐbù ma? 喂，修理部 吗？	*Hallo, Reparaturabteilung?*
C: Wǒ shì xiūlǐbù, nǐ zhǎo shéi? 我 是 修理部，你 找 谁？	*Hier ist die Reparaturabteilung. Mit wem möchten Sie sprechen?*
A: Wǒ zhǎo Liú Jiàn xiānsheng. 我 找 刘 建 先生。	*Ich möchte mit Herrn Liu Jian sprechen.*

Wǒ shì guǎnggàobù de.
我 是 广告部 的。

Ich bin von der Werbeabteilung.

C: Liú xiānsheng zuìjìn chūchāi le.
刘 先生 最近 出差 了。

Herr Liu ist vor Kurzem auf Geschäftsreise gegangen.

A: Tā jīntiān huì bu huì huílái?
他 今天 会 不 会 回来?

Wird er heute noch zurückkommen?

C: Wǒ yě bú tài qīngchǔ, yǒu shénme shì ma?
我 也 不 太 清楚, 有 什么 事 吗?

Da bin ich (auch) nicht sicher. Worum handelt es sich denn?

A: Qǐng tā jǐnkuài gēn guǎnggàobù liánxì yīxià.
请 他 尽快 跟 广告部 联系 一下。

Bitten (Sie) ihn, sich möglichst schnell mit der Werbeabteilung in Verbindung zu setzen.

C: Hǎo, tā huílái yǐhòu, wǒ gàosù tā.
好, 他 回来 以后, 我 告诉 他。

Gut, wenn er zurückkommt, werde ich es ihm ausrichten.

A: Máfan nǐ le.
麻烦 你 了。

Entschuldigen Sie die Störung.

C: Méi guānxi.
没 关系。

Keine Ursache.

Neue Wörter und Ausdrücke

wéi / wèi	喂 / 喂	*Hallo?!*
shìchǎngbù	市场部	*Marketingabteilung*
dǎ cuò le	打错了	*sich verwählen*
rénshìbù	人事部	*Personalabteilung*
biàn	遍	～*mal* (etwas von Anfang bis Ende tun)
Nǐ zhǎo shéi?	你找谁?	*Mit wem möchten Sie sprechen?* (Wörtlich: *Wen suchen Sie?*)
gāng	刚	*gerade eben, soeben*
Nǐ shì nǎlǐ?	你是哪里?	*Mit welcher Stelle spreche ich?* (Wörtlich: *Von wo sind Sie?* – Gemeint ist, von welcher Einheit oder Stelle)
Chángchéng jiǔdiàn	长城酒店	Eigenname: *Hotel Große Mauer*
Chángchéng	长城	*Die Große Mauer*
jí	急	*dringend, eilig*
yǐhòu	以后	*danach, nachdem* **yǐqián** 以前 *bevor, vorher*
ràng	让	*(jemanden) veranlassen, bitten*
gěi ... dǎ diànhuà	给 ...打电话	... *anrufen*
gěi	给	Präposition: *an, für*
zàijiàn	再见	*Auf Wiedersehen / Auf Wiederhören*

Dōngyà Jítuán	东亚集团	Eigenname: *Ostasien-Gruppe*
jítuán	集团	*(Firmen-)Gruppe*
zǒngjī	总机	*Telefonzentrale, Vermittlung, Hauptanschluss*
zhuǎn ...	转 ...	*(jemanden) verbinden mit ...*
fēnjī	分机	*(Neben-)Anschluss*
shāo děng	稍等	*kurz warten*
zhàn xiàn	占线	*besetzt sein*
xiūlǐbù	修理部	*Reparaturabteilung*
guǎnggàobù	广告部	*Werbeabteilung*
chū chāi	出差	*eine Geschäftsreise / Dienstreise machen*
huì	会	*(bestimmt) werden*
qīngchǔ	清楚	*(sich) sicher sein*
jǐnkuài	尽快	*möglichst schnell*
gēn ... liánxì	跟 ...联系	*sich mit ... in Verbindung setzen, Kontakt aufnehmen*
liánxì	联系	*Kontakt, Verbindung; verbinden*
Máfan nǐ le.	麻烦你了。	*Entschuldigen Sie die Störung.* (Wörtlich: *Ich habe Sie gestört.*)
máfan	麻烦	*stören, belästigen*

Anmerkungen und grammatische Erklärungen

1. Das Ausrufewort «**wèi / wéi**» (hallo) wird benutzt, um zu prüfen, ob eine Telefonverbindung zustandegekommen ist, oder steht vor der Frage nach der Identität des Gesprächsteilnehmers. In China ist es noch häufig üblich, sich nicht mit dem Familiennamen, dem Namen der Firma oder der Abteilung zu melden, sondern der Anrufende muss meistens selbst danach fragen.

2. «**Gāng**» (gerade, soeben) bezeichnet ebenso wie «gāngcái» Handlungen, die unmittelbar zuvor stattgefunden haben.

3. Im Satz «**Wǒ yǒu jí shì zhǎo tā**» sind zwei Handlungen ohne «und» hintereinandergesetzt: «Ich habe eine dringende Angelegenheit (und) suche ihn». Im Deutschen kann man diesen Satz zusammenfassen in: «Ich suche ihn in einer dringenden Angelegenheit».

4. Die Zeitbestimmungen «**yǐhòu**» (nachdem, nach) und «**yǐqián**» (bevor) stehen im Gegensatz zum Deutschen hinter einer Handlung oder der Angabe eines Zeitpunktes bzw. einer Zeitspanne.

liǎng tiān **yǐhòu**: ***nach*** *zwei Tagen*
Chī zhōngfàn **yǐqián** wǒ zài bàngōngshì. — ***Vor*** *dem Mittagessen bin ich im Büro.*

Beide Wörter können als Zeitbestimmungen auch eigenständig verwendet werden.
Nǐ yǐhòu bié qù tā nàr. — *Gehe danach nicht mehr zu ihr.*

5. Das Verb «**ràng**» (veranlassen, bitten) drückt, ähnlich wie «jiào» (☞ Lektion 15, Anmerkungen und grammatische Erklärungen, Punkt 2), eine Veranlassung zu einer Handlung aus.

Wǒ ràng tā gěi nǐ dǎ diànhuà. — *Ich bitte ihn, dich anzurufen.*

6. In Sätzen, in denen eine Person einer anderen etwas mitteilt oder gibt, wird der Empfänger mit Hilfe des Wortes «**gěi**» (eigentlich: «geben») vor das Verb des Satzes gestellt. «Gěi» wird dabei manchmal mit der Präposition «an» wiedergegeben, häufiger jedoch durch einen Dativ. Die Verneinung mit «bù» steht immer vor «gěi».

Tā **gěi wǒ** xiě xìn.	*Sie schreibt* ***mir*** *einen Brief. / Sie schreibt einen Brief* ***an mich****.*
Tā **bù gěi wǒ** xiě xìn.	*Sie schreibt* ***mir keinen*** *Brief.*

7. Funktionen von «**huì**»
Das Modalverb «huì» kann neben der Bezeichnung einer Fähigkeit (☞ Lektion 13, Anmerkungen und grammatische Erklärungen, Punkt 3) auch eine – auf eine beliebige Zeit bezogene – Wahrscheinlichkeit oder Möglichkeit ausdrücken. Im Deutschen wird diese Bedeutung mit «(bestimmt) werden» wiedergegeben.

Tā huì mǎi zhè zhǒng diànnǎo ma? — Wǒ xiǎng tā huì.
Wird sie diesen Computer denn kaufen? — *Ich denke, das wird sie (bestimmt).*

Als Antwort können «**huì (de)**» und seine Verneinung «**bú huì**» ohne weitere Ergänzungen stehen, was aber leicht den Eindruck des Kurzangebundenseins vermittelt.

8. Der Ausdruck «**Wǒ yě bú tài qīngchǔ**» (ich bin auch nicht sicher) wird in China häufig als Euphemismus für das als sehr direkt empfundene «wǒ bù zhīdào» (ich weiß es nicht) verwendet.

9. Die Wendung «**máfan nín / nǐ le**» («Ich habe Sie gestört») wird meistens benutzt, nachdem man (zuvor erbetene) Hilfe erhalten hat.

Wortfelder

Betriebsabteilungen

xiāoshòubù *(Vertriebsabteilung)*
销售部
fúwùbù *(Serviceabteilung)*
服务部
jìshùbù *(technische Abteilung)*
技术部
chējiān
车间
xiǎomàibù *(Verkaufsraum, Kiosk)*
小卖部

shìchǎngbù
市场部
cáiwùbù *(Buchhaltung)*
财务部
cǎigòubù *(Einkaufsabteilung)*
采购部
cāngkù *(Lager)*
仓库
ménfáng *(Pforte)*
门房

guǎnggàobù
广告部
rénshìbù
人事部
xiūlǐbù
修理部
shítáng (*Kantine*)
食堂

Telefon

tīng diànhuà *(ein Gespräch entgegennehmen)*
听电话

zǒngjī
总机
yídòng diànhuà *(Mobiltelefon)*
移动电话

fēnjī
分机
shǒujī *(Handy)*
手机

diànhuà lùyīn (*Anrufbeantworter*)
电话录音
cíkǎ diànhuà (*Kartentelefon)*
磁卡电话

Xiànzài zhàn xiàn.
现在占线。

Duàn xiàn le. *(Die Verbindung ist abgebrochen.)*
断线了。

Xiànzài méiyǒu rén jiē. *(Es hebt gerade niemand ab.)*
现在没有人接。

Übungen

1. Basisübung

a) Lassen Sie sich von einem Partner oder einer Partnerin die folgenden Angaben zusammen mit der Zeitbestimmung «vor» oder «nach» nennen und übertragen Sie ins Chinesische:

Beispiel: A: vor / nach dem Anrufen ... — B: dǎ diànhuà yǐqián / yǐhòu ...

20 Minuten — dem Essen — Arbeitsbeginn — zwei Monaten — der Rückkehr nach Hause — einer Stunde — der Fahrt nach China — der Ankunft in Deutschland — zwei Tagen — dem Chinesischlernen — der Erkrankung — 1949 — dem Joggen — (ich) sie kennengelernt habe — es regnet — dem Fernsehen — dem Bezahlen — dem Geld tauschen — der Einnahme der Medizin

b) Lassen Sie sich von einem Partner oder einer Partnerin fragen und benutzen Sie die folgenden Angaben als Antworten:

Beispiel: A: Tā gěi shéi dǎ diànhuà? — B: Tā gěi Liú nǚshì dǎ diànhuà.

Herr Wang — unser Generalmanager — die Freundin vom kleinen Hu — seine Eltern — unser chinesischer Kollege — die Dolmetscherin seiner Firma — die Werbeabteilung — das Reisebüro — seine Frau — die Bank von China — das Hotel des Ostens — Shanghai — das Kaufhaus Asien — USA

2. Austauschübung

a) Nǐ néng bu néng zài shuō yī biàn?
Hǎo, wǒ zài shuō yī biàn.

xiě	zuò	kàn
dǎ (tippen)	niàn	jiěshì

b) Liú lǎoshī zài nǎr?
Tā gāng chūqù.

zǒu	huí jiā	qù jìshùbù
chū chāi	qù chī fàn	qù fùyìn dōngxi

c) Wǒ yǒu jí shì zhǎo tā.

gàosù tā	qù Ruìshì
qù Xiānggǎng	yào gēn tā liánxì

d) Nǐ yào nǎlǐ?
Qǐng zhuǎn 3 hào fángjiān.

rénshìbù	xiūlǐbù
jìshùbù	zǒngjīnglǐ bàngōngshì
guǎnggàobù	shìchǎngbù

e) Tā jīntiān huì bu huì huílái?
Tā jīntiān bú huì huílái.

yèlǐ	chūqù
hòutiān	qù Xīnjiāpō
xià xīngqī	qù lǚyóu
xiànzài	qù yínháng
zuìjìn	zài nǚ péngyǒu nàr
yǐhòu	zài qù nàr gōngzuò

f) Qǐng tā gēn wǒ liánxì yīxià.
Hǎo, tā huílái yǐhòu wǒ gàosù tā.

Kèlè jiàoshòu	wǒ de mìshū
xiūlǐbù	zǒngjīnglǐ bàngōngshì
Dōngyà shāngdiàn	
Chángchéng Jiǔdiàn 501 fángjiān	

3. Frage-Antwort-Übung

Ergänzen Sie die entsprechende Frage zur gegebenen Antwort, bzw. die entsprechende Antwort zur gegebenen Frage.

A: ....?
B: Bú shì, nǐ dǎ cuò le, rénshìbù de diànhuà shì 1133212.

C: Wéi, zǒngjī ma? .... (Anschluss Nr. 33)
D: Xiànzài zhàn xiàn, qǐng děngyīhuìr dǎ ba.

E: Wèi, nǐ zhǎo shéi?
F: ....

G: Wéi, nǐ shì nǎlǐ?
H: ....

I: ....?
J: Hǎo, wǒ zài shuō yī biàn.

K: ....?
L: Hǎo, wǒ màn diǎn shuō.

M: Nǐ néng bu néng gàosù tā tā de péngyǒu Wáng Lù gěi tā dǎ guo diànhuà?
N: Hǎo, ...

O: ....? P: Tā xiànzài zài guǎnggàobù gōngzuò.
O: ....? P: Yǒu, tā de diànhuà shì 11002.
O: Máfan nǐ le. P: ....

Q: Nǐ zhīdào tā míngtiān huílái ma? R: .... (nicht sicher.) Yǒu shénme shì?
Q: Míngtiān wǎnshàng wǒ xiǎng qǐng tā kàn diànyǐng.
R: .... (Wann? Könnten Sie es wiederholen?)
Q: Míngtiān wǎnshàng wǒ qǐng tā kàn diànyǐng.
R: .... (Gut, ich richte es ihm aus, wenn er zurück ist.)

Frau Hu (H) versucht Herrn Schumann von der Reparaturabteilung telefonisch zu erreichen. Ein Kollege (K) von ihm ist am Apparat:

H: Wéi, shì xiūlǐbù ma?
K: Shì, nǐ zhǎo shéi?
H: Wǒ zhǎo Shūmàn xiānsheng.

Situation 1: Herr Schumann ist momentan nicht da.

K: a) Duìbuqǐ, ... (Er ist gerade weggegangen.)
b) Duìbuqǐ, ... (Er ist gerade nicht da.)
c) Duìbuqǐ, ... (Er ist noch nicht zurückgekommen.)
H: Nǐ zhīdào tā shénme shíhou huílái?
K: .... (etwa in einer Stunde)
H: Hǎo, nàme wǒ yī ge xiǎoshí yǐhòu zài dǎ lái.

Situation 2: Herr Schumann ist an diesem Tag nicht zu erreichen.

K: a) Duìbuqǐ, ... (Er ist schon nach Hause gegangen.)
b) Duìbuqǐ, ... (Er macht heute Urlaub.)
H: Hǎo, wǒ míngtiān zài dǎ lái.

Situation 3: Herr Schumann ist für längere Zeit abwesend.

K: Duìbuqǐ, ... (Er ist auf Geschäftsreise.)
H: Tā shénme shíhou huílái?
K: a) .... (Ich bin nicht sicher.)
b) .... (Freitag Nachmittag)

Situation 4: Herr Schumann ist in eine andere Abteilung versetzt worden.

K: .... (Er ist nicht bei uns, sondern er arbeitet jetzt in der technischen Abteilung.)
H: Shì ma? Nǐ néng bu néng gàosù wǒ tā de xīn diànhuà hàomǎ?
K: .... (Gut, sein Anschluss hat die Nummer ...)

Situation 5: Frau Hu hinterlässt eine Nachricht.

K: .... (Entschuldigung, er hat gerade eine Sitzung.)
H: a) Nǐ néng bu néng gàosù tā, Dōngyà gōngsī de Hú Yīpíng gěi tā dǎ guo diànhuà?
K: .... (Ja. Wie ist Ihre Nummer?)
H: Wǒ de diànhuà shì 1134119.
b) Nǐ néng bu néng gàosù tā, qǐng tā jǐnkuài gēn guǎnggàobù liánxì yīxià?
K: .... (Gut, ich sage es ihm, wenn er wiederkommt.)

4. Wie sagt man's auf Chinesisch?

a) Wer hat dich angerufen?
b) Wem schreibst du einen Brief? — Ich schreibe meinem Schweizer Freund.
c) Diesen Brief lese ich nochmal.
d) Mein Freund hat in letzter Zeit keine Geschäftsreise gemacht.
e) Ich habe diese Werbung (gerade) erst heute gesehen.
f) Wann beginnt der Film? — Der Film hat gerade eben begonnen.
g) Die Besprechung der Manager endete eben.
h) Wird es morgen regnen? — Morgen wird es bestimmt nicht regnen.
i) Kannst du diese Art von Software benutzen? — Ich kann mit dieser Art von Software nicht besonders gut umgehen.
j) Mein Deutsch ist nicht besonders gut. Könntest du ein bisschen langsamer sprechen?
k) Bitte schreibe ein bisschen langsamer.
l) Er hat mir gesagt, dass er in zwei Tagen wiederkommt.
m) Wo warst du vor einer Stunde? — Ich habe im Hotel ferngesehen.

119: Feuerwehr
110: Polizei
120: Notarzt/Krankenwagen

a) Sie ist abends vor sieben Uhr und nach zehn Uhr nicht zu Hause.
b) Nach Feierabend trinkt er häufig Alkohol.
c) Sag mal, kommt sie morgen zurück? — Ich weiß es auch nicht. / Ich bin mir nicht sicher.
d) Ich habe dir drei SMS geschrieben, aber du hast mich nicht angerufen.
e) Bitte rufen Sie ihn heute Abend nach sechs Uhr, (aber) vor zehn Uhr an.
f) Dieses Schriftzeichen ist falsch geschrieben — (bei) diesem Anruf hat (man sich) verwählt — die Adresse wurde falsch angegeben — die Telefonnummer wurde falsch notiert — das Fax wurde falsch verschickt — die Adresse ist falsch getippt
g) (Als) ich Herrn Wan anrief, sagte mir seine Kollegin, dass er vor Kurzem auf Geschäftsreise gegangen sei. Sie war nicht sicher, wann er zurückkommt. Ich bat sie, Herrn Wan auszurichten, (er soll) nach seiner Rückkunft mal mit der Werbeabteilung Kontakt aufnehmen.

5. Gelenkter Dialog

Übernehmen Sie die Rolle von A oder B (oder C) und führen Sie anhand der nachfolgenden Vorgaben einen Dialog mit einem Partner oder einer Partnerin.

A möchte, nachdem sich **B** gemeldet hat, wissen, ob er mit der Firma PAZIFIK verbunden ist. — **B** bestätigt dies. — **A** bittet B, mit dem Anschluss Nummer 5 verbunden zu werden. (Nachdem er verbunden ist), fragt er wieder nach, wer am Apparat ist — **C** nennt ihm die Abteilung X. — **A** erkundigt sich, ob Herr Li da ist. — **C** meint, dieser sei soeben hinausgegangen. — **A** fragt, wann er zurückkommen wird. — **C** weiß es auch nicht und erkundigt sich, worum es geht. — **A** bittet C, Herrn Li auszurichten, dass er am nächsten Tag zu einer Sitzung in ihre Firma kommen soll. — **C** verspricht, es ihm sofort nach seiner Rückkunft auszurichten.

Nachdem die Verbindung zustande gekommen ist, grüßen sich **B** und **A**. — **A** nennt B «lao Liu». — **B** vermutet (aufgrund der Stimme), dass sie mit der kleinen Zhang verbunden ist. — **A** bestätigt dies und meint, dass beide sich lange nicht gesprochen (gesehen) haben. Sie fragt B, wie es ihr geht. — **B** sagt «einigermaßen» und fragt zurück. — **A** geht es wie sonst auch. — **B** spricht A darauf an, dass sie gehört hat, A gehe häufig auf Geschäftsreise. — **A** antwortet bejahend, dass sie seit Kurzem recht viel zu tun habe, in den kommenden zwei Tagen aber Urlaub mache. — **B** zeigt sich davon überrascht und erkundigt sich nach den Plänen von A. — **A** hat noch nichts vor. — **B** macht einige Vorschläge ...

Versuchen Sie, das Gespräch selbstständig fortzuführen.

+ Freier Dialog: Telefonieren

Vorschläge zum Inhalt:

1. Jemand verwählt sich, wählt neu, aber erreicht nur ein Familienmitglied des gewünschten Gesprächspartners. Er / sie bittet darum, eine wichtige Nachricht auszurichten oder zu notieren.
2. Jemand möchte eine(n) Bekannte(n) sprechen, aber am Apparat ist nur ein Kollege. Dieser sagt etwas, muss es aber nochmal wiederholen: Der / die Bekannte ist krank geworden und liegt nun im Krankenhaus. Frage nach der Adresse bzw. dem Weg dorthin.

Lektion 17: Verabschiedung

Zielsätze

1. Xiànzài cái shí diǎn.
   现在 才 十 点。
   Jetzt ist es erst zehn Uhr.
2. Xīwàng nǐ zài lái.
   希望 你 再 来。
   Ich hoffe, Sie kommen wieder.
3. Wǒ méiyǒu jīhuì qù Guǎngdōng.
   我 没有 机会 去 广东。
   Ich habe keine Gelegenheit, nach Guangdong zu fahren.
4. Yàoshì / Rúguǒ nǐ qù Běijīng, wǒ yě qù.
   要是 / 如果 你 去 北京, 我 也 去。
   Wenn du nach Peking fährst, fahre ich auch hin.
5. Sòng nǐ yīdiǎn xiǎo lǐwù, qǐng shōu xià.
   送 你 一点 小 礼物, 请 收 下。
   Ein kleines Geschenk für Sie, bitte nehmen Sie es an.
6. (Qǐng) wèn Wáng chǎngzhǎng hǎo.
   (请) 问 王 厂长 好。
   Bitte grüßen Sie Direktor Wang.
7. Zhù nǐ yīlù píng'ān!
   祝 你 一路 平安!
   Ich wünsche Ihnen eine angenehme Reise.

Dialog 1

Frau Sand (A) war zum Abendessen bei ihrem Bekannten Herrn Zhang (B) eingeladen:

B: Zài lái diǎn shénme?
再 来 点 什么?
Kann ich (dir) noch irgendetwas anbieten?

A: Gòu le, gòu le, xièxie, wǒ yǐjīng chī bǎo le.
够 了, 够 了, 谢谢, 我 已经 吃 饱 了。
Genug, es reicht, danke! Ich bin schon satt.

Shíjiān bù zǎo le, wǒ děi zǒu le.
时间 不 早 了, 我 得 走 了。
(Nach einem Blick auf die Uhr:) *Es ist spät geworden, ich muss gehen.*

B: Zài zuò yīhuìr ba, xiànzài cái shí diǎn.
再 坐 一会儿吧, 现在 才 十 点。
Bleib noch einen Augenblick sitzen. Es ist doch erst zehn Uhr.

A: Bú zuò le, míngtiān zǎoshàng wǒ hái yào chū chāi. 不 坐 了, 明天 早上 我 还 要 出 差。	*Ich bleibe nicht länger (sitzen). Außerdem muss ich morgen früh auf eine Geschäftsreise.*
B: Shì ma? Nà wǒ bù liú nǐ le. 是 吗? 那 我 不 留 你 了。	*Tatsächlich? (Na wenn das so ist), dann halte ich dich nicht zurück.*
A: Lǎo Zhāng, xièxie nǐ de rèqíng zhāodài. 老 张, 谢谢 你 的 热情 招待。	*Alter Zhang, danke für deine herzliche Bewirtung.*
B: Nǐ tài kèqi le. Xīwàng nǐ yǒu jīhuì zài lái. 你 太 客气 了。希望 你 有 机会 再 来。	*Sei doch nicht so förmlich. Ich hoffe, du kommst bei Gelegenheit (mal) wieder.*
A: Yàoshì nǐ lái Běijīng, huānyíng nǐ lái zuòkè. 要是 你 来 北京, 欢迎 你 来 做客。	*Wenn du nach Peking kommst, bist du (mir) als willkommen.*
B: Wǒ yīdìng lái kàn nǐ. 我 一定 来 看 你。	*Ich komme dich ganz bestimmt besuchen.*
A / B: Zàijiàn. 再见。	*Auf Wiedersehen.*

Dialog 2

Auf der Abschiedsfeier einer chinesisch-deutschen Joint-Venture-Firma sagen sich Herr Schumann (A) und Herr Wang (B) Lebewohl:

A: Wáng chǎngzhǎng, fēicháng gǎnxiè nǐmen de 王 厂长, 非常 感谢 你们 的 rèqíng yāoqǐng hé zhāodài. 热情 邀请 和 招待。	*Direktor Wang, vielen Dank für Ihre freundliche Einladung und Ihre Bewirtung.*
B: Shíjiān guò de zhēn kuài, nǐ jiù yào huí guó le. 时间 过 得 真 快, 你 就 要 回 国 了。	*Die Zeit ist wirklich schnell vergangen, sehr bald werden Sie in Ihre Heimat zurückkehren.*
A: Shì a, wǒ lái Zhōngguó yǐjīng yī ge yuè le. 是啊, 我 来 中国 已经 一 个 月 了。	*Tatsächlich, es ist schon einen Monat her, dass ich nach China gekommen bin.*
B: Sòng nǐ yīdiǎn xiǎo lǐwù, qǐng shōu xià. 送 你 一点 小 礼物, 请 收 下。	*Ein kleines Geschenk für Sie. Bitte nehmen Sie es an.*
A: Nǐ tài kèqi le. Fēicháng gǎnxiè. 你 太 客气 了。非常 感谢。	*Sie sind sehr liebenswürdig. Besten Dank!*
B: Rúguǒ yǒu jīhuì, huānyíng nǐ zài lái wán. 如果 有 机会, 欢迎 你 再 来 玩。	*Wenn Sie Gelegenheit haben (uns zu besuchen), sind Sie immer herzlich willkommen.*
A: Wǒ yě xīwàng wǒmen néng zài Sītújiātè jiànmiàn. 我 也 希望 我们 能 在 斯图加特 见面。	*Ich hoffe auch, dass wir uns in Stuttgart wiedersehen (können).*
B: Qǐng wèn Shīmìtè xiānsheng hǎo. 请 问 施密特 先生 好。	*Bitte grüßen Sie Herrn Schmitt.*
A: Wǒ yīdìng zhuǎngào. 我 一定 转告。	*Ich werde (Ihre Grüße) ganz bestimmt ausrichten.*
B: Zhù nì yīlù píng'ān. 祝 你 一路平安。	*Ich wünsche Ihnen eine angenehme Reise.*
A: Wǒ zhù nǐmen gōngzuò shùnlì. 我 祝 你们 工作 顺利。	*(Und) ich wünsche Ihnen ein gutes Gelingen Ihrer Arbeit.*

Neue Wörter und Ausdrücke

bǎo	饱	*satt* ☯ **è** 饿 *hungrig*
cái	才	*erst, nur*
liú	留	*(jemanden) zurückhalten, aufhalten*
rèqíng	热情	*herzlich, freundlich*
zhāodài	招待	*Bewirtung, Aufnahme*
kèqi	客气	*bescheiden, liebenswürdig*
xīwàng	希望	*hoffen, wünschen*
jīhuì	机会	*Gelegenheit, Chance*
yàoshì	要是	*falls, wenn*
huānyíng	欢迎	*willkommen sein, willkommen heißen*
zuòkè	做客	*zu Gast sein*
yīdìng	一定	*(ganz) bestimmt, sicher*

chǎngzhǎng	厂长	*Fabrikdirektor, -in; Betriebsleiter, -in*
gǎnxiè	感谢	*danken, danken für*
yāoqǐng	邀请	*Einladung*
guò	过	Zeit: *vergehen, umgehen*
zhēn	真	*wirklich*
jiùyào	就要	*(sehr) bald, gleich*
sòng	送	*schenken*
lǐwù	礼物	*Geschenk*
shōu xià	收下	*annehmen*
rúguǒ	如果	*falls, wenn*
wán	玩	*sich vergnügen / amüsieren; (auf angenehme Weise Zeit) verbringen*
Sītújiātè	斯图加特	*Stuttgart*
wèn ... hǎo	问 ... 好	*(jemanden) grüßen; jemandem Grüße ausrichten*
zhuǎngào	转告	(Grüße, Nachrichten u.ä.) *ausrichten, weitergeben*
zhù	祝	*wünschen (jemandem etwas)*
yīlù píng'ān	一路平安	*Gute Reise! / Angenehme Reise!*
gōngzuò shùnlì	工作顺利	*Gutes Gelingen der Arbeit, Erfolg im Beruf*

Anmerkungen und grammatische Erklärungen

1. Das Adverb «**cái**» (erst, nur) wird benutzt, um eine Zahlenangabe als gering einzustufen.

Tā cái shíliù suì.	*Sie ist erst 16 Jahre alt*
Jīntiān cái èr hào, dào chūnjié hái yǒu èrshí'èr tiān.	*Heute ist erst der Zweite, bis zum Frühlingsfest sind es noch 22 Tage.*

2. Der Partikel «**le**» kann sich außer auf die Vergangenheit und auf einen neuen Zustand in der Gegenwart (☞ Lektion 11, Punkt 2 der Anmerkungen) auch auf die Zeitebene der Zukunft beziehen. In dieser Verwendungsweise steht er am Satzende und signalisiert, dass sich ein Zustand in naher Zukunft verändern wird (a) bzw. nicht verändern wird (b).

a) Wǒ děi zǒu le.	*Ich muss gehen (Ich werde gehen müssen)*
b) Nà wǒ bù liú nǐ le.	*Dann werde ich dich nicht zurückhalten.*

Unterstützt werden Sätze mit «le» in dieser Bedeutung oft mit dem Adverb «**jiùyào**» (sehr bald, gleich).

Wǒ jiùyào huí guó le. — *Sehr bald werde ich in meine Heimat zurückkehren.*

3. Der Ausdruck «**Nǐ tài kèqi le!**» kann im Deutschen verschieden wiedergegeben werden: Sei doch nicht so förmlich! / Du bist sehr liebenswürdig! / Das ist sehr freundlich von dir!

4. «**Yàoshì**» / «**Rúguǒ**» (wenn, falls) stehen an Satzanfängen und leiten Bedingungssätze ein. Unmittelbar hinter der genannten Bedingung kann zusätzlich die Ergänzung «**... de huà**» stehen. «... de huà» verwandelt aber auch ohne ein einleitendes «yàoshì» oder «rúguǒ» den Satz in einen Bedingungssatz.

Yàoshì / Rúguǒ xià yǔ, wǒ zuò chē qù.	*Wenn es regnen sollte, dann fahre ich mit dem Bus.*
Yàoshì / Rúguǒ xià yǔ de huà, wǒ zuò chē qù.	
Xià yǔ de huà, wǒ zuò chē qù.	

5. Das Verb «**gǎnxiè**» (danken, danken für) wird, im Gegensatz zum eher formlosen «xièxie», häufig in formellen Sprechsituationen verwendet. «Gǎnxiè» steht nie allein, sondern immer in einem Satz.

Fēicháng gǎnxiè nín de bāngzhù. — *Besten Dank für Ihre Hilfe.*

6. «**Sòng nǐ yīdiǎn xiǎo lǐwù**»: Selbst wenn es sich um ein großes und teures Geschenk handelt, gebietet es in China die Höflichkeit, als Geber von einem «kleinen Geschenk» zu sprechen. Falls der Beschenkte die Gabe – ebenfalls aus Höflichkeit – zunächst ablehnen sollte, bittet man ihn, notfalls auch mehrmals, um Annahme (qǐng shōu xià). In China gilt es übrigens als unhöflich, das Geschenk sofort und noch vor den Augen des Gebers auszupacken. Allenfalls ist dies im engen Freundeskreis möglich.

Wortfelder

Freundliche Wünsche

zhù nín / zhù nǐ
祝您 / 祝你

yīlù píng'ān
一路平安
shēntǐ jiànkāng *(Gesundheit)*
身体健康
gōngzuò shùnlì *(dass bei der Arbeit alles gut läuft)*
工作顺利
xuéxí jìnbù *(Erfolg beim Studium)*
学习进步
lǚtú yúkuài *(Glückliche Reise)*
旅途愉快
zhōumò yúkuài *(Schönes Wochenende)*
周末愉快
shēngrì kuàilè *(Alles Gute zum Geburtstag)*
生日快乐
chūnjié kuàilè *(Schönes Frühlingsfest)*
春节快乐
Shèngdàn kuàilè *(Frohe Weihnachten)*
圣诞快乐
Xīnnián hǎo *(Gutes Neues Jahr)*
新年好

Einladungen

Huānyíng.
欢迎。

Qǐng jìn.
请进。

Qǐng zuò.
请坐。

Qǐng bié kèqi.
请别客气。

Màn zǒu. *(Kommen Sie gut nach Hause.)*
慢走。

Reichtum und Wohlstand

Übungen

1. Basisübung

Lassen Sie sich von einem Partner oder einer Partnerin die folgenden Personen nennen und ergänzen Sie auf Chinesisch die Bitte, Grüße an diese auszurichten:

Beispiel: A: den jungen Wang — B: Qǐng wèn xiǎo Wáng hǎo.

den alten Li — deinen Vater und deine Mutter — Helen — Übersetzerin Zhang — Professor Klee — Generalmanager Wu — Herrn und Frau Liu — Ihren Nachbarn Herrn Schumann — Lehrerin Li

2. Austauschübung

a) Xiànzài cái shí'èr diǎn.

jīntiān	shí hào
míngtiān	sān yuè sì hào
tā	liù ge yuè
tā nǚ'ér	sì suì

b) Xièxie nǐ de zhāodài.
Búyòng xiè. / Bú kèqi.

bāngzhù	lǐwù	diànzǐ yóujiàn
yāoqǐng	diànhuà	duǎnxìn

c) Wǒ xīwàng néng yǒu jīhuì zài lái.

qù Déguó	cānjiā zúqiú bǐsài
xué Hànyǔ	zài dà gōngsī gōngzuò
zài qù nàr	cānguān gōngyè zhǎnlǎnhuì

d) Nǐ qù kàn diànyǐng ma?
Yàoshì nǐ qù, wǒ yě qù.

qù kāi huì	xué Rìyǔ
zhù lǚguǎn	mǎi zhè zhǒng lùxiàngjī

e) Huānyíng nǐ lái wǒ jiā zuòkè.

wǒ jiā	kànkan
wǒ zhèr	wán
wǒmen zhèr	cānguān
wǒmen gōngsī	gōngzuò

f) Zhù nǐ yīlù píng'ān.
Xièxie.

lǚtú yúkuài	yīqiè shùnlì
gōngzuò shùnlì	shēntǐ jiànkāng
shēngrì kuàilè	Shèngdàn kuàilè xīnnián hǎo

3. Frage-Antwort-Übung

Ergänzen Sie die entsprechende Frage zur gegebenen Antwort, bzw. die entsprechende Antwort zur gegebenen Frage.

A: Nǐ hái yào lái diǎn shénme?	B: .... (satt)
C: Xiànzài jǐ diǎn?	D: .... (erst 11 Uhr)
C: Shíjiān bù zǎo le, ...	D: Zài zuò yīhuìr ba. Xiànzài cái .... diǎn.
C: Bú zuò le, wǒ xiàwǔ hái yào	
E: Lǐ xiānsheng, xièxie nǐ de rèqíng zhāodài.	F: ....
G: Nǐ lái Zhōngguó duō jiǔ le?	H: Yǐjīng ....
I: Zhè shì yīdiǎn xiǎo lǐwù, qǐng shōu xià.	J: ....
K: Nǐ yǒu jīhuì qù Rìběn ma?	L: .... (nein)
K: Qù Xīnjiāpō ne?	L: ....
M: (Qǐng) wèn Liú xiānsheng hé Liú tàitai hǎo.	N: ....
M: Zhù nǐ yīlù píng'ān.	P: Wǒ yě zhù nǐmen ....
A: Lái, zài chī diǎn shénme!	B: .... (Nein danke.)
C: Nǐ (chī) bǎo le ma?	D: .... (noch nicht)
C: Nàme zài chī diǎn shénme?	D: Hǎo, zài lái diǎn ....
E: Wǒmen míngnián néng zài nǎr jiànmiàn?	F: Ich hoffe ....
G: Wǒmen shénme shíhou néng zài jiànmiàn?	H: Ich denke ....
I: Tāmen yǒu jīhuì zài lái ma?	J: Ich glaube nicht, dass ....

4. Wie sagt man's auf Chinesisch?

a) Sie ist (dieses Jahr) erst zehn Jahre alt.
b) Sie wird dieses Jahr schon zehn Jahre alt.
c) Ich hoffe, du kommst uns wieder besuchen.
d) Er hat keine Gelegenheit nach China zu fahren, um Chinesisch zu lernen.
e) Wenn du nicht fährst, fahre ich auch nicht.
f) Es ist spät geworden, ich muss zur Arbeit.
g) In letzter Zeit hatte sie keine Gelegenheit, nach Hongkong zu fahren.
h) Ich hoffe, wir können uns nächstes Jahr in Berlin (Bólín) sehen.
i) (Bitte) grüße Frau Zhang.
j) Wenn du Zeit hast, bist du bei mir zu Hause immer herzlich willkommen.
k) Ich wünsche dir alles Gute zum Geburtstag.
l) Ich schenke dir eine kleine Sache.
m) Du bist, (wenn) du wiederkommst, herzlich willkommen.
n) Ich rufe ihn morgen bestimmt an.
o) Ich denke, dieser neue Film ist sicher sehr interessant.

a) Er ist schon satt, ich bin noch hungrig.
b) Ich hoffe, du kannst mit ihr Verbindung aufnehmen.
c) Hast du Gelegenheit, am diesmaligen Wettbewerb teilzunehmen?

d) Ich bin schon seit zehn Tagen in China. — Was, erst zehn Tage?
e) Wenn es morgen nicht regnet, dann können wir dort hingehen, um Spaß zu haben (= uns zu amüsieren).
f) Wenn du den Film morgen nicht anschaust, sag es ihm bitte vorher.
g) Nach meiner Rückkehr nach Peking werde ich dich bestimmt anrufen.
h) Im Winter ist es in Peking bestimmt sehr kalt, nicht wahr?
i) Es ist schon einen Monat her, dass ich nach China gekommen bin, und ich habe vor, nächste Woche in mein Heimatland zurückzufahren. Ich hoffe, später Gelegenheit zu haben, wiederzukommen. Nächstes Jahr will Herr Wang unsere Firma besichtigen kommen, und ich freue mich, dass wir uns in Stuttgart treffen können.

5. Gelenkter Dialog

Übernehmen Sie die Rolle von A oder B (oder C) und führen Sie anhand der nachfolgenden Vorgaben einen Dialog mit einem Partner oder einer Partnerin.

A fragt nach der Uhrzeit. — **B** sagt ihm, dass es 12. 30 Uhr ist. — **A** meint, gehen zu müssen, weil es bereits ziemlich spät ist. — **B** fragt A, ob er etwas vorhat. — **A** bestätigt. Er muss nachmittags noch etwas tun. — **B** erklärt, A am Gehen nicht hindern zu wollen.

Versuchen Sie, das Gespräch selbstständig fortzuführen, indem beide zum Beispiel eine neue Einladung aussprechen oder sich auffordern, (wieder) zu Besuch zu kommen usw.

A bedankt sich bei B für die gute Bewirtung. — **B** antwortet mit einer höflichen Phrase. — **A** übergibt B ein Geschenk und hofft, dass B es nicht ablehnt. — **B** bedankt sich und äußert die Hoffnung, A wieder als Gast empfangen zu können. — **A** versichert B dies und bittet sie, an X Grüße auszurichten. — **B** will das tun, und **B** und **A** verabschieden sich mit verschiedenen Wünschen.

+ Freier Dialog: Unterhaltung über spätere Besuchsmöglichkeiten / Geschenke überreichen.

Vorschläge zum Inhalt:

1. Man kann vielleicht ins Land des Gesprächspartners kommen und dessen Familie / Firma besuchen. War man vorher schon dort und wenn ja, wie oft? Weshalb fährt man hin (Studium, Arbeit, Praktikum, Freunde besuchen)?
2. Beide Dialogpartner müssen jemandem ein Geschenk machen. Wem und zu welchem Anlass? Was wird geschenkt (gegenseitiges Erkundigen)? Was gefällt einem selbst? Schenkt man etwas Deutsches oder etwas Chinesisches?

Lösungen

Bitte beachten Sie:
1. Ein Schrägstrich « / » steht zwischen alternativen richtigen Formulierungen.
2. Steht ein Wort oder eine Wortgruppe in Klammern, so bedeutet dies, dass es oder sie nicht unbedingt erforderlich ist.

Lektion 1

5.

a) Wǒ yě shì jīnglǐ.
b) Tā bú shì Wàn xiānsheng, tā shì Zhāng xiānsheng.
c) Tā bú shì mìshū, tā shì jīnglǐ.
d) Tā bú shì jīnglǐ, yě bú shì mìshū.
e) Tāmen dōu hěn hǎo.
f) Nín xiànzài yě hěn máng ma?
g) Tā zuìjìn yě hěn máng ma?
h) Luódé nǚshì xiànzài hěn máng, Shūmàn xiānsheng bù máng.
i) Mìshū dōu bú tài máng.
j) Mìshū bù dōu hěn máng.
k) Luódé nǚshì shì fùzǒngjīnglǐ, Shūmàn xiānsheng shì mìshū.
l) Wǒ zuìjìn bú tài máng. Lǐ nǚshì hé Hú xiānsheng dōu hěn máng. Hú xiānsheng xiànzài shì zǒngjīnglǐ.

6.

a) **A**: Nín hǎo! — **B**: Nín hǎo! — **A**: Qǐngwèn, nín shì jīnglǐ ma? — **B**: Bú shì, wǒ shì mìshū. — **A**: Wǒ shì X. — **B**: Ò, huānyíng, huānyíng. Qǐng jìn. — **A**: Xièxie.
b) **A**: Nǐ hǎo ma? — **B**: Wǒ hěn hǎo, nǐ ne? — **A**: Wǒ yě hěn hǎo. Hú jīnglǐ hé Liú xiānsheng hǎo ma? — **B**: Tāmen dōu hěn hǎo. — **A**: Tāmen xiànzài dōu hěn máng ma? — **B**: Shì, tāmen xiànzài dōu hěn máng.

Lektion 2

5.

a) Zhè shì Luódé xiānsheng de míngpiàn.
b) Tā jiào shénme míngzi?
c) Tā xìng Lǐ háishì xìng Wáng?
d) Zhè bú shì wǒ de míngzi.
e) Tā de Yīngguó míngzi bú shì "Helen".
f) Tā shuō Yīngyǔ háishì Fǎyǔ?
g) Zhè shì Hànyǔ háishì Rìyǔ?
h) Wàn jīnglǐ de mìshū jiào shénme míngzi?
i) Nǐmen jīnglǐ de mìshū jiào shénme míngzi?
j) Tā bàba shì Déguó rén, tā māma shì Zhōngguó rén. Tāmen dōu shuō Hànyǔ hé Déyǔ.
k) Tāmen bù shuō Hànyǔ, yě bù shuō Rìyǔ, tāmen shuō Déyǔ.
l) Zhè shì wǒ péngyǒu Hú Yīpíng. Nà shì wǒ tóngshì Bào'ěr.

m) Wǒ xìng Rohde. Wǒ shì Xīménzǐ gōngsī de fānyì. Wǒ de Zhōngguó míngzì shì Luódé.
n) Tā jiào Zuǒténg Yànlíng, shì Zhōngguó rén. Tā shì Àodí gōngsī de fānyì. Tā de Yīngyǔ hé Rìyǔ dōu fēicháng hǎo.
o) Wǒmen de mìshū bú shì Zhōngguó rén, shì Hánguó rén. Tā shuō Hán(guó)yǔ, bù shuō Hànyǔ.

6.

a) **C**: Wǒ jièshào yīxià, zhè shì Wáng xiānsheng, zhè shì Xīménzǐ gōngsī de Kèlè xiānsheng. — **A**: Nín hǎo. Rènshi nín (wǒ) hěn gāoxìng. — **B**: Wǒ yě hěn gāoxìng.
b) **A**: Nǐ de Yīngyǔ fēicháng hǎo. Nǐ shì fānyì ba? — **B**: Bú shì, wǒ shì Zhāng jīnglǐ de mìshū. — **A**: Qǐngwèn, nǐ jiào shénme míngzì? — **B**: Wǒ jiào Wáng Lù, nǐ ne? — **A**: Wǒ jiào Wolfgang. Zhè shì wǒ de míngpiàn. — **B**: Xièxie. Qǐngwèn, nǐ shì nǎ guó rén? — **A**: Wǒ shì Déguó rén.

Lektion 3

5.

a) Wú nǚshì zài ma? / Wú nǚshì zài bu zài? — Bú zài.
b) Tā zài nǎr? — Tā zài bàngōngshì.
c) Yàzhōu gōngsī zài nǎr?
d) Tāmen de diànhuà hé chuánzhēn shì duōshǎo?
e) Shéi shì tā de nán péngyǒu?
f) Nǐmen dōu rènshi tā ma?
g) Shéi zài tā bàngōngshì?
h) Tā de fānyì rènshi shéi?
i) Shéi rènshi Wáng nǚshì de mìshū?
j) Tā jiā de dìzhǐ shì bu shì Guǎngdōng Lù liù hào?
k) Zhè shì tā yǐqián de shǒujī hàomǎ. Xiànzài de hàomǎ shì líng yāo liù qī líng líng yāo sān.
l) Wǒmen gōngsī yǒu fānyì, tāmen gōngsī méiyǒu fānyì.
m) Tā yǐqián zài Měiguó gōngsī gōngzuò.
n) Tā yǐqián zài nǎr gōngzuò?
o) Nǐ rènshi tā ma? Tā yǐqián shì Běijīng Dàxué de jiàoshòu.
p) Wǒ rènshi Zhāng Lìjiā. Tā yǐqián shì Hànbǎo Dàxué de xuéshēng, xiànzài zài Tiānjīn gōngzuò. Wǒ hái méiyǒu tā de shǒujī hàomǎ, nǐ yǒu ma?

6.

a) **A**: Nǐ rènshi Hú Yīpíng ma? — **B**: Rènshi, tā shì wǒ péngyǒu. Tā xiànzài zài nǎr? — **A**: Tā zài Běijīng gōngzuò, shì fānyì. — **B**: Nǐ yǒu tā de dìzhǐ ma? Wǒ zhǐ yǒu tā yǐqián de dìzhǐ. — **A**: Yǒu, tā xiànzài de dìzhǐ shì Guǎngdōng Lù bā hào. — **B**: Nǐ yǒu mei yǒu tā de diànhuà? — **A**: Méiyǒu.
b) **A**: Lǐ xiānsheng hái zài Shànghǎi ba? — **B**: Bú zài, tā xiànzài zài Tiānjīn gōngzuò. — **A**: Nǐ yǒu tā de dìzhǐ ma? — **B**: Wǒ yě méiyǒu. — **A**: X hé Y yǒu ma? — **B**: Tāmen dōu méiyǒu tā de dìzhǐ. — **A**: Nǐ rènshi bu rènshi tā de nǚ péngyǒu? — **B**: Tā de nǚ péngyǒu jiào shénme míngzì? — **A**: Tā jiào Z. — **B**: Wǒ rènshi, tā hái zài Shànghǎi ma? — **A**: Zài. — **B**: Tā de diànhuà shì duōshǎo? — **A**: Shì líng yāo bā qī èr sān yāo yāo yāo líng.

Lektion 4

4.

a) xiàwǔ sì diǎn bàn — shàngwǔ shí diǎn yī kè — wǎnshàng jiǔ diǎn sān kè — zǎoshàng wǔ diǎn sān kè — xiàwǔ wǔ diǎn wǔshíwǔ fēn — zhōngwǔ shí'èr diǎn líng yī fēn
b) jīntiān zhōngwǔ shí'èr diǎn — míngtiān shàngwǔ shí diǎn bàn — zuótiān wǎnshàng bā diǎn yī kè — míngtiān wǎnshàng shíyī diǎn shí fēn — zuótiān zǎoshàng liù diǎn líng wǔ fēn — jīntiān xiàwǔ sān diǎn wǔshí fēn
c) xīngqīyī wǎnshàng jiǔ diǎn — xīngqīsān zhōngwǔ shíyī diǎn bàn — xīngqītiān zhōngwǔ shí'èr diǎn yī kè — xīngqīliù wǎnshàng shí diǎn shí fēn — xīngqī'èr xiàwǔ sān diǎn èrshí fēn — xīngqīsì zǎoshàng qī diǎn wǔshíwǔ fēn
d) Nǐ de shēngrì shì liù hào ba? — Wǔ yuè sānshíyī hào shì tā bàba de shēngrì. — Tā māma de shēngrì bú shì liù yuè shí hào, shì liù yuè èrshí hào.
e) Wáng jīnglǐ liù hào wǎnshàng bú zài bàngōngshì. — Zhāng nǚshì xīngqīyī shàngwǔ bú zài wǒ zhèr. — Wǔ yuè sānshíyī hào tā zài tā bàba nàr. — Liù yuè èrshí'èr hào wǎnshàng tā bú zài tā māma nàr. — Wǒmen zhèr méiyǒu Zhōngguó Rìbào. — Wáng jīnglǐ nàr yǒu Rénmín Rìbào.
f) Wǒ zài bàngōngshì kàn Zhōngguó bào(zhǐ), zài jiā kàn Déguó bào(zhǐ).
g) Chāoshì de guǎnggào zài shéi nàr? — Zài Wáng jīnglǐ nàr.
h) Nà shì qùnián de yuèlì. Nǐ kàn, zhè shì jīntiān de Jīngjì Rìbào. Jīntiān shì èr líng yī yī nián yī yuè shí rì xīngqīyī.

5.

a) **A**: Jīntiān jǐ hào? — **B**: (Jīntiān) shíliù hào. — **A**: Bú duì, jīntiān shì shíqī hào. — **B**: Shì ma? Jīntiān shì wǒ gēge de shēngrì. — **A**: Wǒ māma de shēngrì yě shì jīntiān. / Jīntiān yě shì wǒ māma de shēngrì. — **B**: Jīntiān shì shíliù hào. Nǐ kàn, zhè shì jīntiān de Běijīng Wǎnbào. — **A**: Duì, duì, jīntiān shì shíliù hào, míngtiān shì wǒ māma de shēngrì.
b) **A**: Nǐ zhīdào xiànzài Zhōngguó jǐ diǎn? — **B**: Wǒmen zhèr shì xiàwǔ yī diǎn, Zhōngguó xiànzài shì wǎnshàng bā diǎn. — **A**: Wǒmen zhèr xiànzài shì xiàjì shíjiān. — **B**: Ò, duì, duì, Zhōngguó yīnggāi shì wǎnshàng qī diǎn. — **A**: Zhōngguó yǒu xiàjì shíjiān ma? — **B**: Zhōngguó méiyǒu xiàjì shíjiān. — **A**: Nǐ zuótiān wǎnshàng zài bu zài jiā ? — **B**: Wǒ zài jiā. — **A**: Nǐ qī diǎn zài jiā ma? — **B**: Bú zài, wǒ qī diǎn zài bàngōngshì kàn bào.

Lektion 5

5.

a) Nín zhǎo shéi?
b) Nǐ zhǎo dìtú ba? Dìtú zài zhèr.
c) Zhè shì shénme? — Zhè shì yī ge xiǎoxué.
d) Nà shì shénme shū? — Nà shì Déyǔ shū.
e) Zhāng xiānsheng shénme shíhou qù Xīnjiāpō?
f) Zhōngguó Rìbào zài tā de zhuō shàng.
g) Sān chējiān zài èr chējiān hòubiān.
h) Qiánbiān shì bàngōnglóu.
i) Qiánbiān de gāo lóu shì shénme lóu?
j) Qiánbiān de gāo lóu shì bàngōnglóu.
k) Shéi yǒu Déguó dìtú?

l) Shéi yǒu Zhōngwén de Déguó dìtú?
m) Liú bóshì de zhuō shàng yǒu liǎng ge shǒujī.
n) Shāfā shàng méiyǒu zázhì.
o) Zhèr yǒu mei yǒu Déwén bàozhǐ?
p) Wǒmen zhèr yǒu mei yǒu Jīngjì Rìbào?
q) Bàngōnglóu zài yī chējiān pángbiān.
r) Zuótiān shéi zhǎo wǒ?
s) Zhè shì shéi de bàngōngshì?
t) Nǐ Rìběn péngyǒu xià xīngqī qù nǎr?
u) Nǐ kàn shénme bàozhǐ? — Nǐ kàn shénme zázhì? — Zhè shì liù hào de bàozhǐ. — Nà shì bā yuè èrshí hào de bàozhǐ. — Zhè shì xīngqīyī de Rénmín Rìbào. — Nà shì zuótiān de Běijīng Wǎnbào.
v) Wǒ zhǎo Shànghǎi dìtú hé Pǔdōng dìtú. Shànghǎi dìtú zài yīxiē shū xià(biān), Pǔdōng dìtú zài Wáng bóshì de zhuō shàng.

6.

a) **A**: Zhè shì jīntiān de Zhōngguó Rìbào ma? — **B**: Bú shì, zhè shì zuótiān de Zhōngguó Rìbào. — **A**: Jīntiān de bàozhǐ zài nǎr? — **B**: Zài shāfā shàng ba? — **A**: Zhè bú shì Zhōngguó Rìbào, zhè shì Jīngjì Rìbào. — **B**: Duì, duì, Zhōngguó Rìbào zài Kèlè xiānsheng nàr. — **A**: Kèlè xiānsheng zài ma? — **B**: Bú zài, tā zài xiǎomàibù.
b) **A**: Qǐngwèn, wǔ hào lóu zài nǎr? — **B**: Zài qiánbiān. — **A**: Yuǎn bu yuǎn? — **B**: Bú tài yuǎn. Nǐ kàn, zhè shì èr hào lóu. Èr hào lóu qiánbiān shì sān hào lóu, sān hào lóu qiánbiān shì sì hào lóu, wǔ hào lóu zài sì hào lóu qiánbiān. — **A**: Nǐ rènshi Lǐ jīnglǐ ba? — **B**: Rènshi, nǐ zhǎo Lǐ jīnglǐ ma? — **A**: Duì, tā zài bàngōngshì ba? — **B**: Tā bú zài bàngōngshì, tā zài xiǎomàibù. — **A**: Xiǎomàibù zài nǎr? — **B**: Zài sì hào lóu. — **A**: Xièxie. — **B**: Bú kèqi.

Lektion 6

5.

a) Wàn xiānsheng kěnéng míngtiān lái.
b) Tā shuō tā bù xǐhuān lǚyóu.
c) Wǒ gàosù tā (zài) Shànghǎi rén tài duō, chē tài jǐ.
d) Tā xiǎng xiān qù Běijīng, ránhòu qù Tiānjīn.
e) Tāmen bù xiǎng qù Tiānjīn, xiǎng qù Qīngdǎo.
f) Wǒmen yīqǐ qù cānguān zhǎnlǎnhuì.
g) Tā wèishénme bù zhǎo Lǐ Gāng?
h) Yīnwèi Lǐ Gāng zuìjìn bú zài gōngsī.
i) Yīnwèi tā xiànzài bú zài bàngōngshì, suǒyǐ wǒ zhǎo Zhāng Gāng.

a) Yī nián yǒu sānbǎi liùshíwǔ tiān, yī tiān yǒu èrshísì xiǎoshí.
b) Kèlè nǚshì hěn xiǎng xuéxí Hànyǔ.
c) Wǒmen dōu hěn xǐhuān lǚyóu.
d) Tā yào xiān xuéxí Hànyǔ, ránhòu xuéxí Rìyǔ.
e) Tā bú tài xiǎng qù nàxiē dìfang.
f) Shūmàn jīnglǐ jīntiān xiàwǔ dào, Sāngdé xiānsheng kěnéng hòutiān lái, yīnwèi tā xiān yào qù cānguān yī ge zhǎnlǎnhuì. Tāmen dǎsuàn zài zhèr dāi yī ge xīngqī zuǒyòu.

6.

☝ **A**: Xiànzài jǐ diǎn? — **B**: Xiànzài liù diǎn. — **A**: Liú Jiàn shénme shíhou dào? — **B**: Dàgài qī diǎn zuǒyòu. — **A**: Tā nǚ péngyǒu yě yīqǐ lái ma? — **B**: Tā nǚ péngyǒu jīntiān bù lái, kěnéng míngtiān lái. — **A**: Tā nǚ péngyǒu wèishénme jīntiān bù lái? — **B**: Tīngshuō tā xiànzài zài Guǎngzhōu. — **A**: Ò, duì, duì, tā zuìjìn zài nàr cānguān yīxiē gōngsī.

✌ **A**: Nǐmen xiàtiān dǎsuàn qù nǎr? — **B**: Wǒmen xiǎng qù Qīngdǎo hé Běidàihé. — **A**: Nǐmen xǐhuān zhè liǎng ge dìfang ma? — **B**: Wǒ péngyǒu shuō xiàtiān wǒmen yīnggāi qù nàr. — **A**: Tīngshuō nà liǎng ge dìfang shì lǚyóu chéngshì. — **B**: Duì, nàr xiàtiān rén hěn duō. — **A**: Nǐmen qù bu qù Dàlián? — **B**: (Wǒmen) bú qù (Dàlián). — **A**: Wèishénme bú qù Dàlián? — **B**: Yīnwèi wǒmen zhǐ yǒu liǎng ge xīngqī.

Lektion 7

4.

☝ a) Nǐ zěnme qù tā jiā? Zuò (qì)chē háishì zuò dìtiě? — Wǒ xiǎng zǒu qù.
b) Nǐ shénme shíhou huílái? — Wǒ jīntiān bù huílái, kěnéng míngtiān huílái.
c) Qù huǒchēzhàn zuò shénme chē? — Nǐ kěyǐ zuò 3 lù qìchē.
d) Qù huǒchēzhàn zuò jǐ lù chē? — Nǐ kěyǐ zuò dìtiě.
e) Dào Wǔyī Lù xià chē, huàn 94 lù qìchē.
f) Huǒchēzhàn zài nǎr? — Zài nà ge gāo lóu fùjìn.
g) Nǐ jīntiān huí jiā ma? — Bù huí jiā.
h) Tīngshuō nǐ jīnnián bā yuè yào huí guó? — Duì, (wǒ bā yuè huí guó).
i) Dǎdī qù tā jiā yào duō jiǔ? — Dàgài sān kèzhōng.
j) Tā jiā lí zhèr yuǎn ma? — Bǐjiào yuǎn. — Duō yuǎn? — Wǔ gōnglǐ zuǒyòu.

✌ a) Nǐ shénme shíhou huí guó? — Wǒ hái bù zhīdào, dàgài míngnián chūntiān.
b) Dìtiězhàn jiù zài qiánbiān lùkǒu.
c) (Nǐ) wǎng yòu guǎi jiù shì 1 lù chēzhàn.
d) Nǐ zǒu yībǎi mǐ, wǎng yòu guǎi jiù shì dìtiězhàn.
e) Wǒ bú zuò fēijī, yě bú zuò huǒchē, wǒ zuò chuán qù.
f) Cóng Bólín zuò fēijī qù Běijīng yào duōshǎo xiǎoshí? — Shí ge xiǎoshí zuǒyòu.
g) Bào'ěr xiānsheng zuò dìtiě qù Tàipíngyáng gōngsī. Cóng tā jiā dào zhè ge gōngsī yào bàn ge xiǎoshí zuǒyòu. Tā xiàwǔ sān diǎn kěyǐ huí bàngōngshì.

5.

☝ (1) **A**: Nǐ shénme shíhou qù kàn X? — **B**: Wǒ dǎsuàn xīngqītiān qù. Nǐ qù ma? — **A**: Wǒ yě qù. — **B**: Nàme wǒmen zěnme qù? — **A**: Wǒ xiān lái nǐ zhèr, ránhòu wǒmen yīqǐ qù. — **B**: Wǒmen zuò Y háishì zuò Z? — **A**: Xīngqītiān de Y hé Z dōu hěn jǐ. — **B**: Nàme wǒmen dǎdī qù. — **A**: Duì, dǎdī bǐjiào fāngbiàn.

(2) **A**: Qǐngwèn, fùjìn yǒu mei yǒu X lù diànchē? — **B**: Zhèr méiyǒu X lù diànchē. Nǐ yào qù nǎr? — **A**: Wǒ qù Y. — **B**: Nǐ kěyǐ zuò Z lù qìchē. — **A**: Z lù chēzhàn lí zhèr yuǎn ma? — **B**: Bú tài yuǎn. Nǐ kàn, qiánbiān shì lùkǒu. — **A**: Duì. — **B**: Nǐ zài nàr wǎng zuǒ guǎi, jiù shì Z lù chēzhàn.

✌ **A**: Tīngshuō nǐ xīngqītiān yào qù X. — **B**: Duì, qù cānguān nóngyè zhǎnlǎnhuì. — **A**: Shénme shíhou huílái? — **B**: (Xià) xīngqī-Y huílái. Nǐ shénme shíhou huí Z-guó? — **A**: Wǒ hái bù zhīdào, kěnéng xià ge yuè. — **B**: Kèlè xiānsheng yě huí Z-guó ma?

Lektion 8

4.

a) Zhè zhǒng sīchóu lǐngdài duōshǎo qián yī tiáo?
b) Hěn bàoqiàn, wǒ méiyǒu zhè zhǒng chǔcúnkǎ.
c) Nǐ kěyǐ qù biéde shāngdiàn kànkan.
d) Zhèxiē shū yīgòng duōshǎo qián?
e) Qǐng kāi yī zhāng fāpiào.
f) (Nǐ) yǒu mei yǒu dǎzhé de jiákè?
g) Qǐng gěi wǒ kànkan.
h) Qǐng gěi wǒ kànkan zhè ge zhàoxiàngjī.
i) Zhè ge tài xiǎo le. (Nǐ) yǒu mei yǒu dà de?
j) Yībǎi wǔshí kuài yī ge zěnmeyàng?
k) Sānshí kuài mài bu mài?
l) Wǒmen zǒu ba.
m) Wǒmen huí jiā ba.
n) Nǐ de Běijīng Dìtú zài ma? — Hěn bàoqiàn, (wǒ de Běijīng Dìtú) zài Wáng lǎoshī nàr.
o) Wǒmen zěnme qù Dōngfāng shāngdiàn? — Zuò dìtiě qù zěnmeyàng? — Hǎo.

a) Nín yào mǎi shénme? — Wǒ xiān kànkan.
b) Nǐ kěyǐ qù biéde shāngchǎng / gòuwù zhōngxīn kànkan.
c) Nǐ kěyǐ qù Wáng jiàoshòu nàr wènwen.
d) Zhè ge diànchí shì nǐ de háishì wǒ de?
e) Zhè zhǒng yánsè hěn hǎokàn.
f) Zhè zhǒng yánsè bú tài hǎokàn, wǒ bú tài xǐhuān.
g) Nǐ shuō duōshǎo qián?
h) Wǒ qù yī ge shāngdiàn mǎi yōupán hé xiǎo diànchí. Yī ge xiǎojiě shuō, tāmen zuìjìn méiyǒu xiǎo diànchí. Tā gàosù wǒ, biéde shāngdiàn kěnéng yǒu, wǒ kěyǐ qù nàr kànkan.

5.

A: Nín hǎo. Nín yào mǎi shénme? — **B**: Wǒ kànkan. — **A**: Zhè zhǒng lí búcuò. — **B**: Duōshǎo qián yī jīn? — **A**: X yī jīn. — **B**: Yǒu mei yǒu piányì de? — **A**: Yǒu, zhè zhǒng bǐjiào piányì, Y yī jīn. — **B**: Qǐng gěi wǒ kànkan. Hǎo, wǒ mǎi sān jīn zhè zhǒng lí. — **A**: Hái yào biéde ma? — **B**: Zài mǎi yī jīn chéngzi. Yīgòng duōshǎo qián? — **A**: Yīgòng Z (qián). — **B**: Zhè shì X. — **A**: Zhǎo nín Y, qǐng diǎn yīxià. — **B**: Zàijiàn. — **A**: Zàijiàn.

A: Zhè zhǒng chènshān duōshǎo qián yī jiàn? — **B**: Yībǎi líng jiǔ kuài. — **A**: Yībǎi líng jiǔ kuài? Tài guì le! — **B**: Nàme nǐ shuō duōshǎo qián. — **A**: Wǔshí kuài mài bu mài? — **B**: Wǔshí kuài? (Wǒ) bú mài. Qīshí kuài yī jiàn zěnmeyàng? — **A**: (Nà) hǎo. — **B**: Nǐ yào shénme yánsè de? Shēnhóng de háishì bái de? — **A**: Wǒ bú tài xǐhuān zhè liǎng zhǒng yánsè. Nǐ yǒu mei yǒu qiǎnlán de hé qiǎnlǜ de? — **B**: (Wǒ) xiànzài méiyǒu, dànshì ...

Lektion 9

5.

a) Wǒmen zěnme qù? — Zuò huǒchē qù.
b) Tāmen zěnme lái? — Zuò chuán lái.
c) Wǒ zěnme jiē nǐmen? — Nǐ kěyǐ kāi chē jiē wǒmen.
d) Nǐ zěnme jiē wǒmen? — Wǒ xiǎng zuò dìtiě jiē nǐmen.

e) Wǒmen zěnme qù diànyǐngyuàn? — Wǒmen zǒu qù.
f) Wǒ zài nǎr děng tā? — Nǐ kěyǐ zài shāngchǎng ménkǒu děng tā.
g) Tā xǐhuān chī Zhōngguó fàn. — Wǒ xǐhuān chī Fǎguó fàn.
h) Wǒmen kāi chē qù jiē tāmen. — Tāmen kāi chē lái jiē wǒ.
i) Wǒ xiàwǔ yǒu (ge) yuēhuì. — Tā wǎnshàng yǒu ānpái.
j) Wǒmen qù tāmen gōngsī cānguǎn. — Tāmen lái wǒmen shāngdiàn cānguān.

a) Míngtiān wǎnshàng wǒmen qù chī fàn, hǎo ma? Wǒ qǐng nǐ. — Nà tài hǎo le!
b) Wǒmen de diànyǐng (dào) jiǔ diǎn jiéshù. Tāmen de diànyǐng (cóng) jiǔ diǎn bàn kāishǐ.
c) Hěn bàoqiàn, wǒ míngtiān wǎnshàng yǒu ge huìyì. Hòutiān wǎnshàng zěnmeyàng?
d) Bào'ěr xiānsheng yào qǐng wǒ chī fàn. Wǒ xīngqīliù méiyǒu kòng, yīnwèi wǒ yǒu yī ge yuēhuì. Wǒ xīngqītiān méi shì. Tā shuō tā shí'èr diǎn kāi chē lái jiē wǒ.

6.

A: Nǐ zhè ge zhōumò dǎsuàn zuò shénme? — **B**: Xīngqīliù shì wǒ péngyǒu de shēngrì, wǒ xiǎng qù tā nàr. — **A**: Xīngqītiān ne? — **B**: Méi shì, wǒ xiàwǔ xiǎng zài jiā kàn shū. — **A**: Nà wǎnshàng wǒmen qù X Fàndiàn chī fàn, hǎo ma? Wǒ qǐng nǐ. — **B**: Nà tài hǎo le! Wǒmen zěnme jiànmiàn? — **A**: Wǒ xiān lái nǐ zhèr, ránhòu wǒmen yīqǐ qù. — **B**: Nǐ jǐ diǎn lái? — **A**: Y diǎn zuǒyòu. — **B**: Hǎo, wǒ zài jiā děng nǐ.

A: Nǐ wǎnshàng yǒu shénme ānpái? — **B**: Wǒmen xiǎng qù kàn diànyǐng. — **A**: Gēn shéi yīqǐ qù? — **B**: Liǎng ge péngyǒu, nǐ rènshi tāmen, X hé Y. — **A**: Duì, wǒ rènshi tāmen. — **B**: Nǐ yě yīqǐ qù ma? — **A**: (Shì) shénme diànyǐng? — **B**: Shì Měiguó diànyǐng, jiào «Gōngsī». — **A**: Hǎo, wǒ yě qù. Zài shénme diànyǐngyuàn? Jǐ diǎn kāishǐ?

Lektion 10

4.

a) Wǒ zhèr bú tài ānjìng.
b) Wǒ zhèr bǐ nǐ nàr ānjìng.
c) Tā bù xiǎng jièshào tā de nǚ péngyǒu.
d) Wǒ de tóngshì Shūmàn xiānsheng bù chī ròu, wǒ bù chī yú.
e) Tā xǐhuān hē là de tāng, wǒ xǐhuān hē xián de.
f) Liú xiānsheng cháng guo Sìchuān cài, wǒ hái méi cháng guo.
g) Zhè ge diànyǐng wǒ hái méiyǒu kàn guo.
h) Tā de nǚ péngyǒu tīng bù dǒng wǒ de Yīngyǔ.
i) Tā bú ài hē zhèr de jiǔ.
j) Dànshì wǒ juéde zhèr de píjiǔ wèidào búcuò.
k) Zài lái liǎng bēi pútaojiǔ, zěnmeyàng?
l) Wèi wǒmen de yǒuyì gān bēi!

a) Zhāng xiānsheng zài zhèr shì yī ge yǒumíng de rén.
b) Máotái shì Zhōngguó yǒumíng de jiǔ.
c) Zhè yě shì Zhōngguó yǒumíng de cài.
d) Wǒ juéde yīnggāi zài lái jǐ ge cài.
e) Zhèr de tāng tài là. Wǒ xǐhuān hē dàn de.
f) Yīngguó dà háishì Déguó dà?
g) Tā tīng de dǒng Lǎo Wáng de Déyǔ ma?
h) Sìchuān Fàndiàn de fúwùyuán wèn wǒmen xiǎng chī shénme. Wǒmen kàn bù dǒng càidān, tā jièshào yīxiē Sìchuān cài. Wǒmen xiǎng chángchang sù de, yīnwèi wǒmen bù chī ròu.

5.

A: Nǐmen zuò zhèr ba. — **B**: Hǎo, zhèr rén bù duō, bǐjiào ānjìng. — **C**: Zhè ge Guǎngdōng Fàndiàn yǒu nǎxiē tèsè? — **B**: Wǒ xiān kànkan càidān... Nǐ xiǎng chī shénme? — **C**: Wǒ chī yú, bù chī ròu. — **B**: Wǒ bù chī hūn de. — **C**: (Nàme) wǒmen yào liǎng ge sù de, yī ge / fèn yú. — **A**: Hǎo, nǐmen yào bu yào tāng? — **B**: Duì, zài lái yī wǎn tāng.

A: Yú zěnmeyàng? — **B**: Wèidào búcuò, nǐ yào bu yào chángchang? — **A**: Xièxie, wǒ bù chī hūn de. — **B**: Duì, duì, sù de wèidào zěnmeyàng? — **A**: Yě búcuò, wǒ hěn xǐhuān. — **B**: Yào bu yào zài lái xiē jiǔ? — **A**: Hǎo a, xiānsheng, zài lái liǎng bēi pútaojiǔ. ... (Lái, wèi wǒmen de yǒuyì hé hézuò gān bēi! — **B**: Gān bēi!)

Lektion 11

4.

a) Shūmàn hǎoxiàng zǒu le.
b) Tā méiyǒu gǎnmào, wǒ gǎnmào le.
c) Tā děi měi tiān chī yào.
d) Zuìjìn tiānqì bú tài hǎo, wǒmen dōu yǒudiǎn bù shūfu.
e) Tā bù xiǎng qù kàn yīshēng / dàifu. Tā shuō tā zìjǐ dài le gǎnmào de yào.
f) Kànlái tāmen dōu děi qù kàn yīshēng / dàifu.
g) Wǒ bú tài xíguàn zhèr de fàn.
h) Měi ge chéngshì yǒu zìjǐ de tèsè.
i) Tā měi tiān hěn zǎo dào gōngsī.

a) Zhè shì wǒ zìjǐ de zhàoxiàngjī.
b) Zhè ge shèxiàngjī shì wǒ zìjǐ de.
c) Zhè shì tā de shì, wǒmen zuìhǎo bié wèn.
d) Zuìhǎo míngtiān bú xià yǔ, wǒmen (jiù) kěyǐ zǒu qù.
e) Wǒ jīntiān tèbié lèi, xiǎng zǎo diǎn huí jiā.
f) Lǐbiān hé wàibiān yīyàng rè.
g) Bù, lǐbiān hé wàibiān bù yīyàng, lǐbiān rè, wàibiān lěng.
h) Tā měi tiān wǎnshàng hē jiǔ.
i) Zuótiān hé jīntiān wǒ yǒu hěn duō shìqing, bǐjiào lèi. Zhāng xiǎojiě juéde wǒ zuìhǎo zǎo diǎn huí jiā xiūxi. Wǒ bù xiǎng zài jiā xiūxi, wǒ xiǎng qù tīng yīnyuèhuì. Tīng yīnyuè yě shì hěn hǎo de xiūxi.

5.

A: Nǐ yǒu gǎnmào de yào ma? — **B**: Yǒu, zěnme le? Nǐ gǎnmào le? — **A**: Duì, wǒ yǒudiǎn bù shūfu. — **B**: Yào bu yào qù kànkan yīshēng? — **A**: Wǒ xiǎng búyòng le. — **B**: Zhè (ge) xīngqī měi tiān (dōu) xià yǔ. Wǒ yě juéde hěn bù shūfu. — **A**: Míngtiān tiānqì zěnmeyàng? — **B**: Míngtiān kěnéng qíngtiān. — **A**: Shì ma? Nà tài hǎo le!

A: Nǐ xíguàn zhèr de gōngzuò ma? — **B**: Hái bú tài xíguàn. — **A**: Nǐ hǎoxiàng hěn lèi? — **B**: Shì, jīntiān shìqing tèbié duō. — **A**: Nǐ měi tiān zhème máng ma? — **B**: Bù, (wǒ) xīngqīyī hé xīngqīwǔ bǐjiào máng. — **A**: Nà nǐ zhōumò yīnggāi xiūxi xiūxi. — **B**: Duì, yīnggāi xiūxi xiūxi, dànshì ... — **A**: Zěnme le? — **B**: Zhè ge zhōumò wǒ hái děi ...

Lektion 12

4.

a) Kěxī tā bù dǒng Rìwén.
b) Méi xiǎng dào nín yě zài ZKES gōngsī gōngzuò.
c) Tā zài nàr kàn dào yīxiē yǒumíng de rén.
d) Tā zài Zhōngguó hē guo yīxiē yǒumíng de chá.
e) Wǒ zài Déguó hē hóngchá, zài Zhōngguó hē lǜchá.
f) Shūmàn xiānsheng hòutiān qù cānguān jīngjì zhǎnlǎnhuì.
g) Wǒmen děngyīhuìr qù mǎi dōngxi. Nǐ yě yīqǐ qù ma?
h) Wàn jīnglǐ yīhuìr jiù huílái.
i) Yàzhōu gōngsī de rén míngtiān jiù dào.
j) Zúqiú bǐsài shénme shíhou kāishǐ?
k) Nǐ xǐhuān yīnyuè jiémù háishì tǐyù jiémù?
l) Nǐ juéde Rìwén hǎo xué ma? — Bù hǎo xué. — Fǎwén ne? — Yě bù hǎo xué.
m) Zhèr yīzhí / jīngcháng / cónglái bù / hěn shǎo / yǒushí xià yǔ.

a) Kāfēi hé kělè wǒ dōu bù xǐhuān. Wǒ xǐhuān hē chá.
b) Tā zhǎo le bàn tiān, hái méi zhǎo dào nà zhāng zhàopiàn.
c) Wú xiānsheng míngtiān qù Shànghǎi cānjiā yī ge huìyì.
d) Zhè cì tā dǎsuàn cānjiā wǎngqiú bǐsài.
e) Lùshàng tā kàn dào yī ge yǐqián de tóngxué.
f) Tā zài huǒchē shàng cháng le Qīngdǎo píjiǔ hé Máotái.
g) Tā shuō tā kěyǐ zài fēijī shàng kàn bào.
h) Tā zìjǐ bù dǎ qiú, tā xǐhuān kàn qiú.
i) Wǒ jīntiān qù kàn le Sāngdé xiānsheng. Yīnwèi lùshàng chē tài duō, wǒ qù wǎn le. Sāngdé xiānsheng yībiān děng wǒ, yībiān kàn diànshì – zuótiān de zúqiú bǐsài. Tā gàosù wǒ, tā hěn xǐhuān kàn Mùlè de bǐsài.

5.

B: Ò, Kèlè xiānsheng lái le! Huānyíng, huānyíng, qǐng jìn. — **A**: Xièxie. — **B**: Qǐng zuò. Wǒmen zhèr hǎo zhǎo ma? — **A**: Hái kěyǐ. — **B**: Nǐ hē diǎn shénme? — **A**: Suíbiàn. — **B**: Hē diǎn chá zěnmeyàng? — **A**: Hǎo de. — **B**: Nǐ xǐhuān shénme chá? Hóngchá háishì lǜ? — **A**: Wǒ zài Déguó jīngcháng hē hóngchá. Zhèr wǒ gèng xǐhuān hē lǜchá. — **B**: Nà hǎo, wǒ qǐng nǐ hē Hángzhōu de míngchá.

A: Nǐ xǐhuān shénme tǐyù? — **B**: Wǒ? Wǒ xǐhuān dǎ / tī X-qiú. Wǒ jīngcháng dǎ / tī X-qiú. — **A**: Nǐ hái xǐhuān shénme? — **B**: Y hé Z. Nǐ ne? — **A**: Wǒ bǐjiào xǐhuān X. — **B**: Nǐ zìjǐ tī / dǎ X-qiú ma? — **A**: Wǒ yǐqián tī / dǎ X-qiú. Xiànzài bù tī / dǎ le. — **B**: Xiànzài nǐ jīngcháng kàn X bǐsài ba?

Lektion 13

4.

a) Xiǎo Wàn Guǎngdōnghuà shuō de bǐjiào màn.
b) Tā nǚ'ér chī de bǐjiào hǎo.
c) Xiǎo Liú de Yīngyǔ bǐ xiǎo Zhāng de hǎo.
d) Méi xiǎng dào tā Déwén shuō de búcuò.
e) Wǒ huì shuō Zhōngwén, dànshì bú huì xiě.

f) Nǐ huì kāi chē ma?
g) (Nǐ) hái yǒu wèntí ma?
h) (Nǐ) hái yǒu biéde wèntí ma?
i) "Fùjìn" shì shénme yìsi?
j) Néng bu néng yòng yīxià nǐ de chē?
k) Nín yǒu Dé-Hàn cídiǎn ma? Wǒ xiǎng kàn yīxià.
l) Zhè běn shū wǒ jīntiān jiè, míngtiān huán.
m) Nǐ zài xiě shénme? — Wǒ zài jì yī ge cí.
n) Zhè ge zì xiě cuò le.

a) Tā wèn le yī ge wèntí.
b) Tā nǚ'ér hěn xǐhuān wèn wèntí.
c) Nǐ néng bu néng jiěshì yīxià zhè ge zì de yìsi?
d) Shūmàn Yīngwén shuō de bǐjiào màn, lǎo Wáng hái tīng bù dǒng.
e) Duìbuqǐ, néng bu néng bāng(zhù) wǒ yīxià?
f) Zāogāo, wǒ wàng le dài jīntiān de bàozhǐ.
g) Wǒ huì yóuyǒng, dànshì yīshēng / dàifu shuō, wǒ bù néng yóuyǒng, yīnwèi wǒ zài shēng bìng.
h) Wǒ zài xué Hànyǔ, xué le sān ge yuè zuǒyòu, huì shuō yīdiǎn, dànshì hái bú rènshi Hànzì. Wǒ péngyǒu dōu shuō wǒ xué de hěn kuài, shuō de yě búcuò, dànshì wǒ juéde wǒ de Hànyǔ hái bú tài hǎo.

5.

A: Nǐ shuō Hànyǔ ma? — **B**: Huì shuō yīdiǎn. — **A**: Nǐ Hànyǔ xué le duō jiǔ le? — **B**: X zuǒyòu. — **A**: Shénme? Zhǐ xué le X? — **B**: Duì. — **A**: Nǐ shuō de búcuò. — **B**: Shì ma? Wǒ juéde wǒ de Hànyǔ hái bú tài hǎo. — **A**: Hànyǔ nán ma? — **B**: Hànzì bǐjiào nán (xué). — **A**: Nǐ rènshi duōshǎo Hànzì? — **B**: Wǒ zhǐ huì xiě jǐ ge Hànzì hé wǒ de míngzì.

A: Nǐ yǒu Yīng-Hàn cídiǎn ma? — **B**: Yǒu, nǐ yào yòng ma? — **A**: Wǒ xiǎng jiè yīxià, xíng ma? — **B**: Xíng, nǐ néng bu néng míngtiān huán wǒ? — **A**: Kěyǐ. Shùnbiàn wèn yīxià, "Umgangssprache" Zhōngwén zěnme shuō? — **B**: "Kǒuyǔ". — **A**: "Üben" ne? — **B**: Zhōngwén kěyǐ shuō "liànxí". — **A**: Nà néng bu néng shuō "wǒ liànxí kǒuyǔ"? — **B**: Duì, nǐ shuō de hěn hǎo. — **A**: Nǐ yǒu zhǐ hé bǐ ma? — **B**: Yǒu, zài zhèr. — **A**: Xièxie, wǒ jì yīxià.

Lektion 14

4.

a) Fùjìn yǒu yī ge mài qìchē de shāngdiàn.
b) Dǎ diànhuà de rén shì xiǎo Wàn.
c) Wǒ jiè de (nà běn) shū búcuò.
d) Nàxiē bù hē jiǔ de rén hē chá. / Nàxiē hē chá de rén bù hē jiǔ
e) Tā kàn de diànyǐng jiào "Chūntiān".

5.

a) Nǐ dǎsuàn zài Xiānggǎng zhù jǐ tiān? Zhù zài nǎr?
b) Qǐngwèn, zhè zhāng biǎo zěnme tián?
c) Wǒ yīnggāi zài nǎr qiān zì?
d) Wǒ kěyǐ zài zhèr chōu yān ma? / Zhèr kěyǐ chōu yān ma? — Bù xíng.
e) Jīntiān hěn lěng, yóuyǒng de rén bù duō.
f) Zhè ge shāngdiàn hěn dà, dànshì qù de rén hěn shǎo.

g) "Diànyǐngyuàn" shì kàn diànyǐng de dìfang.
h) Nàr yǒu bù shǎo hē jiǔ de rén.
i) Nàxiē dōu shì cānjiā bǐsài de rén.
j) Tā mǎi de chē wǒ bù xǐhuān.
k) Tā yào de bàozhǐ zài zhèr.
l) Wǒ yào zhǎo de rén bú shì tā. / Tā bú shì wǒ yào zhǎo de rén.
m) Wǒmen zuótiān kàn de diànyǐng jiào "Gōngsī".
n) Tā shì shénme shíhou dào de? — Zuótiān wǎnshàng dào de.
o) Nǐ shì zài nǎr yóuyǒng de? — Zài dàxué.
p) Tāmen shì zěnme qù de? — Zuò fēijī qù de.
q) Nǐ shì shénme shíhou qù Ruìshì de? — Líng bā nián xiàtiān.
r) Nǐ shì zài nǎr xué Yīngwén de? — Zài Lúndūn xué de.
s) Tā shì zěnme xiě de? — (Tā shì) yòng diànnǎo xiě de.

a) Wǒ zuì xǐhuān chī wǒ māma zuò de fàn.
b) Zhè shì shéi jiè de shū? — Wǒ jiè de.
c) Tā mǎi de dōngxi dōu hěn guì.
d) Zhè zhǒng diànnǎo búcuò, dànshì tài guì le. — Suǒyǐ kàn de rén (hěn) duō, mǎi de rén bù duō.
e) Tāmen bú shì zài fàndiàn chī de, shì zài tóngshì de jiā chī de.
f) Tā jīntiān bìng le, suǒyǐ wǒ zìjǐ kāi chē.
g) Wǒ hé yī ge shúrén xià ge zhōumò qù Hángzhōu, jīntiān zài wǎngshàng yùdìng le jīpiào hé lǚguǎn. Jīpiào shì tèjià de, dǎ liù zhé; wǒmen zhǎo de lǚguǎn shì yī ge qīngnián lǚguǎn, zài shìzhōngxīn. Kěxī, nàr de shuāngrén fáng(jiān) (dōu) yǐjīng mǎn le, wǒmen zhǐ néng yùdìng liǎng ge dānrén fáng(jiān). Zài zhè ge lǚguǎn kěyǐ miǎnfèi wúxiàn shàng wǎng, zhè hěn zhòngyào, yīnwèi wǒmen měitiān yào xiě hěnduō yīmèir.

6.

A: Nín hǎo! — **B**: Nín hǎo! — **A**: Qǐngwèn, nǐmen hái yǒu fángjiān ma? — **B**: Nín yǒu mei yǒu yùdìng guo? — **A**: Méiyǒu. — **B**: Nǐmen jǐ ge rén? — **A**: Liǎng ge. — **B**: Wǒ kànkan ... Shuāngrén fángjiān dōu mǎn le, yào bu yào dānrén fángjiān? — **A**: Yào (de). — **B**: Nǐmen zhù jǐ ge wǎnshàng? — **A**: X ge wǎnshàng. — **B**: Qǐng (xiān) tián yīxià biǎo. — **A**: Hǎo. — **B**: Nǐmen zhù Y hào hé Z hào fángjiān, zhè shì (fángjiān) yàoshi. Cāntīng zài nàr. — **A**: Xièxie.

A: Tīngshuō, nǐ shàng ge yuè qù guo Shànghǎi? — **B**: Shì a, wǒ qù le sān tiān. — **A**: Nǐ shì zěnme qù de? Zuò huǒchē háishì zuò fēijī (qù de)? — **B**: (Wǒ shì) zuò fēijī qù de. — **A**: Xiànzài jīpiào guì bu guì? — **B**: Zài wǎngshàng yùdìng bú guì. — **A**: Nǐ zhù zài nǎr? — **B**: Wǒ zhù zài yī ge qīngnián lǚguǎn, zhè ge lǚguǎn lí shìzhōngxīn bù yuǎn. — **A**: Nǐ shì zài nǎr zhǎo dào de? — **B**: Yě shì zài wǎngshàng, nǐ yě yào qù Shànghǎi ma? Wǒ kěyǐ gěi nǐ qīngnián lǚguǎn de wǎngzhǐ.

Lektion 15

4.

a) (Nǐ) néng bu néng mǎshàng gàosù tāmen?
b) (Nín) néng bu néng mǎshàng qǐng tāmen lái?
c) Zhèyàng xiě duì ma? — Duì. / Bú duì.
d) Zhèyàng xiě kěyǐ ma? — Kěyǐ. / Bú tài hǎo.
e) Nǐmen shāngdiàn yǒu mei yǒu zhèyàng de yīfu?

f) Tā jiào wǒ qù yīxià.
g) Fùyìnjī huài le, wǒ jiào lǎo Wáng lái kànkan.
h) Zhè ge fàndiàn jǐ diǎn guān mén? — Wǎnshàng shí'èr diǎn.
i) Qǐng shùnbiàn mǎi liǎng píng píjiǔ.
j) Wǒ xiǎng shùnbiàn qù kànkan tāmen.
k) Nǐ de qián gòu bu gòu? — Gòu le, xièxie.
l) Wǒ xiǎng huàn xiē língqián. — Hěn bàoqiàn, wǒ méiyǒu língqián.
m) Qǐngwèn, fùjìn nǎr kěyǐ huàn Měiyuán?
n) Wǒ xiǎng yòng lǚxíng zhīpiào huàn RMB.
o) Tā xiǎng yòng Ōuyuán huàn RMB.
p) Jīntiān de huìlǜ shì duōshǎo?
q) Jīntiān Ōuyuán de huìlǜ shì duōshǎo?
r) Tīngshuō tā yòu qù Xiānggǎng le.
s) Wǒ míngnián zài qù Bólín.

✌ a) A: Tā jiào nǐ qù tā nàr.
B: Shéi jiào wǒ?
A: Lǎo Lǐ (jiào nǐ).
B: Shénme shì?
A: 1) Tā jiào nǐ qù tā nàr yīxià.
2) Tā jiào nǐ bāng(zhù) tā yīxià.

b) A: Bàngōngshì de fùyìnjī huài le.
B: Shénme? Yòu huài le?! Nǎr huài le?
A: Wǒ yě bù zhīdào.
B: 1) Nà zài qǐng tāmen lái xiū yīxià.
2) Kànlái wǒmen děi mǎi yī ge xīn de.
3) Nà nǐ xiān qù èr lóu fùyìn yīxià.

c) A: Nín de hùzhào zài ma?
B: 1) Jīntiān wǒ méiyǒu dài hùzhào. Yòng wǒ de jiàshǐ zhízhào xíng ma?
2) Ò, jīntiān wǒ méiyǒu dài hùzhào. Yòng wǒ de gōngzuòzhèng xíng ma?
3) Ò, jīntiān wǒ wàng le dài hùzhào. Yòng wǒ de shēnfènzhèng xíng ma?
A: Xíng. / Kěyǐ.

d) Zhè ge zì yòu xiě cuò le. — Nà wǒ zài xiě yī biàn.

e) Wǒmen de fùyìnjī huài le, (suǒyǐ) wǒ děi qù yóujú fùyìn dōngxi. Kèlè xiānsheng yào wǒ shùnbiàn jì yīxiē guàhàoxìn. Wǒmen yǒu yīxiē yóupiào, dànshì hái bú gòu. Wǒ hái děi mǎi yīxiē yóupiào.

5.

☝ **A**: Zhè fèn wénjiàn qǐng nǐ zài fùyìn X fèn. — **B**: Bàngōngshì de fùyìnjī huài le. — **A**: Shénme? Yòu huài le? — **B**: Wǒ yǐjīng jiào xiūlǐgōng le. — **A**: Tāmen shénme shíhou lái? —
B: Dàgài Y lái. Wǒ xiān qù biéde dìfang fùyìn. — **A**: Hǎo, āi, nǐ nàxiē guàhàoxìn jì le ma? — **B**: Jì le. — **A**: Zhèr hái yǒu liǎng fēng (xìn), néng bu néng mǎshàng jì yīxià? — **B**: Hǎo, yě jì guàhào(xìn) ma? — **A**: Duì, dōu jì guàhào(xìn).

✌ **A**: Qǐngwèn, fùjìn nǎr kěyǐ huàn Rénmínbì? — **B**: Qiánbiān yǒu yī ge yínháng, nǐ kěyǐ zài nàr huàn. — **A**: Wǒ xiǎng yòng Měiyuán huàn (xiē) Rénmínbì. — **C**: Nǐ yào huàn duōshǎo? — **A**: Wǒ yào huàn X-bǎi Měiyuán. Jīntiān de huìlǜ shì duōshǎo? — **C**: Jīntiān de huìlǜ shì 1: Y. — **A**: Zhè shì X-bǎi Měiyuán. Néng bu néng gěi wǒ xiē língqián? — **C**: Xíng, zhè shì Z Rénmínbì, qǐng diǎn yīxià. — **A**: Xièxie.

Lektion 16

4.

a) Shéi gěi nǐ dǎ guo diànhuà?
b) Nǐ gěi shéi xiě xìn? — Gěi wǒ de Ruìshì péngyǒu xiě xìn.
c) Zhè fēng xìn wǒ zài kàn yī biàn.
d) Wǒ péngyǒu zuìjìn méiyǒu chū chāi.
e) Wǒ jīntiān gāng kàn dào zhè ge guǎnggào.
f) Diànyǐng shénme shíhou kāishǐ? — Gāng kāishǐ.
g) Jīnglǐ huìyì gāng jiéshù.
h) Míngtiān huì bu huì xià yǔ? — Míngtiān bú huì xià yǔ.
i) Nǐ huì bu huì yòng zhè zhǒng ruǎnjiàn? — Wǒ bú tài huì yòng zhè zhǒng ruǎnjiàn.
j) Wǒ de Déwén bú tài hǎo, nǐ néng bu néng màn diǎn shuō?
k) Qǐng nǐ màn diǎn xiě.
l) Tā gàosù wǒ, tā liǎng tiān yǐhòu zài lái.
m) Nǐ yī (ge) xiǎoshí yǐqián zài nǎr? — Zài lǚguǎn kàn diànshì.

a) Tā wǎnshàng qī diǎn yǐqián (hé) shí diǎn yǐhòu bú zài jiā.
b) Tā xià bān yǐhòu jīngcháng hē jiǔ.
c) Nǐ shuō tā míngtiān huì huílái ma? — Wǒ yě bù zhīdào. / Wǒ yě bú tài qīngchǔ.
d) Wǒ gěi nǐ fā guo sān ge duǎnxìn, dànshì nǐ méiyǒu gěi wǒ dǎ guo diànhuà.
e) Qǐng nín jīntiān wǎnshàng liù diǎn yǐhòu shí diǎn yǐqián gěi tā dǎ diànhuà.
f) Zhè ge zì xiě cuò le — zhè ge diànhuà dǎ cuò le — dìzhǐ shuō cuò le — diànhuà hàomǎ jì cuò le — chuánzhēn fā cuò le — dìzhǐ dǎ cuò le
g) Wǒ gěi Wàn xiānsheng dǎ diànhuà, tā de tóngshì gàosù wǒ, tā zuìjìn chū chāi le. Tā bù qīngchǔ tā shénme shíhou huílái. Wǒ qǐng tā gàosù Wàn xiānsheng, huílái yǐhòu gēn guǎnggàobù liánxì yīxià.

5.

B: Wéi. — **A**: Wéi, nǐ shì Tàipíngyáng gōngsī ma? — **B**: Shì de. — **A**: Qǐng zhuǎn 5 (hào) fēnjī... Wèi, nǐ shì X-bù ma? — **C**: Wǒ shì X-bù. — **A**: Lǐ xiānsheng zài ma? — **C**: Lǐ xiānsheng gāng chūqù. — **A**: Tā shénme shíhou huílái? — **C**: Wǒ yě bù zhīdào. / Wǒ bú tài qīngchǔ. Yǒu shénme shì? — **A**: Nǐ néng bu néng gàosù tā, qǐng tā míngtiān lái wǒmen gōngsī cānjiā yī ge huì(yì). — **C**: Hǎo, tā huílái yǐhòu wǒ mǎshàng gàosù tā.

B: Wéi. — **A**: Wéi, lǎo Liú. — **B**: Nǐ shì xiǎo Zhāng ba? — **A**: Duì, hǎo jiǔ bú jiàn le, jìnlái zěnmeyàng? — **B**: Hái kěyǐ, nǐ ne? — **A**: Lǎoyàngzi. — **B**: Tīngshuō nǐ zuìjìn jīngcháng chū chāi? — **A**: Duì, zuìjìn bǐjiào máng, míngtiān hé hòutiān wǒ xiūjià. — **B**: Shì ma? Nǐ dǎsuàn zuò shénme? — **A**: Wǒ hái méiyǒu dǎsuàn ...

Lektion 17

4.

a) Tā jīnnián cái shí suì.
b) Tā jīnnián yǐjīng shí suì le.
c) Xīwàng nǐ zài lái wǒmen zhèr zuòkè.
d) Tā méiyǒu jīhuì qù Zhōngguó xué Hànyǔ.
e) Yàoshì / Rúguǒ nǐ bú qù, wǒ yě bú qù.
f) Shíjiān bù zǎo le, wǒ děi (qù) shàng bān le.

g) Zuìjìn tā méiyǒu jīhuì qù Xiānggǎng.
h) Xīwàng wǒmen míngnián néng zài Bólín jiànmiàn.
i) (Qǐng) wèn Zhāng nǚshì hǎo.
j) Yàoshì / Rúguǒ nǐ yǒu kòng, huānyíng nǐ lái wǒ jiā wán.
k) Zhù nǐ shēngrì kuàilè.
l) (Wǒ) sòng nǐ yī ge xiǎo dōngxi.
m) Huānyíng nǐ zài lái zuòkè.
n) Wǒ míngtiān yīdìng gěi tā dǎ diànhuà.
o) Wǒ xiǎng zhè ge xīn diànyǐng yīdìng hěn yǒu yìsi.

a) Tā yǐjīng (chī) bǎo le, wǒ hái hěn è.
b) Xīwàng nǐ néng hé tā liánxì yīxià.
c) Nǐ yǒu mei yǒu jīhuì cānjiā zhè cì bǐsài.
d) Wǒ lái Zhōngguó yǐjīng shí tiān le. — Shénme? Cái shí tiān?
e) Yàoshì / Rúguǒ míngtiān bú xià yǔ, wǒmen kěyǐ qù nàr wán.
f) Yàoshì / Rúguǒ nǐ míngtiān bú kàn diànyǐng, qǐng xiān gàosù tā.
g) Wǒ huí dào Běijīng yǐhòu, yīdìng gěi nǐ dǎ diànhuà.
h) Běijīng de dōngtiān yīdìng hěn lěng, shì ma?
i) Wǒ lái Zhōngguó yǐjīng yī ge yuè le, dǎsuàn xià (ge) xīngqī huí guó. Wǒ xīwàng yǐhòu néng yǒu jīhuì zài lái. Míngnián Wáng xiānsheng yào lái wǒmen gōngsī cānguān, wǒ hěn gāoxìng wǒmen néng zài Sītújiātè jiànmiàn.

5.

A: Xiànzài jǐ diǎn le? — **B**: Xiànzài shí'èr diǎn bàn. — **A**: Shíjiān bù zǎo le, wǒ děi zǒu le. — **B**: Nǐ yǒu shì ma? — **A**: Duì, wǒ xiàwǔ hái děi ... — **B**: Nà wǒ bù liú nǐ le.

A: Fēicháng gǎnxiè nǐ / nǐmen de zhāodài. — **B**: Nǐ tài kèqi le. — **A**: Zhè ge xiǎo lǐwù qǐng shōu xià. — **B**: Xièxie, huānyíng nǐ yǐhòu zài lái. — **A**: Wǒ yīdìng lái. Qǐng wèn X hǎo. — **B**: Hǎo, zhù nǐ yīlù píng'ān. — **A**: Wǒ zhù nǐ yīqiè shùnlì.

Chinesisches Wörterverzeichnis

Das Verzeichnis gibt an, in welcher Lektion ein Wort zum ersten Mal vorkommt. Einträge der «Neuen Wörter und Ausdrücke» sind fettgedruckt. Die nicht fettgedruckten Wörter sind in den jeweiligen Wortfeldern zu finden. Die Zahlen verweisen auf die Lektionen.

A

āyí	阿姨	2
āi	哎	**7**
ài	爱	**10**
àiren	爱人	**12**
ānjìng	安静	**10**
ānpái	安排	**9**
ànmó	按摩	14
Àodí	奥迪	2
Àodí gōngsī	奥迪公司	2
Àodìlì	奥地利	2
Àodìlì rén	奥地利人	2
Àomén (Macao)	澳门	3
Àozhōu	澳洲	3

B

bā	八	**3**
Bālí	巴黎	3
Bāsīfū gōngsī	巴斯夫公司	2
bàba	爸爸	**2**
ba	吧	**2**
bái	白	8
báicài	白菜	10
báijiǔ	白酒	10
bǎi	百	**5**
bǎihuò gōngsī	百货公司	8
Bài'ěr gōngsī	拜耳公司	2
bàn	半	**4**
bàngōnglóu	办公楼	**5**
bàngōngshì	办公室	**3**
bāngzhù	帮助	**13**
bāoguǒ	包裹	15
bǎo	饱	**17**
Bǎomǎ	宝马	**2**
Bǎomǎ gōngsī	宝马公司	**2**
Bǎoshíjié	保时捷	8
bàoqiàn	抱歉	**8**
bàozhǐ	报纸	**4**
bēi	杯	**10**
běi / **běifāng**	北/北方	6, **6**
Běijīng	北京	3
Běijīng Wǎnbào	北京晚报	4
Bēnchí	奔驰	8
běn	本	**13**
běnzi	本子	13
bǐ	比	**10**
bǐ	比	**15**
bǐjiào	比较	**7**
bǐsàbǐng	比萨饼	10
bǐsài	比赛	**12**
bǐ	笔	**13**
bǐjìběn	笔记本	13
bǐjìběn diànnǎo	笔记本电脑	13
bìshèngkè	必胜客	10
biàn	遍	**16**
biǎo	表	**14**
biǎogé	表格	15
bié	别	**11**
biéde	别的	**8**
bīngjīlíng	冰激凌	10
bìng	病	**11**
bìngrén	病人	11
Bō'ēn	波恩	3
bōluó	菠萝	8
Bólín	柏林	3
bóshì	博士	3
búcuò	不错	**8**
bú duì	不对	**4**
bú kèqi	不客气	**5**
bú shì	不是	**1**
bú tài	不太	**1**
búyòng	不用	**11**
búyòng le	不用了	**11**
bù	不	**1**
bù hǎo	不好	12
bù hǎokàn	不好看	8
Bùláiméi	不莱梅	3

C

cái	才	**17**
cáiliào	材料	15
cáiwùbù	财务部	16
cǎigòubù	采购部	16
cǎisè zhàopiàn	彩色照片	8
cài	菜	**10**
càidān	菜单	**10**
cānguān	参观	**6**
cānjiā	参加	**12**
cāntīng	餐厅	14
cāngkù	仓库	16
cèsuǒ	厕所	14
chá	茶	12
chá	查	**14**
cháng	长	**5, 9**
cháng	尝	**10**
Chángchéng	长城	**16**
Chángchéng Bīnguǎn	长城宾馆	**16**
chǎngzhǎng	厂长	1, **17**
chāoshì	超市	**3**, 8
chāojí shìchǎng	超级市场	**3**, 8
chē	车	**6**
chējiān	车间	**5**
chēpiào	车票	14
chēzhàn	车站	7
chènshān	衬衫	**8**
Chéng Lóng	陈龙	**9**
chéngshì	城市	**6**
chéngxù	程序	13
chéngzhī	橙汁	12
chéngzi	橙子	8
chī	吃	**9**
chī fàn	吃饭	**9**
chōngdiànqì	充电器	8
chōngzhíkǎ	充值卡	**8**
Chóngqìng	重庆	3
chōuti	抽屉	5
chōu yān	抽烟	**12**
chū chāi	出差	**16**
chūqù	出去	**12**
chūzūchē	出租车	7
chǔcúnkǎ	储存卡	8
chuān	穿	8
chuán	船	7
chuánpiào	船票	14
chuánzhēn(jī)	传真(机)	**3**
chūn	春	6
chūnjié kuàilè	春节快乐	17
chūntiān	春天	6
cí	词	13
cídiǎn	词典	**13**
cíkǎ diànhuà	磁卡电话	16
cì	次	**11**
cóng ... dào ...	从 ... 到 ...	**7**
cónglái bù	从来不	12
cuò	错	**13**

D

dá'àn	答案	**13**
dǎ	打	12
dǎ (xìn)	打(信)	**9**
dǎ cuò	打错	**16**
dǎdī	打的	7
dǎ diànhuà	打电话	**11**
dǎsuàn	打算	**6**
dǎyìnjī	打印机	13
dǎzhé	打折	**8**
dà	大	**6, 12**
dàgài	大概	**5, 15**
Dàlǐ	大理	**6**

dàxué	大学	**3**
dàxuéshēng	大学生	3
Dàzhòng	大众	8
dāi	待	**6**
dài	带	**11**
dàibiǎo	代表	1
dàifu	大夫	11
dài yùshì de fángjiān	带浴室的房间	14
dānrén fángjiān	单人房间	**14**
dàndànmiàn	担担面	**10**
dàngāo	蛋糕	8
dànshì	但是	**10**
dāochā	刀叉	10
dào	到	**6**
dào le	到了	**7**
Déguó	德国	2, **4**
Déguó rén	德国人	2
Dé-Hàn cídiǎn	德汉词典	13
Délèisīdùn	德累斯顿	3
Déwén	德文	2
Déyǔ	德语	2
de	的	**2**
de	得	**12**
děi	得	**11**
dēng	灯	**7**
děng	等	**9**
děngyīhuìr	等一会儿	**12**
dī	低	**5**
dīshì	的士	7
dísīkē	迪斯科	11
dì	第	**11**
dìdi	弟弟	2
dìfang	地方	**6**
dìtiě	地铁	**7**
dìtiězhàn	地铁站	7
dìtú	地图	**5**
dìxià tōngdào	地下通道	7
dìzhǐ	地址	**3**
diǎn	点	**4**
diǎn	点	**8**
diǎn	点	**15**
diànchē	电车	**7**
diànchí	电池	**8**
diànhuà(jī)	电话(机)	**3**
diànhuà hàomǎ	电话号码	**3**
diànhuàkǎ	电话卡	16
diànhuà lùyīn	电话录音	16
diànnǎo	电脑	**13**
diànshàn	电扇	5
diànshì	电视	**12**
diàntī	电梯	**14**
diànyǐng	电影	**9**
diànyǐngyuàn	电影院	**9**
diànzǐ yóujiàn	电子邮件	14
dōng	东	6
dōngfāng	东方	6, **7**
Dōngfāng Jīchǎng	东方机场	**7**
Dōngháng	东航	14
Dōngjīng	东京	3
dōngxi	东西	**12**
Dōngyà Jítuán	东亚集团	2, **16**
dōng	冬	6
dōngtiān	冬天	6
dǒng	懂	**10**
dōu	都	**1**
dùjià	度假	6
duǎn	短	5, **9**
duǎnxìn	短信	**9**, 14
duì	对	**4**
duìbuqǐ	对不起	**4**
duìmiàn	对面	**15**
duō	多	**5**
duō	多	**6**
duōshǎo	多少	**3, 8**
E		
Éluósī	俄罗斯	2
Éluósī rén	俄罗斯人	2
Éwén	俄文	2
Éyǔ	俄语	2
è	饿	**17**
érzi	儿子	12
èr	二	**3**
F		
fā	发	**11**
fāpiào	发票	**8**
fāshāo	发烧	11
fāyīn	发音	**13**
Fǎguó	法国	2
Fǎguó rén	法国人	2
Fǎlánkèfú	法兰克福	3
fǎlǜ	法律	12
Fǎwén	法文	2
Fǎyǔ	法语	2
fānyì	翻译	**2**
fàn	饭	**9**
fàndiàn	饭店	**9**
fāngbiàn	方便	**7**
fāngxiàng	方向	**7**
fángjiān	房间	**14**
fàngjià	放假	6
fēicháng	非常	**2**
fēijī	飞机	7, **14**
(fēi)jīpiào	(飞)机票	**14**
Fēilìpǔ	菲利普	8
fēi wǎng ...	飞往...	**14**
Fēizhōu	非洲	3
fēn	分	4
fēn	分	**8**
fēnjī	分机	**16**
fēnzhōng	分钟	**7**
fèn	份	**10, 15**
fēng	封	**9**
fēng	风	11
fúwùbù	服务部	16
fúwùtái	服务台	14
fúwùyuán	服务员	**10**
fù (qián)	付(钱)	**14**
fùjìn	附近	**7**
fùyìn	复印	**15**
fùyìnjī	复印机	**15**
fùyìnjiàn	复印件	15
fùzérén	负责人	**6**
fùzhǔrèn	副主任	1
fùzǒngjīnglǐ	副总经理	1
G		
gān bēi	干杯	10
gānjìng	干净	10
gǎnmào	感冒	**11**
gǎnxiè	感谢	**17**
gāng	刚	**16**
gāngbǐ	钢笔	13
gāngcái	刚才	**12**
Gǎngbì	港币	15
gāo	高	**5**
gāo'ěrfū	高尔夫	12
gāoxìng	高兴	**2**
gàosù	告诉	**6**
gēge	哥哥	2
gējù	歌剧	11
gè	个	**6**
gěi	给	**8, 16**
gěi ... dǎ diànhuà	给 ... 打电话	**16**
gēn ... bù yīyàng	跟 ... 不一样	11
gēn ... chàbuduō	跟 ... 差不多	11
gēn ... liánxì	跟 ... 联系	**16**
gēn ... yīyàng	跟 ... 一样	**11**
gèng	更	**10**
gōngchéngshī	工程师	**11**
gōngjīn	公斤	8
gōnglǐ	公里	5
gōngsī	公司	**2**
gōngyè	工业	**6**
gōngzuò	工作	**3**
gōngzuò shùnlì	工作会议	**17**
gōngzuòzhèng	工作证	15
gòu	够	**15**
gòuwù zhōngxīn	购物中心	**3**, 8
guā fēng	刮风	11
guàhào	挂号	**15**
guàhàoxìn	挂号信	15
guān	关	**15**
guān mén	关门	**15**
guàn	罐	10
guāngpán	光盘	8
Guǎngdōng	广东	9
Guǎngdōnghuà	广东话	13
guǎnggào	广告	**3**

guǎnggàobù	广告部	**16**
Guǎngzhōu	广州	3
guì	贵	**8**
guó(jiā)	国(家)	**2**
Guóháng	国航	**14**
guò	过	**17**
guo	过	**10**

H

hái	还	**3**
hái kěyǐ	还可以	**12**
háishì	还是	**2**
háizi	孩子	12
Hǎidébǎo	海德堡	3
Hánguó	韩国	3
Hánguó rén	韩国人	3
Hán(guó)wén	韩(国)文	3
Hán(guó)yǔ	韩(国)语	3
Hànbǎo	汉堡	**3**
hànbǎobāo	汉堡包	10
Hànbǎo Dàxué	汉堡大学	**3**
Hàn-Dé cídiǎn	汉德词典	13
Hànshā Hángkōng Gōngsī	汉莎航空公司	14
Hànyǔ	汉语	**2**
Hànzì	汉字	**13**
hángbān	航班	**14**
hángkōngxìn	航空信	15
hǎo	好	**1**
hǎo a	好啊	**9**
hǎochī	好吃	8
hǎokàn	好看	8
hǎo le	好了	**14**
hǎotīng	好听	8
hǎoxiàng	好像	**11**
hǎo zhǎo	好找	**12**
hào	号	**3, 4**
hàomǎ	号码	**3**
hē	喝	**10**
hé	和	**1**
Héběi	河北	9
héshì	合适	**8**
hézuò	合作	**10**
hēi	黑	8
hēibái zhàopiàn	黑白照片	8
hěn	很	**1**
hěnduō	很多	**5**
hěn shǎo	很少	12
hèn	恨	**10**
hóng	红	**7**
hóngchá	红茶	12
hónglǜdēng	红绿灯	**7**
hòu / hòubiān	后/后边	**5**
hòutiān	后天	**6**
hùliánwǎng	互联网	14
hùshì	护士	11
hùzhào	护照	**15**
Huáshèngdùn	华盛顿	3
huà	话	13
huàbào	画报	4
huàjù	话剧	9
huài le	坏了	**15**
huānyíng	欢迎	**1, 17**
huán	还	**13**
huàn	换	**15**
huàn chē	换车	**7**
huáng	黄	8
huángyóu	黄油	8
huī	灰	8
huí	回	**7**
huílái	回来	**7**
huíqù	回去	**7**
huì	会	**13, 16**
huìyì	会议	**7**
huìyìshì	会议室	7
hūn / hūncài	荤/荤菜	**10**
húntún	馄饨	10
huǒchē	火车	7
huǒchēpiào	火车票	14
huǒchēzhàn	火车站	**7**
huòzhě	或者	**13**

J

jī(ròu)	鸡(肉)	10
jīchǎng	机场	**7**
jīdàn	鸡蛋	10
jīhuì	机会	**17**
jí	急	**16**
jítuán	集团	**16**
jǐ	挤	**6**
jǐ	几	**5**
jǐ diǎn	几点	**4**
jǐ hào	几号	**4**
jì	记	**13**
jì	寄	**15**
jìde	记得	**13**
jìhuà	计划	9
jìshùbù	技术部	16
jìshùyuán	技术员	5
jìsuànjī	计算机	**13**
jiā	家	**3**
Jiālèfú	家乐福	8
Jiānéng	佳能	8
jiákè	夹克	8
jiàshǐ zhízhào	驾驶执照	15
jiàn	件	**8**
jiàn	见	**9**
jiànkāng	健康	10
jiànmiàn	见面	**9**
Jiāngsū	江苏	9
jiāoxiǎng(yīn)yuè	交响音乐	11
jiǎo	角	**8**
jiǎozi	饺子	10
jiào	叫	**2**
jiào	叫	**15**
jiàoshì	教室	3
jiàoshòu	教授	3
jiē	接	**9**
jiéhūn	结婚	**12**
jiéshù	结束	**9**
jié zhàng	结账	**10**
jiémù	节目	**12**
jiějie	姐姐	2
jiěshì	解释	13
jiè	借	**13**
jièshào	介绍	**10**
jièshào yīxià	介绍一下	**2**
jīn	斤	8
jīnnián	今年	**4, 6**
jīntiān	今天	**4**
jǐnkuài	尽快	**16**
jìn	近	**5**
jìnlái	近来	**12**
jìnlái	进来	**12**
jīngcháng	经常	**12**
jīngjì	经济	12
Jīngjì Rìbào	经济日报	4
Jīngjì Xīnwén	经济新闻	4
jīngjù	京剧	9
jīnglǐ	经理	**1**
jiǔ	九	**3**
jiǔ	久	**7**
jiǔ	酒	**10**
jiǔbā	酒吧	10, 14
jiǔdiàn	酒店	7, 14
jiù	旧	**9**
jiù	就	**7**
jiù	就	**12**
jiùyào	就要	**17**
júzi	桔子	8
jù	句	13
jùzi	句子	13
jùchǎng	剧场	9
jùyuàn	剧院	9
juéde	觉得	**10**
juéshì(yīn)yuè	爵士(音)乐	11

K

kāfēi	咖啡	**12**
kāfēisè	咖啡色	8
kāi	开	**7**
kāi chē	开车	**7**
kāi (fāpiào)	开(发票)	**8**
kāi	开	**15**
kāi huì	开会	7
kāi mén	开门	**15**
kāishǐ	开始	**9**
kāishuǐ	开水	12
kàn	看	**4**
kàn bào	看报	4
kàn bìng	看病	11
kàn dàifu	看大夫	11
kàn diànshì	看电视	**12**
kànlái	看来	**11**

kàn yīshēng	看医生	**11**
késòu	咳嗽	11
(kěkǒu-)kělè	(可口)可乐	**12**
kěnéng	可能	**6**
kěxī	可惜	**12**
kěyǐ	可以	**7, 14**
kè	克	8
kèqi	客气	**17**
Kěndéjī	肯德基	10
kōngtiáo	空调	5
kòng	空	**6, 14**
kǒuyǔ	口语	13
kǔ	苦	10
kùzi	裤子	8
kuài	块	**8**
kuài	快	**13**
kuàicāndiàn	快餐店	10
kuàizi	筷子	10
kuàngquánshuǐ	矿泉水	12

L

lādùzi	拉肚子	11
là	辣	**10**
làjiāo	辣椒	10
lái	来	**6**
Láibǐxī	莱比锡	3
lán	蓝	**8**
lánqiú	篮球	12
lǎo	老	**9**
lǎobǎn	老板	2
lǎoshī	老师	3
lǎowài	老外	**8**
lǎoyàngzi	老样子	**12**
le	了	**11**
lèi	累	**11**
lěng	冷	**11**
lí	离	**7**
lí	梨	8
líhūn	离婚	**12**
límǐ	厘米	5
lǐbiān	里边	**3, 5**
lǐwù	礼物	**17**
liánxì	联系	**16**
liànjiē	链接	14
liáng	凉	11
liǎng	两	**3**
liǎng	两	8
línjū	邻居	2
líng	零	**3**
língqián	零钱	**15**
lǐngdài	领带	**8**
liú	留	**17**
liúxíng(yīn)yuè	流行(音)乐	11
liù	六	**3**
lóu	楼	**5**
lù	路	**3**
lù	路	**7**
lùkǒu	路口	7
lùshàng	路上	**12**
lùxiàngdài	录像机	8
lǚguǎn	旅馆	14
lǚtú yúkuài	旅途愉快	17
lǚxíngshè	旅行社	6
lǚxíng zhīpiào	旅行支票	15
lǚyóu	旅游	**6**
lǚyóu chéngshì	旅游城市	6
lǜ	绿	**7**
lǜchá	绿茶	12
Lúndūn	伦敦	3
Luómǎ	罗马	3

M

māma	妈妈	**2**
máfan	麻烦	**16**
mǎshàng	马上	**15**
mǎtóu	码头	7
ma	吗	**1**
mǎi	买	**8**
mǎidān	买单	**10**
mǎi dōngxi	买东西	**12**
mài	卖	**8**
Màidāngláo	麦当劳	10
mǎn	满	**14**
màn	慢	**13**
màn zǒu	慢走	17
máng	忙	**1**
máo	毛	**8**
Máotái(jiǔ)	茅台(酒)	**10**
méi guānxi	没关系	**4**
méi shì	没事	**11**
méi xiǎng dào	没想到	**12**
méiyǒu	没有	**3**
méiyǒu yìsi	没有意思	**9**
měi	每	**11**
měi	美	8
Měiguó	美国	2
Měiguó rén	美国人	2
Měiyǔ	美语	2
Měiyuán	美元	15
Měizhōu	美洲	3
mèimei	妹妹	**2, 4**
mén	门	**15**
ménfáng	门房	16
ménkǒu	门口	**9**
mí	迷	**12**
mǐ	米	**5**
mǐfàn	米饭	10
mìshū	秘书	**1, 5**
miǎnfèi	免费	**14**
miànbāo	面包	10
miàntiáo	面条	10
míngnián	明年	4
míngtiān	明天	4
míngxìnpiàn	明信片	15
míngpiàn	名片	**2**
míngzì	名字	**2**
mógu	蘑菇	10
mótuōchē	摩托车	7
Mòsīkē	莫斯科	3
Mùlè	穆勒	**12**
Mùníhēi	慕尼黑	3

N

nǎ	哪	**7**
nǎr	哪儿	**3**
nǎxiē	哪些	**6**
nà	那	**2**
nà(me)	那(么)	**7**
nàr	那儿	**3**
nàxiē	那些	**5**
nán	南	6
nánfāng	南方	**6**
Nánháng	南航	14
Nánjīng	南京	3
nán	男	**9**
nán péngyǒu	男朋友	**2, 9**
nán	难	**12, 13**
nánkàn	难看	8
nào	闹	**10**
ne	呢	**1**
nèikù	内裤	8
nèiyī	内衣	8
néng	能	**10**
nǐ	你	**1**
nǐmen	你们	1
nián	年	**4**
niánlì	年历	4
niàn	念	13
nín	您	**1**
nín guì xìng?	您贵姓？	**14**
nín hǎo!	您好！	**1**
niúnǎi	牛奶	12
niúpái	牛排	10
niúròu	牛肉	10
Niǔyuē	纽约	3
nóngcūn	农村	**6**
nóngyè	农业	6
nǚ	女	**9**
nǚ´ér	女儿	**12**
nǚ péngyǒu	女朋友	2
nǚshì	女士	1
nuǎnhuo	暖和	11
nuǎnqì	暖气	5

O

ò	哦	**1**
Ōuyuán	欧元	**15**
Ōuzhōu	欧洲	3

P

páijià	牌价	**15**
páiqiú	排球	12
pán	盘	**8**
pánzi	盘子	10

pángbiān 旁边 5
pǎobù 跑步 **12**
péngyǒu 朋友 **2**
píjiǔ 啤酒 **10**
piányì 便宜 **8**
piào 票 **14**
piàojià 票价 **14**
piàoliàng 漂亮 8
pīnyīn 拼音 **13**
pīngpāngqiú 乒乓球 12
píng 瓶 10
píngguǒ 苹果 8
píngxìn 平信 15
pútaojiǔ 葡萄酒 **10**
Pǔdōng 浦东 **5**
Pǔtōnghuà 普通话 13

Q

qī 七 **3**
qīzi 妻子 12
qí 骑 7
qǐchuáng 起床 14
qǐyè 企业 **12**
qǐyè guǎnlǐ 企业管理 **12**
qìchē 汽车 7
qiān 千 5, **15**
qiānbǐ 铅笔 13
qiānzhèng 签证 15
qiān zì 签字 **14**
qián / qiánbiān 前/前边 **5**
qiántiān 前天 **6**
qián 钱 **8**
qiǎn 浅 **8**
qiǎokèlì 巧克力 8
qīngchǔ 清楚 **16**
Qīngdǎo 青岛 3, **10**
qīngnián lǚguǎn 青年旅馆 14
qíngtiān 晴天 11
qǐng 请 **1, 9**
qǐng jià 请假 6
qǐng jìn 请进 **1**
qǐngwèn 请问 **1**
qiū 秋 6
qiūtiān 秋天 **6**
qǔ 取 14
qù 去 **5**
qùnián 去年 **4**
qúnzi 裙子 8

R

ránhòu 然后 **6**
ràng 让 **16**
rè 热 **11**
rèqíng 热情 **17**
rén 人 **2**
Rénmínbì (RMB) 人民币 **15**
Rénmín Rìbào 人民日报 4
rénshìbù 人事部 **16**
rènshi 认识 **3**
rì 日 **4**
rìbān 日班 9
Rìběn 日本 **2**
Rìběn rén 日本人 **2**
rìlì 日历 4
Rìwén 日文 2
Rìyǔ 日语 **2**
Rìyuán 日元 15
róngyì 容易 **13**
ròu 肉 **10**
rúguǒ 如果 **17**
ruǎnjiàn 软件 13
Ruìshì 瑞士 2
Ruìshì Fǎláng 瑞士法郎 15
Ruìshì rén 瑞士人 2

S

sān 三 **3**
sān kè 三刻 4
sānmíngzhì 三明治 10
Sānxīng 三星 8
sànbù 散步 12
sāngná 桑拿 14
sèlā 色拉 10
shāfā 沙发 5
Shāndōng 山东 9
shāngchǎng 商场 8
shāngdiàn 商店 **8**
shāngyè 商业 6
shàng / shàngbiān 上/上边 **5**
shàng 上 **5**
shàng bān 上班 **9**
shàng chē 上车 **7**
Shànghǎi 上海 3
Shànghǎihuà 上海话 13
shàng kè 上课 9
shàngmiàn 上面 **8**
shàngwǎng 上网 **14**
shàngwǔ 上午 4
shāo děng 稍等 **16**
shǎo 少 **6**
Shàoxīng 绍兴 **6**
shèxiàngjī 摄像机 8
shéi 谁 **3**
shéi de 谁的 **5**
shēn 深 **8**
shēnfènzhèng 身份证 15
shēntǐ 身体 **12**
shēntǐ jiànkāng 身体健康 17
shénme 什么 **5**
shénme shíhòu 什么时候 **5**
Shěnyáng 沈阳 3
shēng bìng 生病 **11**
shēnghuó 生活 **11**
shēngrì 生日 **4**
shēngrì kuàilè 生日快乐 17
Shèngdàn kuàilè 圣诞快乐 17
shí 十 **3**
shíhòu 时候 **5**
shíjiān 时间 **4**
shítáng 食堂 16
shíxí 实习 12
shì 是 **1**
shì ma? 是吗? **4**
shì 试 **8**
shì / shìqing 事 **7**
shìchǎngbù 市场部 **16**
shōu xià 收下 **17**
shǒudū 首都 6
shǒujī 手机 **3**
shū 书 **5**
shūfu 舒服 **11**
shūguì 书柜 5
shūjià 书架 5
shúrén 熟人 2
shùmǎ zhàoxiàngjī 数码照相机 8
shuākǎ 刷卡 **14**
shuāngrén fángjiān 双人房间 **14**
shuǐ 水 12
shuǐguǒ 水果 8
shuìjiào 睡觉 14
shùnbiàn 顺便 **5**
shuō 说 **2**
shuō huà 说话 13
shuòshì 硕士 3
sīchóu 丝绸 **8**
sījī 司机 7
Sītújiātè 斯图加特 **3, 17**
sì 四 **3**
Sìchuān 四川 **9**
Sìchuān Fàndiàn 四川饭店 **9**
sìshēng 四声 13
sòng 送 **17**
sōusuǒ 搜索 14
Sūlíshì 苏黎世 3
sù / sùcài 素/素菜 **10**
suān 酸 **10**
suānlàtāng 酸辣汤 **10**
suānnǎi 酸奶 8
suàn le 算了 **8**
suíbiàn 随便 **12**
suì 岁 **12**
Suǒní 索尼 8
suǒyǐ 所以 **6**

T

T-xùshān T−恤衫/体恤衫 8
tā 他/她/它 **1**
tāmen 他们/她们 **1**
táifēng 台风 11
tài 太 **6**
Tàiguó 泰国 **2**
Tàiguó rén 泰国人 **2**
Tàiyǔ 泰语 2

Tàipíng Jiē	太平街	3
Tàipíngyáng	太平洋	**7**
Tàipíngyáng gōngsī	太平洋公司	**7**
tàitai	太太	12
tánhuà	谈话	7
tāng	汤	**10**
táng	糖	8
tèbié	特别	**11**
tèjià	特价	**8**
tèsè	特色	**10**
tī	踢	**12**
tǐyù	体育	**12**
tiān	天	6
Tiān'ānmén Guǎngchǎng	天安门广场	3
Tiānjīn	天津	**3**
tiānqì	天气	11
tiānqiáo	天桥	7
tián	甜	10
tián	填	**14**
tiáo	条	**8**
tīng	听	10
tīng	听	**11**
tīng diànhuà	听电话	16
tīngshuō	听说	**3**
tíng	停	**7**
tǐng ... de	挺 ... 的	**8**
tōngzhī	通知	15
tóngshì	同事	2, **6**
tóngxué	同学	2
tǒngjìbiǎo	统计表	15
tóuténg	头疼	11
tǔdòu	土豆	10
tuì	退	14
tuì fángjiān	退房间	14
tuō	脱	8

W

wàzi	袜子	8
wài / wàibiān	外/外边	**3**, 5
wàiguó	外国	2
wàiguó rén	外国人	2
wàijiē yìngpán	外接硬盘	13
wàimào	外贸	6, 12
wàiwén	外文	2
wàiyǔ	外语	2
wán	玩	**17**
wǎn	碗	**10**
wǎn	晚	**11**
wǎnfàn	晚饭	9
wǎnshàng	晚上	4, **14**
wàn	万	5
wǎng	往	**7**
wǎng qián kāi	往前开	**7**
wǎng yòu guǎi	往右拐	7
wǎng zuǒ guǎi	往左拐	**7**
wǎngqiú	网球	12
wǎngshàng	网上	14
wǎngzhǐ	网址	14
wàng(jì)	忘(记)	**13**
Wéiyěnà	维也纳	3
wéi	喂	**16**
wèidào	味道	**10**
wèi ... gān bēi	为 ... 干杯	**10**
wèishénme	为什么	**6**
wèishēngjiān	卫生间	14
wèiténg	胃疼	11
wénjiàn	文件	**15**
wèn	问	**5**
wèn ... hǎo	问 ... 好	**17**
wèntí	问题	**13**
wǒ	我	**1**
wǒmen	我们	1
wúxiàn	无线	**14**
wǔ	五	**3**
wǔfàn	午饭	**9**
Wǔhàn Qìchēchǎng	武汉汽车厂	2
wǔtīng	舞厅	14
Wǔyī Lù	五一路	3

X

xī	西	6
Xī'ān	西安	3, **14**
Xī'ān Dàjiē	西安大街	3
xīfāng	西方	6, **7**
xīguā	西瓜	8
Xīménzǐ gōngsī	西门子公司	2
xīzhuāng	西装	8
xīwàng	希望	**17**
xíguàn	习惯	**11**
xǐhuān	喜欢	**6**
xià / xiàbiān	下/下边	**5**
xià	下	**5**
xià bān	下班	**9**
xià chē	下车	**7**
xià kè	下课	9
xiàwǔ	下午	**4**
xià xuě	下雪	**11**
xià yǔ	下雨	11
xiàzǎi	下载	14
xiàjì shíjiān	夏季时间	**4**
Xiàpǔ	夏普	8
xiàtiān	夏天	6
xiān	先	**6**
xiānsheng	先生	**1**
xiānsheng	先生	**10**
xiānsheng	先生	12
xián	咸	10
xiànjīn	现金	**14**, 15
xiànzài	现在	**1**
xiāngbīnjiǔ	香槟酒	10
Xiānggǎng	香港	3
xiāngjiāo	香蕉	8
xiǎng	想	**6, 7**
xiàngpí	橡皮	13
xiāoshòubù	销售部	16
xiǎo	小	**6**
xiǎojiě	小姐	1, **3, 10**
xiǎomàibù	小卖部	**5**, 16
xiǎoqìchē	小汽车	7
xiǎoshí	小时	6
xiǎoxué	小学	3
xiǎoxuéshēng	小学生	3
xiézi	鞋子	8
xiě	写	**13**
xièxie	谢谢	**1**
xīn	新	**9**
Xīnjiāpō	新加坡	2
Xīnjiāpō rén	新加坡人	2
xīnnián hǎo	新年好	17
xìn	信	**9**
xìnfēng	信封	**15**
xìnxīxué	信息学	12
xìnzhǐ	信纸	13
xìnyòngkǎ	信用卡	**14**
xīngbākè	星巴克	10
xīngqī	星期	**4**
xīngqī jǐ	星期几	**4**
xīngqītiān	星期天	**4**
xíng	行	**13**
xìng	姓	**2**
xiūjià	休假	6
xiū(lǐ)	修(理)	**15**
xiūlǐbù	修理部	**16**
xiūlǐgōng	修理工	**15**
xiūxi	休息	**11**
xuéshēng	学生	**3**
xuéshēngzhèng	学生证	15
xuéshì	学士	3
xué(xí)	学(习)	2, **12**
xuéxí jìnbù	学习进步	17
xuéxiào	学校	3
xuéyuàn	学院	3

Y

yáténg	牙疼	11
Yàzhōu	亚洲	**3**
Yàzhōu chāoshì	亚洲超市	**3**
Yàzhōu Jìnchūkǒu Gōngsī	亚洲进出口公司	2
yán	盐	8
yánjiū	研究	12
yánsè	颜色	**8**
yángmáoshān	羊毛衫	8
yāo	一	**3**
yāoqǐng	邀请	**17**
yáogǔn(yīn)yuè	摇(滚)音乐	11
yào	要	**6, 7**
yàoshì	要是	**17**
yào	药	**11**
yàodiàn	药店	11
yàoshi	钥匙	**14**

yēnǎi	椰奶	12
yě	也	**1**
yèbān	夜班	9
yèlǐ	夜里	4
yī	一	**3**
yībiān..., yībiān...	一边 ... 一边 ...	**12**
(yī)diǎn	(一)点	**11**
yīdìng	一定	**17**
yīgòng	一共	**8**
yīhuìr	一会儿	**12**
yī kè	一刻	4, 9
yīlù píng'ān	一路平安	**17**
yīqǐ	一起	**6**
yīqiè shùnlì	一切顺利	17
yīxià	一下	**5**
(yī)xiē	(一)些	**5**
yīyàng	一样	**11**
yīzhí	一直	12
yīfu	衣服	8
yīmèir	伊妹儿	**11**, 14
yīshēng	医生	**11**
yīxué	医学	12
yīyuàn	医院	11
yídòng diànhuà	移动电话	16
yíjiā	宜家	8
yǐjīng	已经	**14**
yǐhòu	以后	**16**
yǐqián	以前	**3, 16**
yǐzi	椅子	5
yìsi	意思	**13**
yīntèwǎng	因特网	14
yīnwèi	因为	**6**
yīntiān	阴天	11
yīnyuè	音乐	**11**
yīnyuèhuì	音乐会	**11**
yīnyuètīng	音乐厅	11
yínháng	银行	**15**
yínhángkǎ	银行卡	15
yīnggāi	应该	**4**
Yīngbàng	英镑	15
Yīngguó	英国	2
Yīngguó rén	英国人	2
Yīng-Hàn cídiǎn	英-汉词典	13
Yīngwén	英文	**5**
Yīngyǔ	英语	**2**
yòng	用	**13, 14**
yōupán	优盘	8
yóujú	邮局	**15**
yóupiào	邮票	**15**
yóuyǒng	游泳	**12**
yǒu	有	**3**
yǒu ānpái	有安排	**9**
yǒudiǎn	有点	**11**
yǒukòng	有空	**9**
yǒumíng	有名	**10**
yǒushí	有时	12
yǒuyì	友谊	10
yǒuyìsi	有意思	**9**
yòu	又	**15**
yòu / yòubiān	右/右边	5, **6, 14**
yú	鱼	10
yǔ	雨	11
yǔfǎ	语法	13
yùdìng	预定	**14**
yùshì	浴室	14
yuán	元	**8**
yuánjiàn	原价	15
yuánzhūbǐ	圆珠笔	13
yuǎn	远	**5**
yuēhuì	约会	**9**
yuè	月	**4**
yuèlì	月历	**4**
yùndòng	运动	**12**

Z

zájì	杂技	9
zázhì	杂志	4
zài	在	**3**
zài	再	**7**
zàijiàn	再见	**8**
zāng	脏	10
zāogāo	糟糕	**13**
zǎo	早	**11**
zǎobān	早班	9
zǎofàn	早饭	9
zǎoshàng	早上	**4**
zǎozhōngfàn	早中饭	9
zěnme	怎么	**7, 14**
zěnmeyàng	怎么样	**8, 10**
zhǎnlǎnhuì	展览会	**6**
zhàntái	站台	7
zhànxiàn	占线	**16**
zhāng	张	**8**
zhàngfu	丈夫	12
zhāodài	招待	**17**
zhǎo	找	**5**
zhǎo	找	**8**
zhàoxiàngjī	照相机	8
zhè	这	**2**
zhème	这么	**11**
zhèr	这儿	**3**
zhèxiē	这些	**5**
zhèyàng	这样	**13**
zhēn	真	**17**
zhèngjiàn	证件	15
(zhèng)zài	(正)在	**9**
zhīdào	知道	**4**
zhīpiào	支票	15
zhíyuán	职员	1
zhǐ	只	**3**
zhǐ	纸	13
zhìliàng	质量	**13**
zhōngbān	中班	9
zhōngfàn	中饭	9
Zhōngguó	中国	**2**
Zhōngguó Guójì Hángkōng Gōngsī	中国国际航空公司	14
Zhōngguó rén	中国人	**2**
Zhōngguó Rìbào	中国日报	4
Zhōngwén	中文	**5**
zhōngjiān	中间	5
zhōngwǔ	中午	4, 9
zhōngxué	中学	3
zhōngxuéshēng	中学生	3
zhǒng	种	**8**
zhòngyào	重要	**13**
zhōumò	周末	4, 9
zhūròu	猪肉	10
zhǔrèn	主任	1
zhǔyè	主页	14
zhù	住	**14**
zhù	祝	**17**
zhuānjiā	专家	5
zhuǎn	转	**16**
zhuǎngào	转告	**17**
zhuǎnhuàn chātóu	转换插头	8
zhuǎnzhàng	转账	15
zhuō(zi)	桌(子)	**5**
zì	字	**13**
zìjǐ	自己	**11**
zìxíngchē	自行车	7
zǒng	总	**1**
zǒnggōngchéngshī	总工程师	5
zǒngjī	总机	**16**
zǒngjīnglǐ	总经理	**1**
zǒu	走	**7**
zǒu	走	**8**
zúqiú	足球	**12**
zuì	最	**10**
zuìhǎo	最好	**11**
zuìjìn	最近	**1**
zuótiān	昨天	**4**
zuǒ / zuǒbiān	左/左边	5, 14
zuǒyòu	左右	**6**
zuò	坐	7, 10
zuò ... qù	坐 ... 去	**7**
zuò	做	**9**
zuòkè	做客	**17**

Deutsches Wörterverzeichnis

Das Verzeichnis gibt an, in welcher Lektion ein Wort zum ersten Mal vorkommt. Einträge der «Neuen Wörter und Ausdrücke» sind fettgedruckt. Die nicht fettgedruckten Wörter sind in den jeweiligen Wortfeldern zu finden. Die Zahlen verweisen auf die Lektionen.

C

D

E

F

G

H

Yi Zhou / Marion Rath
sān rén xíng
Annas Sommer in Beijing.

80 Seiten, broschiert, 17,80 EUR, ISBN 3-89657-450-7

Anna hat sich im Internet mit dem Chinesen Zhang Jie angefreundet. In den Ferien fliegt sie nach Peking und verbringt bei ihm einige Zeit. Ein einfacher Roman in chinesischen Schriftzeichen.
«... eine tolle Übung für alle, die bislang ca. zwei Jahre Chinesisch gelernt haben.»
Dragon Views – Living Asian Culture

Sabine Hesemann
Chinesisch für Besserwisser
... was der Gelbe Kaiser noch nicht wusste

248 Seiten, broschiert, 14,80 EUR, ISBN 3-89657-365-9

Chinesisch, denken Sie, das lerne ich nie? Sie finden das alles fremd und unverständlich? Und dann erst diese Schriftzeichen!
«Chinesisch für Besserwisser» ist dann genau der richtige Einstieg für Sie. Die ultimative Anfängerlektüre in Sachen Chinesisch nimmt Berührungsängste vor der Sprache und macht Lust auf Land, Leute und Kultur.

Huimin Hua
Kultur – Gebräuche – Unterschiede – *Landeskundliches Chinaquiz*

118 Seiten, broschiert, 13,80 EUR, ISBN 3-89657-438-8

Die insgesamt sechzig Fragen (in Kurzzeichen, Hanyu-Pinyin und Deutsch) des neuen Buches von Huimin Hua machen die interkulturellen Unterschiede zwischen China und Deutschland zum Thema: nonverbale Sprache (z. B. Blickkontakt), Höflichkeitsformen, Farbenverständnis, Sitten, Gebräuche bzw. Aberglaube, Symbolik von Tieren und Pflanzen, öffentliche Einrichtungen, alltägliche Gewohnheiten, Glückszahlen / unglückverheißende Zahlen, Kalender / Feiertage und Feste, Währung, Maßeinheiten für Gewicht/Länge, Interpunktion, Tastatur usw.

Dehua Sun (Hg.)
Chinesisch macht Spaß – *Leichte chinesische Lektüren*

72 Seiten, broschiert, heiter illustriert, 10 EUR, ISBN 3-89657-447-7

Witzige, lebensnahe Kurztexte, die in Kurzzeichen und Hanyu Pinyin-Umschrift sowie in deutscher Übersetzung dargeboten werden. Mit Übungen.

Dehua Sun (Hg.)
Tofu ist mein Leben – *... und andere leichte chinesische Lektüren*

96 Seiten, broschiert, heiter illustriert, 12,80 EUR, ISBN 3-89657-458-2
Weitere humorvolle, heiter illustrierte Lektüren.

schmetterling verlag

MIYU-Team (Hg.)

Chinesisch – (k)ein Rätsel?! –
Das Lese-, Lehr- und Übungsbuch

60 Seiten, broschiert, 11,80 EUR, ISBN 3-89657-431-0

Das Buch umfasst 15 Rätsel in modernem Alltagschinesisch. Sie werden jeweils in Kurzzeichen und in Pinyin-Umschrift aufgeführt. Illustriert, mit Vokabelverzeichnis, der Erklärung grammatikalischer Besonderheiten, einer deutschen Übersetzung und jeweils bis zu vier Übungen versehen, bildet jedes Rätsel den Kern eines jeden Kapitels.

Heidi Brexendorff / Chiao Wei

Chinesische Grammatik und Übersetzung in der Mittelstufe
Die Partikel «Le» und andere Tücken

128 Seiten, broschiert, 16,80 EUR, ISBN 3-89657-432-9

Die Anwendung von Konjunktionen, Vergleichen, der Partikel «Le» und andere Schwierigkeiten

Dauber/Padoan/Yang

Chinesisch in der Tasche – ***hilfreich – freundlich – essentiell***

Pocket-Sprachführer, 192 Seiten, illustriert, broschiert, 12,40 EUR, ISBN 3-89657-455-8

In diesem Sprachführer finden Sie die wichtigsten Sätze und Wörter, um sich in China zurechtzufinden. Dazu kommen interkulturelle Tipps und Informationen, einige Grundlagen der Grammatik, eine detaillierte Anleitung zur Aussprache und ein umfangreiches Vokabular.

Yaroslav Derega / Roksolan Derega

Zeichen des Himmels – ***Chinesisch für neugierige Kinder und kluge Erwachsene***

64 Seiten, broschiert, 9,80 EUR, ISBN 3-89657-428-0

Wie kann man wirklich 36 chinesische Schriftzeichen in nur einer Stunde lernen? Hierfür machen die Autoren sich die Tatsache zunutze, dass die chinesische Schrift auf sogenannten logografischen Zeichen basiert, die jeweils eine bestimmte inhaltliche Einheit symbolisieren und in entsprechender Kombination ein Logogramnm, ein Zeichen, bilden. Anhand einer bildhaften Geschichte wird der Leser Schritt füt Schritt an die Zeichen herangeführt.

Paolo Padoan / Dorothee Dauber

Sino-Sudoku, ***Band 1: Chinesische Schriftzeichen spielend lernen***

176 Seiten, broschiert, 12,80 EUR, ISBN 3-89657-451-5

Für Chinesischlernende sind die Schriftzeichen oft ein Hindernis. Beim «Sino-Sudoku» kann man sich auf spielerische Weise mit ihnen anfreunden: Die Sudoku-Kästchen werden nicht wie sonst mit Zahlen gefüllt, sondern mit Schriftzeichen, die einem gebräuchlichen Satz entstammen.

Thomas Klimaschewski.

Praktisches Schreibübungsbuch Chinesisch

152 Seiten, broschiert, Großformat, 19,80 EUR, ISBN 3-89657-448-5

«Geeignet für: komplette Anfänger und vergessliche Wiederholungstäter. Wirklich praktisch!» *Dragon Views – Living Asian Culture*